Citations bibliques extraites de la Bible du Semeur.

Actes 5. 1

1 septembre

Ananias, avec sa femme Saphira, vendit une propriété. En accord avec elle, il mit de côté une partie de l'argent et apporta le reste aux apôtres. Pierre lui dit : "Ananias, comment as-tu pu laisser Satan envahir à tel point ton cœur ? Tu as menti au Saint-Esprit en cachant le prix réel de ton champ pour en détourner une partie à ton profit ! N'étais-tu pas libre de garder ta propriété ? Ou même, après l'avoir vendue, ne pouvais-tu pas faire de ton argent ce que tu voulais ? Ce n'est pas à des hommes que tu as menti, mais à Dieu." A ces mots, Ananias tomba raide mort.

Les premiers croyants partageaient tout par amour pour Dieu : ce n'était pas une obligation. Mais Ananias et Saphira ne voulaient pas paraître moins bons que les autres. Ils ont donc prétendu avoir donné tout l'argent, alors qu'ils n'en donnaient qu'une partie. Ils ont voulu tricher avec Dieu et ils ont perdu. Ils sont morts tous les deux.

Ma prière : Seigneur Jésus, aide-moi à ne pas faire semblant d'être plus gentil ou plus intelligent que je le suis. Aide-moi à ne pas tricher. Merci parce que tu m'aimes comme je suis.

Actes 5. 14

2 septembre

Un nombre toujours croissant d'hommes et de femmes croyaient au Seigneur et se joignaient à eux.

Dans l'histoire des apôtres racontée dans ce livre des Actes, on peut voir des milliers de gens qui se convertissent d'un coup et donnent leur cœur au Seigneur. On a du mal à se l'imaginer : il y a tellement peu de gens qui veulent croire, aujourd'hui, autour de nous… Oui, mais il y en a beaucoup plus dans d'autres pays. En Chine, par exemple, on estime qu'il y a 15 000 nouveaux chrétiens… par jour !
Si nous sommes encore sur la terre, cela veut dire qu'il y a encore de la place au ciel pour des personnes qui vont se convertir aujourd'hui, demain peut-être…
Il ne faut pas se décourager : il faut continuer de parler du Seigneur Jésus, et surtout prier.
Beaucoup prier.

Ma prière : Dieu et Père, sauve encore beaucoup de pécheurs, s'il te plaît. Bénis le travail des missionnaires qui parlent de toi dans les pays lointains, mais travaille aussi dans le cœur des gens qui m'entourent, ici.

Actes 5. 15

3 septembre

On allait jusqu'à porter les malades dans les rues, où on les déposait sur des lits ou des civières, pour qu'au passage de Pierre son ombre au moins couvre l'un d'eux.

Pourquoi voyait-on tant de miracles du temps des apôtres et n'en voit-on presque plus aujourd'hui ?

La foi prêchée par les apôtres était une chose toute nouvelle pour les habitants de Jérusalem, qui ne savaient pas si elle était bonne ou mauvaise. Alors Dieu leur a donné la preuve que cette Bonne Nouvelle venait de lui en permettant aux apôtres de faire beaucoup de miracles.

Quand il était sur la terre, Le Seigneur Jésus aussi faisait beaucoup de miracles, sauf "dans la ville où il avait vécu, à cause de leur incrédulité." Ses anciens voisins l'avaient connu tout petit. Pour eux, il n'était que le fils du charpentier.

C'est pareil dans nos pays que l'on appelle "pays christianisés" : les hommes ne cherchent plus à avoir de relations avec Dieu. Ils le rejettent. Ils ne veulent plus croire. Ils n'ont donc plus besoin de preuve.

Mais les miracles existent encore !

Ma prière : Dieu tout puissant, fais que beaucoup d'hommes croient encore en toi et puissent ainsi voir et connaître la puissance de ton amour.

Actes 5. 17, 18

4 septembre

Poussés par la jalousie, le grand prêtre fit arrêter les apôtres et les fit incarcérer dans la prison publique.

Justine est la première de la classe. Elle est comme une reine au milieu de ses camarades. Quand l'une d'elle ne comprend pas un exercice, Justine est toute fière de lui expliquer, parce que, bien sûr, elle a tout compris, elle ! Mais les choses ont changé quand Marine est arrivée. Très timide au milieu de tous ses nouveaux camarades, elle n'a pas fait de bruit, mais tout le monde s'est bien vite aperçu qu'elle était aussi bonne que Justine ! Et comme elle n'est pas fière, les copines ont préféré s'adresser à elle quand elles n'avaient pas compris les leçons. Justine aurait pu suivre son exemple et essayer d'être plus douce, plus humble… Au contraire ! Elle est devenue méchante et a tout fait pour embêter Marine.
C'est parce que les hommes sont comme Justine qu'ils ont mis à mort le Seigneur Jésus et que les apôtres se retrouvent en prison. Au lieu d'écouter leur message et de se convertir, ils ont préféré essayer de se débarrasser d'eux.

Ma prière : Seigneur Jésus, aide-moi à écouter les bons conseils, surtout ceux que tu me donnes dans la Bible. Aide-moi à ne pas être jaloux de ceux qui sont meilleurs que moi, mais à suivre leur exemple.

Actes 5. 19-21

5 septembre

Pendant la nuit, un ange du Seigneur vint ouvrir les portes de la prison et, après avoir fait sortir les apôtres, il leur dit : "Allez au Temple et là, proclamez au peuple tout le message de la vie nouvelle." Les apôtres obéirent : dès l'aube, ils se rendirent dans la cour du Temple et se mirent à enseigner.

D'un côté le jugement d'Ananias et de Saphira, de l'autre les persécutions des juifs... Voilà de quoi faire reculer bien des gens qui auraient eu envie de croire ! Mais s'il y a beaucoup de monde contre les disciples, il y en a un qui est pour eux : c'est Dieu.
Il est tout-puissant et ce n'est pas une prison qui va l'arrêter ! Il envoie donc un ange pour libérer ses apôtres. Puis il les renvoie à la case départ : proclamer l'évangile dans le temple.
Les apôtres ont-ils hésité ? Non : ils obéissent tout de suite, à l'aube ! Dieu vient de leur prouver qu'ils n'ont rien à craindre, et surtout pas la prison...

Ma prière : Dieu tout-puissant, merci parce que tu as voulu être mon Père. Merci parce que tu veux être toujours avec moi. Que cette pensée chasse toutes mes craintes et m'aide à t'obéir en toutes circonstances, même quand cela me fait peur.

Psaume 48. 2, 10, 11

6 septembre

Oui, l'Éternel est grand ! Nous méditons sur ton amour, ô Dieu, au milieu de ton temple ! Dans ta main droite abondent de justes bienfaits.

Line ne connaissait rien au Judo. Mais l'oncle d'une camarade de classe, président du club de Judo de la ville, a invité le grand champion David Douillet à venir leur parler des métiers du sport. Il est venu en personne dans la classe ! Line était pleine d'admiration : il est si grand, si fort… mais il a quand même l'air gentil ! Avant sa visite, les élèves ont appris par cœur toutes ses victoires et regardé des vidéos de ses combats. Line a également écrit un poème pour lui. Tous ceux qui avaient fait quelque chose en son honneur ont pu le lui lire ou le lui montrer. Pour Line, cela reste le plus beau jour de l'année.
Mais qu'a donc fait le champion pour Line ? Rien.
Le Seigneur Jésus, lui, a fait de grandes choses pour nous. Il a donné sa vie sur la croix pour nous sauver… Que faisons-nous pour l'honorer ?

Ma prière : Seigneur Jésus, merci parce je peux me souvenir de toi le dimanche et chanter des cantiques pour célébrer ta grandeur. Aide-moi à le faire de tout mon cœur et à penser à tes bienfaits tous les jours.

7 septembre

Psaume 49. 8, 9

Aucun homme, cependant, ne peut racheter un autre. Aucun ne saurait payer à Dieu sa propre rançon. Car le rachat de leur vie est bien trop coûteux. Il leur faut, à tout jamais, en abandonner l'idée.

Existe-t-il un homme assez fou pour imaginer qu'il peut faire un chèque à Dieu pour acheter la vie éternelle ? Certainement pas, mais beaucoup de personnes croient que, si elles font le bien, si elles se conduisent "comme il faut", Dieu ne pourra que les approuver ! Mais Dieu se moque des richesses des hommes. Et que lui importe le bien que l'on peut faire au monde entier, si on rejette son Fils ?
Non, on ne peut rien faire pour obtenir la vie éternelle, si ce n'est accepter le don gratuit que Dieu nous offre.

Ma prière : Merci mon Dieu pour le salut gratuit que tu nous offres par Jésus. Il est pour tous : riches, pauvres, jeunes et vieux.

Psaume 49. 17, 18

8 septembre

Ne sois donc pas alarmé quand un homme s'enrichit, quand tu vois le luxe s'étaler dans sa maison. Car, lorsqu'il mourra, il n'emportera rien de ce qu'il possédait : ses biens ne le suivront pas.

Vêtements et chaussures de marque, chaîne en or, cheval, bateau, grosses voitures, vacances coûteuses, grandes piscines… Dès que nous avons un peu d'argent, nous aimons bien le montrer. Et si nous n'en avons pas… nous rêvons et nous jalousons ceux qui en ont !
Que nous dit la Bible ? Qu'il faudra tout laisser ! Nike® ou Chevignon® ne sont pas de grandes marques, au ciel ! Dans l'Apocalypse, la Bible nous parle des vêtements du ciel. Ils sont en lin pur et éclatant. Nous y lisons aussi que "ce lin représente les actions justes de ceux qui appartiennent à Dieu."
Alors… Richesses du ciel, ou richesses de la terre ? Auxquelles désires-tu consacrer ta vie ? À celles que tu auras ici pendant quelques années, mais que tu ne pourras pas emporter là-haut ? Ou à celles qui t'attendent pour l'éternité ?

Ma prière : Dieu et Père, aide-moi à bien comprendre que je ne suis sur la terre que pour quelques années. Merci parce qu'après, c'est l'éternité avec toi.

Psaume 50. 7, 8, 12-14

9 septembre

Mon peuple, je témoigne contre toi, moi qui suis ton Dieu. Ce n'est pas pour tes sacrifices que je te fais des reproches : j'ai toujours tes holocaustes sous les yeux. L'univers est à moi et tout ce qu'il renferme. Vais-je manger des taureaux gras, ou boire du sang de bouc ? En sacrifice à Dieu offre donc ta reconnaissance ! Accomplis envers le Très-Haut les vœux que tu as faits.

Dans la loi qu'il avait donnée à Moïse, Dieu avait prévu des sacrifices pour que les Israélites puissent s'approcher de Lui. L'holocauste était un sacrifice spécial, entièrement réservé à Dieu, pour lui faire plaisir.
Mais au temps où Asaph écrit ce psaume, les gens ne font plus ces sacrifices pour faire plaisir à Dieu, mais pour qu'il ne se fâche pas. Ils ne recherchaient que leur plaisir à eux, mais ils essayaient de "calmer" Dieu comme leurs voisins le faisaient pour leurs idoles. Or, Dieu n'a pas besoin de ces sacrifices : il ne les mange pas ! Par contre, il attend la fidélité et la reconnaissance des siens. C'est le seul sacrifice obligatoire : celui de notre cœur.

Ma prière : Dieu et Père, donne-moi un cœur reconnaissant pour tout ce que tu fais pour moi. Aide-moi aussi à t'obéir chaque jour comme à mon Seigneur.

Psaume 51. 3-6

10 septembre

Aie pitié de moi, ô Dieu, toi qui es si bon ! Efface mes torts, tu es si compatissant ! Lave-moi de mon péché ! Purifie-moi de ma faute ! Car je reconnais mes torts : la pensée de mon péché me poursuit sans cesse.
Contre toi, contre toi seul, j'ai péché, j'ai commis ce qui est mal à tes yeux.
Voilà pourquoi tu es juste quand tu émets ta sentence, et tu es irréprochable quand tu rends ton jugement.

David a commis un péché terrible. Il a fait tuer un homme après lui avoir pris sa femme et fait un bébé avec elle. Mais Dieu aime David et il en prend soin : il ne veut pas le laisser dans son péché. Il lui envoie donc un prophète pour lui ouvrir les yeux sur sa faute. David va alors écrire une magnifique prière qui nous donne un bel exemple de repentance. Il reconnaît que :
1. Dieu est bon.
2. Lui, David, a commis une faute.
3. Cette faute est un péché devant Dieu.
4. Il mérite une punition, le jugement de Dieu.

Ma prière : Dieu et Père, merci pour ton amour éternel et pour ton pardon. Aide-moi à reconnaître devant toi le mal que je fais et le jugement que je mérite.

Psaume 51. 12, 13, 16

11 septembre

O Dieu, crée en moi un cœur pur !
Fais renaître en moi un esprit bien disposé !
Ne me renvoie pas loin de ta présence, et ne me retire pas l'Esprit Saint qui vient de toi !
O Dieu, toi le Dieu qui me libères, viens me délivrer du poids de mon crime, alors, par mes chants, je proclamerai ton salut.

Dans toute cette prière, on ne voit pas David demander à Dieu de lui pardonner. Non, David connaît son Seigneur et il sait que celui-ci lui a DÉJÀ pardonné. Par contre, il le supplie de :
1. purifier son cœur
2. garder son esprit, ses pensées
3. rester tout près de lui
4. laisser son Esprit Saint agir en lui
5. l'aider à se pardonner lui-même, le délivrer de la culpabilité.

Ma prière : Père céleste, merci parce que tous mes péchés sont pardonnés grâce au sacrifice de ton Fils. Merci aussi parce que tu veux m'aider à me relever lorsque j'ai péché. Aide-moi à savoir prendre le temps de tout te confesser et recevoir ta délivrance.

Psaume 51. 18-19

12 septembre

Car tu ne désires pas que je t'offre un sacrifice. Je t'aurais offert des holocaustes, mais tu n'y prends pas plaisir.
Le seul sacrifice qui convienne à Dieu, c'est un esprit humilié. O Dieu, tu n'écartes pas un cœur brisé et contrit.

La loi de Moïse prévoyait des sacrifices pour que ceux qui avaient péché puissent de nouveau s'approcher de Dieu. Hélas, il n'y avait pas de sacrifice prévu pour le meurtre, ni pour l'adultère. C'était trop grave. La sentence était : la mort !
Mais David nous montre qu'il y a quelque chose de plus grand que les sacrifices : "un cœur brisé et contrit" et "un esprit humilié". C'est avoir conscience que l'on a fait à Dieu quelque chose de très grave et le regretter profondément.
Alors, si on reconnaît ses fautes et si on les regrette, on peut être pardonné ?
Oui, mais le Nouveau Testament nous explique que ce pardon n'est possible que par le sacrifice de Jésus.

Ma prière : Seigneur Jésus, merci parce que Dieu peut me pardonner tous mes péchés grâce à ton sacrifice. Donne-moi un cœur qui sache vraiment reconnaître et regretter ses fautes.

13 septembre

Matthieu 14. 26, 27

Quand ils le virent marcher sur l'eau, ils furent pris de panique : "C'est un fantôme !" Et ils se mirent à pousser des cris de frayeur. Mais Jésus leur parla aussitôt : "Rassurez-vous, c'est moi, n'ayez pas peur."

Janie habite dans une ferme aux pieds du Vercors. C'est une région où les orages sont nombreux et violents. Janie a peur des orages... mais elle les aime beaucoup aussi ! Elle a peur des éclairs qui font naître des formes extraordinaires sur les murs de sa chambre, et du vacarme effroyable du tonnerre qui roule contre la montagne. Mais elle sait aussi que, lorsque les orages sont trop forts, la porte de sa chambre s'ouvre doucement et sa maman vient s'asseoir au bord de son lit. Là, elle lui parle tout doucement à l'oreille jusqu'à ce qu'elle se rendorme ou que l'orage s'éloigne.
Il nous arrive parfois aussi de vivre des orages ! Pour moi, cela peut être douter de mon salut après une grosse bêtise, pour toi, un affreux cauchemar... Comme les disciples, écoutons la voix de Jésus qui nous dit : "Je suis avec toi, n'aie pas peur."

Ma prière : Seigneur Jésus, apprends-moi à détourner les yeux de mes peurs et à tendre l'oreille vers ta voix d'amour.

Matthieu 14. 28-31

14 septembre

Pierre dit à Jésus : "Si c'est bien toi, Seigneur, ordonne-moi de venir te rejoindre sur l'eau. - Viens, lui dit Jésus." Aussitôt, Pierre descendit de la barque et se mit marcher sur l'eau, en direction de Jésus. Mais quand il remarqua combien le vent soufflait fort, il prit peur et, comme il commençait à s'enfoncer, il s'écria : "Au secours ! Seigneur !" Jésus lui tendit la main et le saisit. "Ta foi est bien faible ! lui dit-il, pourquoi as-tu douté ?"

À ton avis, est-ce plus facile de marcher sur l'eau quand il y a peu de vent, ou quand il y en a beaucoup ? Ni l'un, ni l'autre, bien sûr : pour l'homme, c'est impossible !
Pierre marchait donc sur l'eau grâce à la puissance de Dieu et ce n'est la force du vent qui pouvait le faire couler !
- *Quand tu pries, fais-le avec confiance, sans douter, sans chercher à deviner comment il va répondre.*
- *Quand Dieu répond, ne doute pas qu'il le fait jusqu'au bout, parfaitement.*

Ma prière : Seigneur Jésus, donne-moi toujours plus de foi, cette confiance très forte en toi.

Matthieu 15. 2, 3

15 septembre

Des pharisiens abordèrent Jésus :
"- Pourquoi tes disciples ne respectent-ils pas la tradition des ancêtres ? Ils ne se lavent pas les mains selon le rite usuel avant chaque repas.
- Et vous, pourquoi désobéissez-vous à l'ordre de Dieu lui-même pour suivre votre tradition ?"

Tu te laves les mains avant de manger ? C'est bien ! Les pharisiens le faisaient aussi, de manière très soigneuse. Mais le problème, c'est qu'ils en avaient fait une loi. Ils pensaient qu'en faisant cela, ils faisaient plaisir à Dieu. Petit à petit, ces règles inventées, cette "tradition des ancêtres" avait pris plus d'importance pour eux que ce que Dieu leur demandait.
Jean est un bon élève, studieux, qui se rend chaque dimanche à l'église avec ses parents. D'ailleurs, ce jour-là, il ne travaille jamais ! C'est le jour du Seigneur. Aussi, quand Kévin l'appelle au téléphone pour qu'il l'aide à faire ses devoirs, il a une bonne excuse pour refuser et laisser ce pauvre type se débrouiller seul...
À ton avis, cela fait-il VRAIMENT plaisir à Dieu ?

Ma prière : Dieu et Père, aide-moi à rechercher ce qui est important pour toi et aide-moi à le faire.

Matthieu 15. 11, 18, 20

16 septembre

Ce qui rend un homme impur, ce n'est pas ce qui entre dans sa bouche, mais ce qui en sort. Ce qui sort de la bouche vient du cœur. C'est du cœur que proviennent les mauvaises pensées. Mais manger sans s'être lavé les mains ne rend pas l'homme impur.

Dimanche dernier, avant d'aller à l'église, Paula et Luc sont allés jeter des cailloux dans le ruisseau tout proche. Mais, au bord de l'eau, le temps passe vite ! Il faut donc courir pour ne pas arriver en retard ! Et quand on court au bord de l'eau… on glisse ! Voilà Paula étalée de tout son long sur le chemin boueux. Sa robe est toute sale. "Quelle cochonne, s'écrie Luc ! T'es nulle ! Tu pouvais pas faire attention, pauvre andouille ! Je vais me faire gronder de t'avoir amenée là ! Et le Seigneur Jésus, tu crois qu'il sera content de te voir toute sale dans son église ?" Paula a beaucoup pleuré et a demandé pardon à sa maman. Puis, elle a chanté de tout son cœur malgré sa robe tachée. Quant à Luc, je crois bien qu'il n'a fait que penser à sa punition et pester contre sa sœur pendant tout le culte…

Ma prière : Père céleste, aide-moi à faire plus attention à l'état de mon cœur qu'à mon apparence.

Matthieu 15. 31

17 septembre

La foule s'émerveillait de voir les sourds-muets parler, les estropiés reprendre l'usage de leurs membres, les paralysés marcher, les aveugles retrouver la vue, et tous se mirent à chanter la gloire du Dieu d'Israël.

Dans la classe, personne n'a jamais vu le papa de Lucas. Il paraît qu'il voyage dans le monde entier pour une entreprise de pétrole… Les copains ont du mal à croire tout ce que Lucas dit de lui.
Mais voilà qu'un jour, Lucas offre à chacun un souvenir que son père a acheté en Égypte exprès pour eux. Quelle joie pour Lucas de distribuer ces cadeaux ! Ils sont la preuve que son papa existe bien et qu'il est aussi gentil que Lucas le dit.
Dieu ne se sert peut-être pas de toi pour faire des miracles extraordinaires, mais quelques paroles suffisent pour témoigner de son existence et de son amour. Il travaille aussi dans ton cœur pour te faire ressembler à Jésus, chaque jour un peu plus. Autour de toi, les gens peuvent voir ces changements. Ne serait-ce pas merveilleux s'ils pouvaient se rendre compte que cela vient de ton Père céleste ?

Ma prière : Père tout-puissant, permets que tout le monde comprenne que c'est grâce à toi que je fais des progrès et que je peux faire le bien.

18 septembre

Matthieu 15. 32, 33

Jésus dit à ses disciples : "J'ai pitié de cette foule. Voilà déjà trois jours qu'ils sont restés là, avec moi, et ils n'ont rien à manger. Je ne veux pas les renvoyer à jeun, de peur que les forces ne leur manquent sur le chemin du retour." Ses disciples lui dirent : "Où pourrions-nous trouver, dans ce lieu désert, assez de pains pour nourrir une telle foule ?"

Manou a appris que la vieille dame qui s'asseyait à côté d'elle à l'église était rentrée dans une maison de retraite tout près de chez elle. Elle pourrait lui faire une petite visite… Mais plusieurs obstacles lui font retarder son projet : comment trouver sa chambre ? Et surtout, que lui dire ? Devrait-elle chanter ? Ou encore prier, comme papa l'avait fait pour l'oncle Jeannot ?
Un jour, Manou a décidé de ne plus se poser de questions. Elle s'est efforcée à ne penser qu'à Jésus et à la dame. Elle a prié tout le long du trajet… Et c'est en chantant qu'elle est revenue, tellement elle était heureuse de cette visite !
Manou a choisi la bonne manière de voir les choses : non pas en regardant à ses possibilités, mais à Jésus.

Ma prière : Tendre Père, aide-moi à me souvenir que tu peux tout. Donne-moi beaucoup de volonté pour faire le bien, en te faisant confiance pour les détails.

Matthieu 15. 33-37

19 septembre

Ses disciples lui dirent : “Où pourrions-nous trouver, dans ce lieu désert, assez de pains pour nourrir une telle foule ?
- Combien de pains avez-vous ?
- Sept, et quelques petits poissons.”
Alors il invita tout le monde à s'asseoir par terre. Il prit les sept pains et les poissons et, après avoir remercié Dieu, il les partagea et les donna aux disciples, qui les distribuèrent à la foule. Tous mangèrent à satiété.

C'est la deuxième fois que Jésus se trouve face à une foule qui le suit pour l'écouter et qu'il désire nourrir.
Il nous semble que les disciples auraient dû réagir tout de suite et dire : “Quatre mille hommes, plus les femmes et les enfants ? Facile ! Jésus peut tout, il va de nouveau multiplier pains et poissons.”
Eh bien non. Ont-ils oublié ? Pensent-ils qu'un tel miracle ne peut avoir lieu qu'une fois ? On ne sait pas. Mais une chose est sûre, c'est que Jésus répond à nos besoins même si notre foi est petite.

Ma prière : Seigneur Jésus, aide-moi à bien me souvenir de tout le bien que tu fais dans ma vie pour que cela fortifie ma foi.

20 septembre

1 Samuel 1. 5, 11, 20

Le Seigneur avait empêché Anne d'avoir des enfants. Alors, elle fit le vœu suivant : "Éternel, si tu me donnes un fils, alors je te le consacrerai pour toute sa vie." Elle fut enceinte et, au terme de sa grossesse, elle mit au monde un garçon auquel elle donna le nom de Samuel (Dieu a entendu).

Ce premier livre de Samuel commence de façon presque choquante : Dieu empêche une femme d'avoir des enfants ! Pourtant, Anne était fidèle, elle aimait Dieu ! Pourquoi donc subit-elle cette épreuve ?
Une épreuve peut avoir trois buts :
1. Montrer la fidélité de celui (ou celle) qui la subit : Anne ne se met pas en colère, mais prie avec confiance.
2. Montrer la fidélité de Dieu : Il répond à la prière de Anne et lui donne un fils.
3. Apporter une bénédiction : Si Anne n'avait pas été stérile et n'avait pas lutté pour avoir un enfant, elle ne l'aurait peut-être pas consacré à l'Éternel. Il ne serait alors pas devenu ce grand prophète qui a été en bénédiction pour tout le peuple d'Israël.

Ma prière : Dieu et Père, aide-moi à comprendre que tout ce que m'arrive est pour mon bien. Apprends-moi la confiance et la patience pour que je puisse recevoir toutes les bénédictions que tu veux me donner.

1 Samuel 1. 2, 6, 10

21 septembre

Elkana avait épousé deux femmes : l'une s'appelait Anne et l'autre Peninna. Peninna avait des enfants, mais Anne n'en avait pas. Sa rivale ne cessait de la vexer pour l'irriter contre Dieu de ce qu'il l'ait rendue stérile. Très affligée, Anne pria l'Éternel en pleurant à chaudes larmes.

Elkana aimait Anne. Mais comme elle ne pouvait pas avoir d'enfant, il a pris une autre femme pour avoir des héritiers. Peninna devait être blessée d'être moins aimée que Anne. Alors elle lui dit constamment des méchancetés au sujet de sa stérilité. Mais c'est "contre Dieu" qu'elle irrite Anne, puisque c'est Dieu qui a voulu cette stérilité !

• Leçon n° 1 : Ne jamais rien dire de méchant au sujet de l'épreuve ou de l'infirmité de quelqu'un, car on se met alors au service du diable en l'éloignant de Dieu.

• Leçon n° 2 : Si on me fait du mal, je ne dois pas chercher à me venger, ni à me faire consoler par des hommes. Comme Anne, je peux répandre ma tristesse devant mon Père céleste. Lui seul peut me comprendre et m'aider.

Ma prière : Père céleste plein d'amour, merci parce que je peux tout te dire. Merci parce que tu peux consoler toute peine. Aide-moi à bien faire attention à ce que je dis pour ne blesser personne, même sans le faire exprès.

1 Samuel 1. 12-15

22 septembre

Comme Anne priait devant l'Éternel, Eli observait le mouvement de ses lèvres. Elle priait intérieurement : ses lèvres bougeaient, mais on n'entendait pas sa voix. Eli pensa qu'elle était ivre et lui dit : "Combien de temps encore veux-tu étaler ton ivresse ? Vas cuver ton vin ailleurs !" Anne lui répondit : "Non, Monseigneur, je ne suis pas ivre, mais je suis très malheureuse et j'épanchais mon cœur devant l'Éternel."

Après les moqueries, Anne doit faire face à l'incompréhension ! Le prêtre croit qu'elle est ivre alors qu'elle prie ! Pauvre Anne. Elle voit bien qu'on ne peut trouver aucun réconfort auprès des hommes. Mais elle en a trouvé auprès de Dieu, ce qui l'aide à répondre avec beaucoup de douceur et de calme à Eli.
Tu peux aussi être l'objet d'injustices, parfois. Mais ton Seigneur connaît la vérité. Ne crains pas de la dire aux autres, simplement, qu'ils te croient ou non. L'important est d'avoir la paix du cœur et l'approbation de Dieu.
Et puis, essayons de ne pas faire comme Eli, qui a supposé le mal et jugé Anne sans savoir.

Ma prière : Tendre Père, merci parce que tu connais tout parfaitement. Délivre-moi de la peur de ne pas être compris, d'être méprisé ou traité injustement.

1 Samuel 2. 1, 3, 8

23 septembre

Anne prononça cette prière : "La joie remplit mon cœur, c'est grâce à l'Éternel ; oui, grâce à l'Éternel, mon front s'est relevé et j'ai de quoi répondre à ceux qui me blessaient.
Oui, je jubile, car Dieu m'a secourue.
Que cessent donc vos paroles hautaines et les bravades sortant de votre bouche ! Car l'Éternel est un Dieu qui sait tout, qui pèse les actes des humains. De la poussière, il arrache le pauvre pour l'installer au milieu des puissants et lui donner une place d'honneur."

Voilà le résultat de toutes les difficultés de Anne.
En lui envoyant des épreuves, Dieu a pris un grand risque : elle aurait pu se détourner de Lui. Mais le bon berger connaissait sa brebis… Il lui a donné la force de sortir victorieuse. Elle compose alors ce si beau poème pour chanter sa reconnaissance et la grandeur de son Dieu.
Il y avait beaucoup de femmes en Israël, mais peu d'entre elles ont laissé un souvenir aussi beau que Anne, qui a su rester fidèle et confiante, même dans les larmes.

Ma prière : Tendre Père, accorde-moi la grâce de devenir aussi fidèle et confiant que Anne.

24 septembre

1 Samuel 2. 12, 23, 24, 27 ; 3. 13 ; 2. 29, 34

Les fils d'Eli étaient des vauriens qui ne se souciaient pas de l'Éternel. Eli leur dit : "Pourquoi agissez-vous ainsi ? J'apprends de tout le peuple votre mauvaise conduite. Cessez donc, mes fils, car ce que j'entends raconter n'est pas beau." Et il ne les a pas châtiés.
Un jour, un homme de Dieu vint trouver Eli et lui dit : "Pourquoi honores-tu tes fils plus que moi ? Ils mourront tous deux le même jour."

Eli n'a pas su élever ses deux fils. Il n'a pas su leur apprendre à respecter l'Éternel. Il a peut-être eu peur de leurs pleurs de bébés, de leurs caprices d'enfants et de leurs colères d'adolescents... Il ne voulait peut-être pas paraître méchant... Voilà le résulta : ces deux hommes ne craignent rien ni personne, leur père n'a plus aucune autorité sur eux. Pour Dieu, ils sont perdus.
Notre Père céleste est plein d'amour et patient. Il nous discipline, tout en sachant que nous risquons de mal réagir.
Tu as peut-être aussi du mal à accepter la discipline de tes parents. Comprends-tu qu'ils t'aiment et qu'ils n'ont pas envie que tu deviennes comme les fils d'Eli ?

Ma prière : Dieu et Père, merci parce que tu m'aimes. Merci parce que tu m'as donné des parents qui m'aiment. Aide-moi à accepter leur discipline.

1 Samuel 3. 7, 10

25 septembre

Samuel ne connaissait pas encore l'Éternel et celui-ci ne lui avait encore jamais parlé directement. L'Éternel vint se placer près de lui et il l'appela : "Samuel ! Samuel !" Celui-ci répondit : "Parle, car ton serviteur écoute."

Aujourd'hui encore, tu as pris ton "sur la Montagne" pour passer un petit moment à lire un verset de la Bible. C'est bien… Mais, écouter Dieu, c'est plus que cela.
Imagine un peu : Eli dit à Samuel que l'Éternel va lui parler. Samuel retourne se coucher et attend. Son cœur devait battre fort… "Qu'est-ce que Dieu veut me dire, à moi, Samuel ?" Pas question de rêvasser, de prendre une B.D. ou son walkman !
"Dieu va me parler…" Il repasse dans sa tête ce que lui a dit Eli, et il attend. Quand Dieu l'appelle, il est prêt : bien réveillé et les oreilles grandes ouvertes. Alors, il peut dire à Dieu : "ton serviteur écoute."
Chaque matin, Dieu veut te parler. Demande-lui de t'aider à écouter, puis à être, comme Samuel, un "serviteur" qui met ses paroles en pratique.

Ma prière : Père plein d'amour, merci parce que tu veux me parler. Ouvre mon intelligence pour que je comprenne ce que tu veux me dire, ma mémoire pour que je m'en souvienne, et mon cœur pour que cela transforme ma vie.

1 Samuel 3. 19, 20

26 septembre

Samuel grandissait, et l'Éternel était avec lui et ne laissait aucune de ses paroles rester sans effet. Si bien que tout Israël reconnut que Samuel était vraiment un prophète de l'Éternel.

La classe de Ben a entamé un gros projet sur les insectes. Pour cela, les élèves sont allés dans la campagne avec le maître et un spécialiste. Ben apprécie beaucoup ce monsieur calme qui parle avec tant de passion de ces petites bêtes. Alors que ses copains se dispersent pour s'amuser, Ben reste à côté de lui pour écouter ce qu'il dit. C'est passionnant. Plus Ben l'écoute et plus il apprécie le monsieur et son cours.

De retour dans la classe, il faut constituer une petite exposition. Ben est tout heureux de pouvoir redire tout ce qu'il a appris. Ses copains sont tout surpris qu'il en sache autant et ils vont vers lui dès qu'ils ont une question à poser.

Tu ne connais pas la Bible par cœur? Qu'importe! Le Seigneur t'a sûrement déjà fait comprendre certaines choses. N'hésite pas à les partager avec tes amis si cela peut les encourager.

Ma prière: Seigneur Jésus, aide-moi à parler de toi et à ne pas craindre de partager avec les autres ce que tu me dis.

Romains 5. 19

27 septembre

Comme, par la désobéissance d'un seul, beaucoup d'hommes sont devenus pécheurs devant Dieu, de même, par l'obéissance d'un seul, beaucoup sont déclarés justes devant Dieu.

Les consignes étaient claires et simples. Elles avaient été soigneusement notées sur un papier à conserver précieusement : David et ses amis devaient monter dans le train 6215, voiture 17. Mais la voiture 17 est à l'autre bout du quai ! Et les garçons sont pressés de monter ! Alors Luc s'engouffre dans la première voiture venue et tous les autres le suivent. "Pas de soucis, on est dans le bon train !" Oui, mais pas dans la bonne voiture ! Et voilà qu'à quelques kilomètres de leur destination, le train s'arrête pour se séparer en deux : les voitures du bout vont prendre la voie de droite pour se rendre dans la gare toute proche, tandis que les autres vont continuer leur route pour ne s'arrêter que 400 kilomètres plus loin ! Heureusement David a insisté pour rejoindre le bon wagon et les autres ont accepté. Parce que David a obéi à la consigne, ils sont tous arrivés à bon port.

Ma prière : Merci, Seigneur Jésus, parce que tous ceux qui croient en toi peuvent être déclarés justes grâce à ta parfaite obéissance.

Romains 6. 1, 2

28 septembre

Que dire maintenant ? Persisterons-nous dans le péché pour que la grâce abonde ? Loin de là ! Puisque nous sommes morts pour le péché, comment pourrions-nous vivre encore dans le péché ?

Dans les chapitres précédents, l'apôtre Paul a expliqué aux Romains que Dieu "prouve" sa grâce en pardonnant au pécheur. Il imagine maintenant ce que pourraient dire de méchants hommes qui voudraient profiter de son explication pour mal faire : "Dieu veut prouver son amour en pardonnant le pécheur ? Eh bien, je vais l'aider : je vais beaucoup pécher !"
Que répondrais-tu ? "Jamais de la vie ! Quelle horreur !"
En effet, quand on pense que c'est ce péché qui a obligé le Seigneur à mourir sur la croix, on ne peut que se récrier ! D'ailleurs, maintenant que nous sommes des enfants de Dieu, nous avons la vie éternelle, mais pour le péché, nous sommes morts.
À ton avis, est-ce que le diable va essayer de faire pécherun mort ?

Ma prière : Dieu et Père, aide-moi à comprendre la grandeur de ta grâce et la gravité du péché. Merci parce que le diable me voit comme mort, perdu pour lui, maintenant que j'ai la vie par ton Fils Jésus.

Romains 6. 4

29 septembre

Nous avons été ensevelis avec lui par le baptême en relation avec sa mort afin que, comme le Christ a été ressuscité d'entre les morts par la puissance glorieuse du Père, nous aussi, nous menions une vie nouvelle.

Qu'est-ce que le baptême ?
C'est un acte que le Seigneur Jésus nous demande de faire pour montrer notre désir d'être liés à lui.

Comment cela se passe ?
1. Le baptisé est plongé complètement dans l'eau.
Cela veut dire : "Mon ancienne vie sans Dieu est morte, morte à la croix grâce à l'œuvre de Jésus."
2. Le baptisé ressort de l'eau.
Cela veut dire : "J'ai une nouvelle vie, Jésus vit en moi."

Ma prière : Dieu et Père, aide-moi à vivre chaque jour ce que représente le baptême : la délivrance de ma vie de péché et Jésus qui vit en moi.

Romains 6. 17, 18, 23

30 septembre

Dieu soit loué ! Si, autrefois, vous étiez les esclaves du péché, à présent, affranchis du péché, vous êtes devenus esclaves de la justice. Car le salaire que verse le péché, c'est la mort, mais le don gratuit que Dieu accorde, c'est la vie éternelle dans l'union avec Jésus-Christ notre Seigneur.

Une vie sans Dieu

Vue par le monde :

on est libre de faire ce qu'on veut
(le péché n'existe pas et il n'y a rien après la mort)

Vue par Dieu :

esclave du péché
(qui mène à la mort, à la séparation éternelle d'avec Dieu)

Une vie avec Dieu

Vue par le monde :

on est obligé de faire beaucoup de choses
(pour plaire à Dieu et gagner son salut)

Vue par Dieu :

Don gratuit
Vie éternelle près de Dieu
(J'ai de la joie à lui obéir)

Ma prière : Père céleste, merci pour ce don merveilleux de la vie éternelle. Aide-moi à employer toute ma vie à te faire plaisir, à faire ce qui est juste.

Romains 7. 18-20

1 octobre

Car je sais que le bien n'habite pas en moi, c'est-à-dire dans ce que je suis par nature. Vouloir le bien est à ma portée, mais non l'accomplir. Je ne fais pas le bien que je veux, mais le mal que je ne veux pas, je le commets. Si donc je fais ce que je ne veux pas, ce n'est plus moi qui le fais mais c'est le péché qui habite en moi.

Bouba est heureux. Il a été racheté très cher par le maître le plus gentil de la région. Hélas, sur le chemin qui le mène aux champs, il rencontre son ancien maître. Toujours aussi dur et cruel, celui-ci lui donne des ordres comme si Bouba lui appartenait encore. Et voilà que, sans même le vouloir, Bouba lui obéit, par habitude. Pourtant, il était bien décidé à consacrer toute son énergie à son nouveau maître ! Mais il est incapable de résister tout seul. Alors il demande à son nouveau maître la permission de faire le chemin avec lui. En marchant à côté de lui, en écoutant sa voix, Bouba est sûr de ne plus se faire avoir !

Ma prière : Seigneur Jésus, merci parce que tu m'as racheté par ta mort sur la croix. Merci parce que tu veux me conduire chaque jour pour m'aider à t'obéir et à ne pas céder au péché.

Romains 8. 1, 2

2 octobre

Maintenant, il n'y a plus de condamnation pour ceux qui sont unis à Jésus-Christ. Car la loi de l'Esprit qui nous donne la vie dans l'union avec Jésus-Christ t'a libéré de la loi du péché et de la mort.

Pedro est un cultivateur Sud-Américain. Il y a quelques années, de riches et puissants trafiquants l'ont obligé à remplacer ses plantations de légumes par de la drogue. C'est interdit et puni de mort par l'Etat, mais les trafiquants le terrorisent et lui proposent beaucoup d'argent… Il accepte donc et se retrouve sous la condamnation de la loi, une condamnation à mort!
Mais voilà qu'une nouvelle loi est donnée: tous ceux qui se présentent d'eux-même au tribunal pour reconnaître qu'ils cultivent de la drogue seront acquittés, recevront la protection d'une police spéciale et une aide pour démarrer des cultures utiles. Depuis le jour où Pedro est allé au tribunal, il est tranquille. Il ne craint plus d'être condamné à mort, et n'a plus peur des trafiquants. Il est complètement libre.

Ma prière: Seigneur Jésus, merci parce que tu m'as uni à toi, maintenant. Merci parce que tu m'as délivré de la mort éternelle et que je peux résister au péché, comme Pedro, grâce à cette nouvelle loi, la loi de l'Esprit.

3 octobre

Romains 8. 7, 9

L'homme livré à lui-même n'est que haine de Dieu : il ne se soumet pas à la Loi de Dieu car il ne le peut même pas.
Vous, au contraire, vous n'êtes pas livrés à vous-mêmes, mais vous dépendez de l'Esprit, puisque l'Esprit de Dieu habite en vous.
Si quelqu'un n'a pas l'Esprit du Christ, il ne lui appartient pas.

Que se passe-t-il quand la maîtresse doit quitter la classe ? Généralement, le calme ne dure pas très longtemps… Et si il n'y avait pas du tout d'instituteur ? Si les enfants devaient se débrouiller tout seuls, s'ils étaient libres de faire ce qu'ils veulent, penses-tu qu'ils pourraient apprendre quelque chose ? Certainement pas. Il n'y aurait que chahut et disputes.
Dans son amour, Dieu nous a donné un “maître”. Il habite en nous et il veut nous apprendre à vivre de manière identique à Jésus pour que nous puissions plaire à notre Père céleste. Il donne son Esprit à tous ceux qui croient en Jésus, à tous ceux qui lui appartiennent.

Ma prière : Merci, Père céleste, parce que tu m'as donné ton Esprit. Merci parce que je ne suis jamais tout seul, sans guide.

Proverbes 16. 1, 3

4 octobre

L'homme fait des projets, mais celui qui a le dernier mot, c'est l'Éternel.
Recommande tes œuvres à l'Éternel, et tes projets se réaliseront.

C'est bientôt l'anniversaire de Line. Elle a tout préparé : les cartes d'invitations, les jeux, le goûter… Rien n'a échappé à sa minutieuse programmation. Elle a 10 ans. Elle veut que tout soit vraiment extraordinaire.
Pourtant, elle est encore bien préoccupée : fera-t-il beau ? Ne sera-t-elle pas malade ? Y aura-t-il des disputes ? Cela arrive si souvent…
Eh oui, on a beau s'efforcer de tout faire au mieux, il y a toujours des choses qui nous échappent, contre lesquelles on ne peut rien.
Qui donne le beau et le mauvais temps ? Qui donne la santé ? Qui incite les cœurs à faire le bien ? Notre Dieu, bien sûr !
Si seulement nous pensions plus souvent à lui confier nos projets, même pour les petits détails ! Il serait si heureux de répondre à notre attente. Il veut nous bénir et nous montrer son amour, encore et encore…

Ma prière : Père plein d'amour, aide-moi à toujours penser à te prier pour tous mes projets.

Proverbes 16. 2

5 octobre

Vous pouvez penser que tout ce que vous faites est bien, mais c'est l'Éternel qui apprécie vos motivations.

Chaque homme trouve certaines choses bonnes et d'autres mauvaises. C'est sa conscience qui lui dit ce qui est bien ou mal.
Le problème, c'est que notre conscience est influencée par ce qui nous entoure, par le monde dans lequel nous vivons. Et la devise de ce monde, aujourd'hui, c'est: "Je veux être libre de penser ce que je veux."
Imagine un homme qui pense sincèrement pouvoir conduire en toute sécurité après avoir bu un litre de vin. Il dit qu'il a l'habitude et qu'il a les idées très claires même après avoir bu. S'il se fait arrêter par les gendarmes, ils lui retireront son permis de conduire, sans lui demander son avis!
Ce n'est pas nous qui décidons de ce qui est bien ou pas. Pour notre vie sociale, ce sont les lois de notre pays qui en décident. Pour notre vie morale et spirituelle, c'est Dieu.

Ma prière: Tendre Père, merci parce que tu es parfaitement juste. Remplis mon cœur de ta pensée pour que je puisse avoir la même idée du bien que toi.

Proverbes 16. 6

6 octobre

La faute est expiée par la bonté et la fidélité et, par respect pour l'Éternel, on se détourne du mal.

Voici la prière de Rachel Joy Scott. Elle l'a écrite dans son journal à l'âge de 15 ans. À 17 ans, deux élèves l'ont tuée, ainsi que onze autres camarades et un professeur, dans leur lycée en Amérique.
"Cher Dieu
Je promets que je ne boirai pas d'alcool vendredi quand je sortirai avec mes amis. J'ai tellement envie d'y aller. J'y ai réfléchi et j'ai pensé que puisque tu me pardonnerais de toute façon, je pouvais y aller. Puis j'ai compris que tu me pardonneras toujours, toujours, mais que tu pourrais ne pas laisser mes actes impunis. Alors, par crainte, j'ai décidé de ne pas y aller. Mais en continuant à réfléchir, j'ai pensé que si je m'abstenais par peur, ce ne serait pas par amour pour toi, ni dans le désir de t'obéir et de te suivre. C'est donc plutôt pour cette dernière raison que je n'irai pas. Je sais que je serai toujours confrontée à la tentation, mais parce que je t'aime, parce que je t'obéis et parce que je te suis, je ne me placerai pas en plein cœur de la tentation.
Merci, Père.
Avec tout mon amour, ton enfant, Rachel Joy."

Ma prière : Père, aide-moi à me détourner du mal par respect pour toi, pour toi qui m'as tant aimé.

Proverbes 16. 21

7 octobre

Celui qui a le cœur sage sera reconnu comme intelligent, et les paroles aimables sont d'autant plus persuasives.

• Être intelligent, c'est comprendre ce qu'il faut faire dans une situation nouvelle.
• Être sage, c'est vivre d'une manière qui plaît à Dieu. C'est ce livre des proverbes qui nous le dit.

Quand on vit d'une manière qui plaît à Dieu, il peut nous remplir de son Esprit ;

...quand l'Esprit de Dieu nous remplit, il nous guide dans tous les choix qui sont devant nous ;

...quand c'est l'Esprit de Dieu qui nous guide, nous faisons les bons choix ;

...quand nous faisons les bons choix, alors nous sommes reconnus comme intelligents !

C'est le cas d'Axel qui devait faire un exposé avec trois autres camarades. Chacun avait envie de présenter un sujet différent ! Après s'être presque battus, ils ont demandé à Axel de choisir, parce qu'il était le seul à ne pas s'énerver. Avec calme et gentillesse, Axel leur a proposé un sujet plus simple à présenter et tout aussi intéressant que les autres. Ses trois amis ont accepté.

Ma prière : Père céleste, merci parce que tu veux me remplir de ton Esprit. Aide-moi à rechercher ta pensée en toutes circonstances.

Proverbes 16. 24

8 octobre

D'aimables paroles sont comme un rayon de miel : douces pour l'âme et bienfaisantes pour le corps.

Le père d'Henri est un aventurier bien habitué aux contrées sauvages d'Afrique. Il a emmené son fils faire un safari dans une région habitée par des panthères. Ils en étaient à leur troisième jour d'observation lorsqu'une magnifique femelle, craignant sûrement pour ses petits, s'est jetée sur Henri. Le temps que son père mette le fauve hors d'état de nuire, le pauvre Henri était déjà bien mal en point… Et voilà qu'au lieu de se précipiter vers lui et de le soigner, son père est parti à grandes enjambées à la recherche de… miel !
À son retour, il a enduit les blessures d'Henri avec le miel sauvage qu'il avait trouvé et, en quelques jours, elles se sont cicatrisées malgré les mauvaises conditions d'hygiène et de confort dans lesquels ils vivaient.

Le miel est un très bon aliment, très énergétique et qui ne pourrit jamais, mais c'est aussi un bon remède pour les blessures.

Ma prière : Seigneur Jésus, remplis mon cœur de ton amour, de ta paix, de ta douceur et de ta joie pour que mes paroles soient comme du miel pour ceux qui m'entourent.

Proverbes 16. 30

9 octobre

Celui qui ferme les yeux pour méditer des desseins pervers et qui serre les lèvres a déjà commis le mal.

Il était une fois... un homme puissant, mais haï par tous. Tout le monde en avait peur et le respectait. Mais, en secret, tout le monde cherchait un moyen pour le faire mourir. Chacun se faisait un plaisir d'imaginer les supplices les plus cruels qu'il pourrait infliger à cet homme, si seulement il pouvait s'en saisir...
Mais ces complots n'aboutissaient jamais. On en restait toujours aux fanfaronnades, jusqu'au jour où un paysan du village voisin vint vendre un cheval à ce monsieur. Les deux hommes discutèrent longtemps du prix à payer. N'arrivant pas à se mettre d'accord, ils s'énervent, crient de plus en plus fort, et finissent par se battre. Le paysan porte un coup trop violent et tue... celui que chacun rêvait de tuer.
Un seul homme est allé en prison.
Mais devant Dieu, tout le village est coupable à cause des mauvaises pensées que chacun a eues.

Ma prière : Père tout puissant, je veux reconnaître devant toi que j'ai parfois des mauvaises pensées. Je reconnais que, pour toi, c'est aussi grave de penser le mal que de le faire. Aide-moi, je t'en prie, à toujours avoir de bonnes pensées, pleines d'amour.

Proverbes 16. 33

10 octobre

On jette le sort dans les pans du vêtement du prêtre, mais c'est de l'Éternel que dépend toute décision.

Voici la définition du mot "hasard" que donne le dictionnaire : *nom masculin (espagnol* "azar", *de l'arabe* "az-zahr" *: le dé) Puissance considérée comme la cause d'évènements apparemment imprévus ou inexplicables.*
Pour le chrétien, il n'y a rien d'imprévu, rien d'inexplicable. Toute puissance est soumise au Créateur.
Même quand on tire le sort à pile ou face ou aux dés, pour départager deux personnes ou pour prendre une décision, c'est Dieu qui est au-dessus de tout. Nous ne devons donc pas craindre le hasard.
L'apôtre Paul disait aux Romains que "toutes choses arrivent pour le bien de ceux qui aiment Dieu."

Bien sûr, quand on aime le Seigneur Jésus, on préfère se laisser diriger par sa Parole, par sa paix dans notre cœur. Il nous aime, il veut nous parler…

Ma prière : Merci mon Dieu parce que tu es tout-puissant, parce que tu es mon Père et parce que tu m'aimes. Aide-moi à te faire confiance, même pour ce qui est inexplicable ou imprévu.

11 octobre

Actes 5. 28, 29

Le grand prêtre dit : “Nous vous avions formellement interdit d’enseigner au nom de cet homme.” Mais les apôtres répondirent : “Il faut obéir à Dieu plutôt qu’aux hommes.”

Au début du XVIe siècle, la plupart des prêtres ne lisent pas la Bible et ne pensent qu’à maintenir le peuple dans la peur pour mieux s’enrichir. Mais lorsque Martin part faire ses études chez les moines, il a enfin l’occasion de lire la Bible. Pour mieux s’approcher de Dieu, il se fait moine à son tour. Mais malgré tous ses efforts et les sacrifices qu’il s’impose, il n’arrive pas à trouver la paix. Petit à petit, la lecture régulière de la Bible l’amène à comprendre que c’est Jésus qui a tout fait pour lui donner la paix. Martin se sent alors tout léger et désire partager cette joie. Mais ses supérieurs ne sont pas contents du tout ! Ils disent qu’il faut donner de l’argent au Pape pour être sauvé ! Martin est traîné devant un juge qui s’écrie : “Abandonne ta conscience, frère Martin ! La seule chose exempte de danger est de se soumettre à l’autorité établie !”
Mais, comme les disciples, Martin Luther a préféré obéir à Dieu plutôt qu’aux hommes malgré le danger.

Ma prière : Père tout puissant, soutient et encourage tous ceux qui risquent leur vie en t’obéissant. Remplis mon cœur du désir de t’être fidèle à tout prix.

Actes 5. 28, 29, 30,31

12 octobre

Le grand prêtre dit : “Vous voulez nous rendre responsables de la mort de cet homme.” Mais Pierre répondit : “Le Dieu de nos ancêtres a ressuscité ce Jésus que vous avez mis à mort en le clouant sur le bois. Et c’est lui que Dieu a élevé pour siéger à sa droite, comme Chef suprême et Sauveur, pour accorder à Israël la grâce de changer et de recevoir le pardon de ses péchés.

Grâce au témoignage des disciples, Jésus est reconnu par beaucoup comme le Messie. Alors, les chefs du peuple ont peur qu’on les accuse d’avoir assassiné leur messie, celui que Dieu avait promis d’envoyer pour délivrer le peuple… Pierre, plein de courage, leur dit en face tout ce qu’ils craignaient d’entendre : ils ont mis Jésus à mort et Dieu l’a ressuscité.
Maintenant, Dieu l’a établi comme chef suprême, mais ce n’est pas pour les juger, c’est pour les sauver, pour leur accorder son pardon !
Si Pierre avait tant de courage, c’est parce que son message était un message de salut, de pardon. Mais pour recevoir ce pardon, ils devaient reconnaître qu’ils avaient bel et bien mis à mort l’envoyé de Dieu.

Ma prière : Seigneur Jésus, aide-moi à ne pas avoir peur de parler du péché. Merci parce que tu es mort pour nous donner ton pardon.

13 octobre

Actes 5. 34, 38, 39

Un pharisien nommé Gamaliel donna son avis : "Ne vous occupez plus de ces hommes. Ou bien leur projet et leur œuvre viennent des hommes et, dans ce cas, leur mouvement disparaîtra. Ou bien, il vient de Dieu, et alors, vous ne pourrez pas le détruire. Ne prenez pas le risque de lutter contre Dieu."

Les chefs des Juifs voulaient faire taire les disciples. Ils prétendaient prendre ainsi la défense de Dieu. En fait, ils prenaient leur propre défense, craignant qu'on les accuse d'avoir mis à mort le Fils de Dieu.
C'est ce qui a failli se passer pour Yanis : bien que chrétien, il ne parlait pas trop de sa foi : il craignait que l'on se moque de Jésus... et de lui ! Quand Fred est arrivé dans la classe, Yanis était content d'avoir un copain chrétien, mais il a pris peur quand il a vu Fred parler facilement de Dieu. Il a même essayé de l'en empêcher. Et voilà que dimanche, à l'église, on a lu l'histoire de Gamaliel. Yanis a alors compris qu'il allait lutter contre Dieu ! Il a demandé pardon à Fred et l'a encouragé à témoigner.

Ma prière : Dieu et Père, aide-moi à ne jamais critiquer d'autres chrétiens, et à me réjouir chaque fois que l'on témoigne de toi.

14 octobre

Actes 5. 40-41

Ils firent battre les apôtres, et leur défendirent de parler au nom de Jésus. Après quoi ils les relâchèrent.
Les apôtres quittèrent la salle du Conseil tout joyeux de ce que Dieu les avait jugés dignes de souffrir l'humiliation pour Jésus.

Dany a huit ans. C'est le plus jeune de la bande de Gégé. Ça fait à peine un mois qu'il a été admis dans le clan. Il se souviendra longtemps du jour où le chef lui a dit : "Toi, p'tit mec, j't'aime bien. À la rentrée, tu fais partie de ma bande !" Dany en a été tout réjoui, parce qu'avec Gégé, on est sûr de bien s'amuser. En plus, c'est un gars sérieux. Avec lui, on ne risque pas de faire des bêtises et de se faire gronder !
Mais l'autre jour, quand Dany s'est fait coincer derrière les garages de son immeuble par Ricou et ses copains, il a passé un mauvais quart d'heure. "Si tu répètes dix fois que Gégé est un gros nul, on te laisse filer. Sinon…" Dany a tenu bon. C'était dur, mais il est fier de ses bleus, surtout maintenant que Gégé le félicite devant toute la bande…

Ma prière : Seigneur Jésus, aide-moi à ne pas avoir peur d'être humilié pour toi. Aide-moi à être toujours fier de t'avoir donné mon cœur et de vivre pour toi.

15 octobre

Actes 5. 42

Chaque jour, dans la cour du Temple ou dans les maisons particulières, ils continuaient à enseigner et à annoncer la bonne nouvelle que le Messie, c'était Jésus.

Jacob, Moïse, David et beaucoup de prophètes (Esaïe, Jérémie, Ezechiel, Daniel, Michée, Aggée...) ont annoncé qu'un jour, Dieu enverrait un libérateur pour son peuple. Il serait choisi par Dieu.
En Israël, on montrait que quelqu'un était choisi par Dieu en lui versant de l'huile sur la tête. Cela s'appelle l'onction d'huile et la personne ainsi désignée était "ointe". "Celui qui est oint" se dit "machiaH" en hébreux (Messie) et "christos" en grec (Christ).
Le Messie était donc l'envoyé de Dieu, le libérateur choisi par Dieu pour sauver son peuple et le monde entier. Mais quand il est venu... on n'a pas voulu croire en Lui. Les juifs espéraient que le Messie les délivrerait de la domination romaine, mais Jésus est venu faire bien plus que cela : il est venu délivrer le monde entier de la domination éternelle de la mort et du diable. Ça, c'est une vraie bonne nouvelle !

Ma prière : Père céleste, merci parce que tu as envoyé ton Fils, celui que tu avais choisi pour nous sauver de nos péchés. Merci parce que j'ai cru à cette bonne nouvelle.

16 octobre

Actes 6. 8-10, 15

Étienne était rempli de la grâce et de la puissance divines et accomplissait de grands miracles au milieu du peuple. Les membres de la synagogue se montraient incapables de résister à la sagesse des paroles que lui donnait l'Esprit. Ceux qui siégeaient au Grand Conseil avaient les yeux fixés sur Étienne et son visage leur apparut comme celui d'un ange.

Étienne était un chrétien extraordinaire. Tout montrait la vie de Dieu qui était en lui : ses actes, ses paroles, et même son visage ! Dieu se servait de lui avec une telle puissance que personne ne pouvait lui résister.
Voici son secret :

- la grâce : c'est ce que Dieu nous donne et que nous ne méritons pas. Étienne savait qu'il ne méritait rien, mais que Dieu donne tout.
- la puissance divine : c'est la certitude que Dieu peut tout. Étienne avait confiance en Dieu. Il savait qu'il écoute et répond aux prières…

Il ne pensait pas cela seulement le dimanche ou quand il avait un gros problème : il en était rempli !

Ma prière : Père, remplis-moi de la certitude de ton amour et de ta puissance pour que je ressemble un peu à Étienne. Que tout ce que je fais, ce que je dis et même mon visage puisse montrer que je t'appartiens.

Actes 7. 57-60

17 octobre

D'un même élan, ils se ruèrent sur Étienne, le traînèrent hors de la ville et le tuèrent à coups de pierres. Pendant qu'ils jetaient des pierres sur lui, Étienne priait ainsi : "Seigneur Jésus, reçois mon esprit !" Puis il tomba à genoux et, de toutes ses forces, lança un dernier cri : "Seigneur, ne leur demande pas compte de ce péché !" Après avoir dit ces mots, il expira.

Étienne vient d'être accusé d'insulter Moïse et même Dieu. Alors il explique aux chefs des juifs que ce sont eux qui rejettent ce que Dieu a dit par Moïse et par les prophètes, en refusant Jésus.
Quand ils entendent Étienne leur dire la vérité en face, ces responsables se mettent dans une telle fureur qu'ils vont tuer Étienne ! Va-t-il céder à la haine, se défendre et maudire ces hommes ? Non, il meurt comme il a vécu : le cœur rempli de Jésus. Tellement rempli qu'il peut faire comme lui : prier pour ses bourreaux au moment de mourir…

Ma prière : Seigneur Jésus, remplis mon cœur de toi afin que je puisse te ressembler. Que ton amour puisse chasser de mon cœur toute haine et toute envie de vengeance.

18 octobre

Luc 10. 20

Spécial thème "La joie"

Ce qui doit vous réjouir, ce n'est pas de voir que les esprits mauvais vous sont soumis ; mais de savoir que vos noms sont inscrits dans le ciel.

Imagine une seconde : tu rentres dans un hôpital, tu parles à deux ou trois malades et, par la puissance du Seigneur, tu les guéris... Plus tard, tu rencontres une personne qui fait de la dépression, elle est triste, elle n'arrive pas à se réjouir. Hop ! tu la guéris...
Il y a de quoi être content, pas vrai ?
Et bien, c'est ce que les disciples ont vécu. Quand ils ont vu quelle puissance le Seigneur leur avait donné, ils sont revenus "pleins de joie".
Pourtant, ce n'est pas cela le plus important. Ce qui compte avant tout, c'est d'être sauvé. Quand on a donné son cœur au Seigneur, on en éprouve une grande joie, mais elle n'est pas pour un jour seulement. Chaque jour, nous pouvons - et nous devons nous rappeler que nos noms sont écrits dans les cieux, et nous en réjouir.
C'est une bonne manière de commencer la journée !

Ma prière : Seigneur Jésus, merci parce que tu as écrit mon nom dans le livre de la vie, dans le ciel. Merci parce que personne ne peut plus l'effacer, parce que tu as donné ton sang pour me sauver.

Luc 15. 4-7

19 octobre

Spécial thème
"La joie"

Si l'un de vous possède cent brebis, et que l'une d'elles vienne à se perdre, ne laissera-t-il pas les quatre-vingt-dix-neuf autres au pâturage pour aller à la recherche de celle qui est perdue jusqu'à ce qu'il l'ait trouvée ? Et quand il l'a retrouvée, avec quelle joie il la charge sur ses épaules pour la ramener ! Aussitôt rentré chez lui, il appelle ses amis et ses voisins et leur dit : "Venez partager ma joie, car j'ai retrouvé ma brebis qui était perdue." Je vous assure qu'il en est de même au ciel : il y aura plus de joie pour un seul pécheur qui change de vie, que pour quatre-vingt-dix-neuf justes qui n'en ont pas besoin.

Le ciel est un lieu rempli de joie !
Mais connais-tu une des sources de cette joie ? C'est lorsque quelqu'un se reconnaît pécheur et qu'il accepte de changer de vie, de recevoir Jésus comme son Sauveur et Seigneur.

Ma prière : Père céleste, c'est bon de savoir qu'il y a de la joie au ciel pour chaque personne qui accepte de devenir ton enfant. Merci pour ton amour merveilleux.

Psaume 16. 11

20 octobre

Tu me feras connaître le chemin de la vie : plénitude de joie en ta présence, et bonheur éternel auprès de toi.

Une dame triste et abattue demandait à sa voisine chrétienne le secret de sa joie. Avec un sourire rayonnant, celle-ci répondit :
“Je tiens un journal des joies de chaque jour. Il n’y a pas de journée sans rayon de soleil : quelques détails réjouissants comme l’achat d’un vêtement neuf, une conversation, une fleur, une promenade, une lettre, une pensée qui m’a fait du bien… Tout cela est inscrit dans mon cahier. Quand une mauvaise pensée me guette, je le prends vite et je lis deux ou trois pages qui me rappellent les soins du Seigneur.”

Ma prière : Dieu d’amour, merci pour toutes les petites joies que tu me donnes chaque jour. Aide-moi à les voir et à savoir en profiter pour te dire merci.

21 octobre

Deutéronome 12. 18

Vous vous réjouirez devant l'Éternel votre Dieu, de tous les produits de votre travail.

"- Dis, papa, pourquoi tu remercies Dieu avant chaque repas ? C'est maman qui a cuisiné tous ces bons plats, ce n'est pas Jésus !
- C'est vrai, mais c'est lui qui nous donne les moyens d'acheter tout ce dont nous avons besoin et il donne aussi une bonne santé à maman pour cuisiner.
- Les moyens d'acheter ? Mais dis donc, c'est toi qui travailles pour gagner de l'argent !
- Bien sûr, mais c'est le Seigneur qui me donne ce travail. Et dis-moi : n'es-tu pas heureux de manger ces bons plats ?
- Siiiii !
- Alors partage ta joie avec le Seigneur, tout simplement, et elle sera encore plus grande !"

Ma prière : Tendre Père, merci parce que je ne manque de rien. Aide-moi à partager toutes mes joies avec toi, à te dire simplement que je suis heureux.

22 octobre

Psaume 122. 1, 2

Je suis dans la joie lorsque l'on me dit: "Nous allons monter à la demeure de l'Éternel."

C'est ton anniversaire. Tu as invité tes meilleurs amis.

Arnaud a oublié… Il a tant de jouets, chez lui!

Eva a couru tout le long du chemin, elle était toute rouge lorsqu'elle t'a sauté au cou pour te souhaiter un bon anniversaire.

Kevin était arrivé bien une demi-heure en avance pour être sûr de ne rien rater!

Janie est arrivée presque à la fin, parce qu'elle avait plein de trucs à faire, "des choses importantes", comme elle dit…

Loïc était tout triste parce que son père venait d'acheter un nouveau jeu vidéo et qu'il avait dû l'abandonner pour venir.

Rose était contente de venir, mais rien ne l'intéressait; elle regardait sa montre tout le temps…

Allez, ça a quand même été un super-anniversaire! Mais c'est surtout l'attitude de Kevin et d'Eva qui t'auront donné le plus de plaisir, bien plus que les cadeaux!

Ma prière: Dieu et Père, remplis mon cœur d'amour pour toi. Que cet amour puisse déborder et me remplir de joie lorsque je vais à l'église. Aide-moi à être joyeux d'être là parce que tu y es, même si parfois, c'est un peu long pour moi.

23 octobre

Jérémie 15. 16

Dès que j'ai trouvé tes paroles, je les ai dévorées. Elles ont fait ma joie et mon bonheur, car je porte ton nom, ô Éternel !

Bonjour, petit chrétien !

C'est moi : ton journal "Sur la Montagne" !
Tu es étonné que je t'appelle "petit chrétien" ? C'est parce que le mot "chrétien", vient de "Christ" et que tu portes le nom de ton Seigneur.
Je suis content que tu m'aies trouvé, ce matin. Je n'étais pas trop caché sous tes B.D. cette fois ?
Mais dis-moi, si je tiens bien le compte, ça doit faire plus d'un an que tu me lis ! On en a exploré, des versets, ensemble ! Et si on faisait un petit bilan ?
Est-ce que, comme Jérémie, ces versets ont fait ta joie et ton bonheur ? Les as-tu dévorés avec plaisir ?
Je l'espère de toutes mes pages !
Mais n'oublie pas : pour que ce p'tit dej' te soit bien profitable, il ne faut pas oublier l'apéritif ! Il faut d'abord demander à Dieu d'ouvrir ton cœur, ton intelligence et ta mémoire et de te donner cette joie.

Ma prière : Père céleste, merci pour ta Parole. Merci pour la joie que j'ai à la lire chaque matin. S'il te plaît, travaille dans mon cœur pour que cette joie soit toujours plus grande.

Hébreux 10. 34

24 octobre

Spécial thème
"La joie"

Vous avez accepté avec joie d'être dépouillés de vos biens, car vous vous saviez en possession de richesses plus précieuses, et qui durent toujours.

Être joyeux pour notre salut, pour ce que Dieu nous donne, pour la lecture de la Bible ou pour l'église, d'accord. Mais être joyeux pour ce que Dieu nous enlève, ça, c'est un peu fort! Et pourtant…

Hiver 1812. Le soldat René se trouve en Russie lors de la défaite de Napoléon. Il n'a qu'une idée: fuir et rentrer en France. Heureusement, il a profité de cette guerre pour s'enrichir et il va pouvoir se payer les meilleures auberges tout le long du trajet. D'étape en étape, il savoure le bien-être des chambres confortables…
Et voilà qu'un jour, il tombe sur une troupe de bandits qui lui volent tout son or! En faisant le point, il s'aperçoit alors qu'il n'a que très peu avancé. Finalement, cet or le ralentissait dans sa fuite, puisqu'il perdait son temps dans les auberges! René décide alors de ne plus s'arrêter et de foncer droit à la maison. Oubliant tout le reste, il peut continuer son chemin le cœur joyeux!

Ma prière: Père céleste, aide-moi à comprendre que ce n'est pas ce que je possède sur cette terre qui donne de la joie, mais ce que je possède au ciel.

Matthieu 16. 1, 2, 4

25 octobre

Quelques pharisiens abordèrent Jésus pour lui tendre un piège. Ils lui demandèrent de leur montrer un signe miraculeux venant du ciel. Il leur répondit : "Ces gens de notre temps qui sont mauvais et infidèles à Dieu réclament un signe miraculeux ! Un signe... il ne leur en sera pas accordé d'autre que celui de Jonas."

Le Seigneur Jésus n'est pas venu sur la terre pour épater les gens, pour leur en mettre plein la vue. Il est venu pour nous révéler l'amour de Dieu.

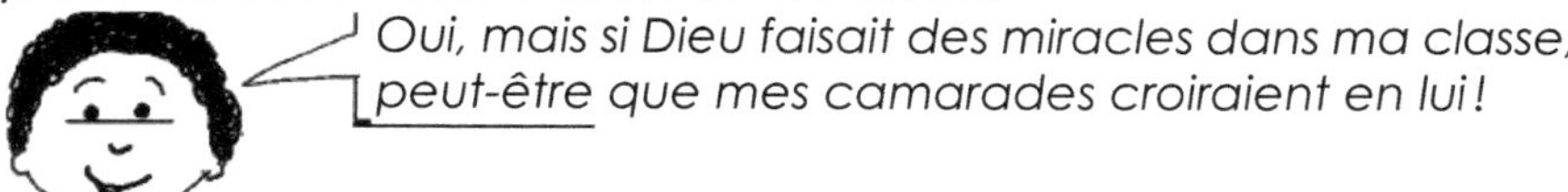

Dieu ne veut pas seulement que nous croyions qu'il existe. Il veut aussi que nous croyons ce qu'il nous dit, que nous lui faisions confiance.
Comme Jonas, qui a passé trois jours dans le poisson, Jésus a passé trois jours dans la mort à cause de nos péchés ! Si nous croyons cela, il pourra ouvrir nos yeux. Nous verrons alors sa puissance dans notre vie et tous les miracles qu'il accomplit chaque jour pour nous.

Ma prière : Seigneur Jésus, révèle-toi à tous mes amis qui ne croient pas encore en toi pour qu'ils puissent comprendre que tu les aimes et que tu veux leur donner la paix.

Matthieu 16. 6, 7, 12

26 octobre

Jésus leur dit : “Faites bien attention : gardez-vous du levain des pharisiens.” Les disciples discutaient entre eux : “Il dit cela parce que nous n’avons pas pris de pain !”
Ils comprirent qu’il leur avait dit de se garder, non pas du levain que l’on met dans le pain, mais de l’enseignement des pharisiens.

Le Seigneur Jésus utilisait des images de la vie courante pour expliquer son enseignement. Mais même avec ces images, les disciples ne comprenaient pas toujours.
Et nous, pouvons-nous comprendre ?
Dans ce verset, il parle du levain. Il s’agit d’un peu de pain que l’on a laissé pourrir. Les microbes l’ont fait fermenter : il est devenu aigre comme du vin. Si tu mets une toute petite quantité de levain dans de la pâte, elle gonfle. Au lieu d’un petit Lu®, tu obtiens une brioche…
Le levain des pharisiens, c’était leur enseignement. Ils enseignaient tout ce que l’on ne devait pas faire pour que Dieu puisse nous aimer. Résultat : ils étaient persuadés de mériter l’amour de Dieu ! Cela les faisait gonfler d’orgueil… comme une grosse brioche !

Ma prière : Dieu et Père, merci parce que tu m’aimes, non pas pour ce que je suis ou pour ce que je fais, mais parce que tu es Amour. Aide-moi à ne pas garder un “levain” dans mon cœur qui me fasse penser autrement.

Matthieu 16. 13-16

27 octobre

Jésus interrogea ses disciples : "Que disent les gens au sujet du Fils de l'homme ? Qui est-il d'après eux ?" Ils répondirent : "Pour les uns, c'est Jean-Baptiste ; pour d'autres Élie ; pour d'autres encore : Jérémie ou un autre prophète.
- Et vous, qui dites-vous que je suis ?"
Simon Pierre lui répondit : "Tu es le Messie, le Fils du Dieu vivant."

Lucas et ses amis sont bien inquiets. Ils sont prêts à se lancer dans une course au trésor organisée par leur village de vacances, mais il leur manque l'essentiel : la carte où est tracé le parcours ! Comment trouver l'organisateur parmi tous ces gens regroupés pour le départ ? Lucas a bien remarqué quelqu'un qui a l'air très au courant, mais ses amis ont des avis partagés :
"- Je le connais : c'est le fils du maçon. Ça ne peut pas être lui.
- Si c'était lui, il aurait sûrement un badge..."
Mais Lucas ne se laisse pas influencer. Il va vers le jeune homme et lui raconte simplement son problème.
Quelle joie d'apprendre qu'il est le fils de l'organisateur ! Il reçoit alors une carte et peut partir sans crainte.

Ma prière : Seigneur Jésus, merci parce que je sais que tu es mon Sauveur, celui que Dieu a envoyé sur la terre pour souffrir et mourir afin de me racheter.

Matthieu 16. 16, 17

28 octobre

Simon Pierre lui répondit : “Tu es le Messie, le Fils du Dieu vivant.”
Jésus lui dit alors : “Tu es heureux, Simon, fils de Jonas, car ce n’est pas de toi-même que tu as trouvé cela. C’est mon Père céleste qui te l’a révélé.”

Fred est très impressionné. Son papa doit aller déposer quelque chose dans le coffre de la banque. Après être passés devant un premier guichet, puis un second, les voilà dans la salle des coffres. Partout, des petites portes. On peut voir deux fentes sur chacune de ces portes. Le papa de Fred glisse sa clé dans une fente, mais la porte ne s’ouvre pas. Il faut d’abord que le banquier mette la clé de la banque dans l’autre fente. Alors seulement, Fred peut découvrir les trésors que contient le coffre.
Pierre avait reconnu qu’il était pécheur. Il avait donné sa vie à Jésus. C’est comme s’il avait mis sa clé dans une des serrures du coffre. Mais pour qu’il puisse vraiment connaître Jésus, il fallait que Dieu lui-même parle à son cœur. Il fallait aussi la clé de Dieu.

Ma prière : Père céleste, merci pour le travail merveilleux que tu fais dans mon cœur. Merci parce que tu veux m’ouvrir le trésor de ton ciel : la connaissance de ton Fils Jésus.

Matthieu 16. 21

29 octobre

Jésus commença à exposer à ses disciples qu'il devait se rendre à Jérusalem, y subir de cruelles souffrances de la part des chefs des prêtres et des spécialistes de la Loi, être mis à mort et ressusciter le troisième jour.

Imagine qu'aujourd'hui, ton papa te dise : "J'aimerais que tu ailles apporter des médicaments dans la partie de la ville que tu vois sur cette carte. Je te préviens, il y a plein de voyous. Regarde : dès que tu seras dans cette rue, tu peux être sûr que des garnements vont te lancer des pierres. Quand tu seras à ce carrefour, tu rencontreras les plus violents. Ils te frapperont à coups de barre de fer ! Mais il faut absolument porter ces médicaments ; c'est une question de vie ou de mort." Ce serait affreux, non ? Comment comprendre qu'un père envoie son enfant bien-aimé au-devant de tant de difficultés ? Comment comprendre qu'un enfant soit assez obéissant pour accepter cette mission en sachant à l'avance ce qui va lui arriver ?

Ma prière : Seigneur Jésus, rien ne sera jamais plus grand et plus beau que l'amour et l'obéissance que tu as montrés en acceptant de venir souffrir et mourir sur cette terre pour me racheter du péché. Merci mon Dieu d'avoir envoyé ton Fils pour avoir d'autres enfants.

Matthieu 16. 25

30 octobre

Celui qui est préoccupé de sauver sa vie la perdra ; mais celui qui perdra sa vie à cause de moi, la retrouvera.

Rosalie et Claire sont toute excitées à l'idée de participer au jeu de piste organisé par leur colo. Ce jeu comporte différentes épreuves qu'il faut accomplir en un minimum de temps. Rosalie s'y donne à fond ! Il faut la voir se creuser la tête pour trouver le bon chemin, y courir de toutes ses forces, grimper les talus, sauter les ruisseaux, dévaler les champs… et tant pis si elle en ressort tout échevelée, sa robe tachée de boue et déchirée en plusieurs endroits ! Elle n'a qu'une idée en tête : arriver au bout.

Claire est beaucoup plus prudente. Elle ne veut pas trop se fatiguer parce qu'elle doit rentrer chez elle le lendemain et veut être en forme pour le voyage. Pas question non plus de se salir ! Elle veut gagner, bien sûr, mais sans trop de sacrifices…

Qui a gagné le jeu ? Sûrement pas Claire, en tout cas !

Une fois arrivés au ciel, beaucoup de chrétiens se rendront compte qu'ils ont perdu leur temps sur la terre…

Ma prière : Seigneur Jésus, aide-moi à suivre ton exemple. Aide-moi à ne pas faire attention à mon petit confort, mais à tout sacrifier pour plaire à Dieu.

Matthieu 16. 26

31 octobre

Si un homme parvient à posséder le monde entier, à quoi cela lui sert-il s'il perd sa vie ? Et que peut-on donner pour racheter sa vie ?

Raoul s'amuse sur le parking de son immeuble. Dans le gravier, il cherche de jolies pierres qui font des étincelles quand on les entrechoque. Il joue avec pendant des heures, en se racontant des histoires : il est riche, il est le roi. Personne n'a autant de pierres que lui. Petit à petit, il arrive à se convaincre qu'il détient vraiment une fortune. Il décide donc de ne plus aller à l'école : ce n'est pas la peine, il est si riche !
Mais au bout de quelques jours, l'école alerte ses parents qui le retrouvent en train de jouer avec ses cailloux. Ils ne semblent pas apprécier ses richesses et le punissent sévèrement ! Raoul est très triste : il a tout perdu. Non seulement il est pauvre, mais en plus, il s'est rendu ridicule ! Et maintenant, il va devoir rattraper tout son retard à l'école !
Tout ce que l'on peut posséder sur cette terre n'a pas plus de valeur aux yeux de Dieu que des cailloux.

Ma prière : Dieu et Père, travaille dans mon cœur dès maintenant pour que je comprenne que l'argent n'est pas essentiel. Aide-moi, plus tard, à ne pas gaspiller ma vie pour en gagner beaucoup.

Proverbes 17. 1

1 novembre

Mieux vaut n'avoir qu'un croûton de pain sec et vivre dans la tranquillité que dans une maison où l'on festoie beaucoup tout en se querellant.

Nous vivons dans une société de "consommation". Consommer quelque chose, c'est l'utiliser complètement: après, il n'en reste plus (par exemple, une voiture consomme de l'essence). Dans une société de consommation, les produits ne servent qu'une fois, ou alors ils s'abîment très vite. C'est super pour les fabricants qui peuvent vendre beaucoup plus et gagner beaucoup d'argent. Pour nous "aider" à tomber dans le piège de la consommation, ils ont inventé un truc très efficace: la pub ! "Si vous achetez ce jeu vidéo, cette poupée ou ces baskets, vous serez plus heureux!" La pub nous montre des personnes au sourire resplendissant, qui s'extasient devant une voiture ou un paquet de lessive comme devant un trésor égyptien !
Le verset d'aujourd'hui nous donne la clé du vrai bonheur: ce qui rend l'homme heureux, ce n'est pas ce qu'il a dans son assiette, mais dans son cœur.

Ma prière: Seigneur Jésus, merci parce que tu es venu sur la terre pour me donner la paix du cœur. Aide-moi à ne pas tomber dans le piège de la publicité et à ne pas mettre mon bonheur dans mes cadeaux de Noël, mais dans l'assurance d'être avec toi pour l'éternité.

Proverbes 17. 3

2 novembre

Le creuset épure l'argent, le four l'or : ainsi l'Éternel éprouve les cœurs.

As-tu déjà regardé travailler un orfèvre ? Il tient un morceau d'argent au centre du feu, là où la flamme est la plus chaude, pour brûler toutes les impuretés qui se trouvent dans le métal. C'est un travail pénible : non seulement il doit rester assis devant la chaleur du feu pendant très longtemps, mais il doit aussi garder constamment ses yeux sur le morceau, tant qu'il est dans le feu. Si l'argent reste un instant de trop, tout le morceau est gâché.

Mais alors, comment fait l'orfèvre pour savoir quand l'argent est complètement affiné ?

C'est simple : quand il peut voir son image dans l'argent, alors le processus d'affinage est terminé !
Le feu, c'est l'épreuve.
L'affineur c'est Dieu.
L'argent c'est nous.
Pour que nous reflétions l'image de Jésus, Dieu nous purifie chaque jour. Mais il reste toujours près de nous, sans jamais nous quitter des yeux…

Ma prière : Merci Père pour tout le travail que tu fais dans mon cœur avec tant d'amour et de patience.

Proverbes 17. 5

3 novembre

Se moquer du pauvre c'est outrager son Créateur, et celui qui se réjouit du malheur d'autrui ne restera pas impuni.

Dans l'Ancien Testament comme dans le Nouveau, nous retrouvons souvent deux mots qui caractérisent Dieu ou notre Seigneur Jésus-Christ : la miséricorde et la compassion. Regardons un peu ces deux mots.

Miséricorde — Dans ce mot, tu en trouves deux autres : "misère" et "cœur" (corde). Ce mot décrit donc le sentiment de quelqu'un qui a du cœur pour ceux qui sont dans la misère.

Compassion — Ici, tu retrouves la racine "com-" qui veut dire "avec" ou "partager" (par exemple, "copain" veut dire "celui avec qui on partage son pain"). Puis tu trouves le mot "passion". Aujourd'hui, on emploie ce mot pour parler d'un amour très fort, mais à l'origine, il voulait dire "grande souffrance". La compassion est donc le caractère de quelqu'un capable de comprendre la souffrance des autres.

Alors si je veux ressembler à mon Seigneur qui a du cœur pour la misère et qui est capable de comprendre la souffrance, est-ce que je peux me réjouir du malheur de qui que ce soit ?

Ma prière : Seigneur Jésus, travaille dans mon cœur pour que je puisse être rempli de ta miséricorde et de ta compassion.

Proverbes 17. 9

4 novembre

Qui veut se faire aimer, pardonne les torts qu'il a subis : les rappeler éloigne son ami.

Christian invite souvent ses amis à venir jouer chez lui. Il habite dans une belle maison avec un grand jardin. Avec Stéphane, il a construit une cabane super-chouette. Hélas, l'autre jour, en voulant la visiter, Yanis a perdu l'équilibre et a entraîné tout le mur du fond dans sa chute. En se relevant, il a accroché la porte… et le reste de la cabane a suivi.
Christian était furieux ! Heureusement que Stéphane lui a montré le côté comique de la catastrophe et lui a promis de l'aider à tout reconstruire… Je ne sais combien de fois il lui a répété : "Allez, 'faut pas lui en vouloir… Sois sympa, pardonne-lui !". Christian a dit que bon, il voulait bien pardonner. Mais chaque fois qu'il invite Yanis, il lui dit d'un air sombre : "Et tâche de ne rien casser, cette fois !"
Stéphane, lui, n'a plus jamais reparlé de cette histoire. Pour Yanis, il n'y a pas de meilleur copain !

Ma prière : Père céleste, merci parce que tu m'as pardonné pour que je puisse connaître l'immensité de ton amour. Aide-moi à bien comprendre l'importance du pardon. Aide-moi à pardonner.

Proverbes 17. 14

5 novembre

Commencer une querelle, c'est ouvrir une brèche dans une digue, c'est pourquoi : abandonne tes griefs avant que la dispute n'éclate.

Une digue, c'est un grand mur qui retient l'eau. Tu peux en voir dans les ports ou les barrages. Si par malheur, on fait un trou dans une digue, l'eau se met à jaillir avec force. Non seulement elle gicle trop fort pour qu'on puisse reboucher, mais en plus elle agrandit le trou de plus en plus. En quelques minutes, le désastre peut être total.
La Bible emploie des images très fortes pour nous aider à comprendre ce qui est important.

Alors, pensons-y AVANT de nous mettre en colère. Demandons au Seigneur la force de pardonner.

Ma prière : Seigneur Jésus, toi qui ne te mettais pas en colère quand on t'insultait, aide-moi à te ressembler, aide-moi à pardonner AVANT toute dispute.

Proverbes 17. 15

6 novembre

L'Éternel a autant en horreur celui qui acquitte le coupable que celui qui condamne l'innocent.

Voilà deux jours que nous parlons de pardon, et aujourd'hui le Seigneur nous dit qu'il ne faut pas acquitter un coupable ! C'est à n'y rien comprendre ! Dieu est juste : si quelqu'un est coupable, il est coupable. Il mérite un châtiment.
Mais Dieu est aussi miséricordieux (tu l'as lu il y a trois jours). Dans son amour, il a donc trouvé un moyen de nous pardonner : enlever nos péchés et les mettre sur son propre Fils pour qu'il en reçoive la punition sur la croix.
Pour Dieu, tu n'es donc plus coupable, car c'est son Fils Jésus qui a pris tes péchés. Mais Jésus n'est pas coupable non plus puisqu'il a parfaitement obéi à son Père en prenant nos péchés, et qu'il n'en a jamais commis lui-même. Alors, Dieu l'a ressuscité et l'a reçu dans son ciel.

Ma prière : Père céleste, merci pour ta justice, pour ton amour. Merci aussi pour ta sagesse qui a su concilier les deux pour me sauver.

Proverbes 17. 15

7 novembre

L'Éternel a également en horreur celui qui acquitte le coupable et celui qui condamne l'innocent.

Dieu est juste et il demande à ses enfants d'être justes. Mais il leur demande aussi de pardonner.
Quelle est la différence entre "pardonner" et "acquitter un coupable" ?
Acquitter, c'est déclarer innocent. C'est dire : "Tu n'as rien fait" ou "Ce n'est pas grave". Ce n'est pas la vérité, ce n'est pas juste.
Pardonner, c'est dire : "Ce que tu as fait est mal, mais je veux ne plus en tenir compte parce que je t'aime."
Pour être entièrement pardonné, il faut donc reconnaître TOUT le mal que l'on a fait. Et pour pardonner entièrement, pour être délivré de toute amertume ou envie de vengeance, il faut reconnaître TOUT ce qui nous a été fait de mal, sans rien minimiser.
Imagine que je te doive 50 billes. Un jour, je t'en rends 20 et je fais comme si je t'avais tout rendu. Si tu ne dis rien, tu garderas à la pensée que je suis un voleur. si par contre tu me dis : "Il en manque encore 30 mais je t'en fais cadeau", tu garderas à la pensée que le Seigneur t'a aidé à être bon et que tu lui as fait plaisir.

Ma prière : Seigneur Jésus, remplis-moi de ton amour pour que je puisse pardonner de tout mon cœur TOUT le mal que l'on me fait.

Romains 8. 11

8 novembre

Si l'Esprit de celui qui a ressuscité Jésus d'entre les morts habite en vous, celui qui a ressuscité le Christ d'entre les morts rendra aussi la vie à vos corps mortels par son Esprit qui habite en vous.

Au camp d'entraînement des commandos d'élite, les jeunes recrues viennent juste de recevoir leur uniforme tout neuf. Il est très sophistiqué et bourré d'électronique. Ils n'osent pas trop bouger de peur d'endommager quelque chose et sont très surpris de voir leur lieutenant instructeur se jeter à fond dans les exercices du parcours du combattant : le voilà suspendu dans les airs, rampant dans la boue, traversant une rivière à la nage, bondissant, courant... Quand il arrive enfin aux pieds de son supérieur, il se met au garde-à-vous et annonce son nom et son grade. En récompense de sa performance, il reçoit une médaille... et un nouvel uniforme ! C'est bon, les élèves ont compris : il faut se donner à fond ! Et tant pis pour l'uniforme.
...et tant pis si le chrétien abîme un peu son "uniforme" pendant son service, puisqu'il recevra un corps glorieux, comme son chef Jésus !

Ma prière : Père plein d'amour, merci parce que, par ton Esprit, tu veux me donner une vie éternelle comme celle de ton Fils Jésus que tu as ressuscité.

Romains 8. 13

9 novembre

Si vous vivez à la manière de l'homme livré à lui-même, vous allez mourir, mais si, par l'Esprit, vous faites mourir les actes mauvais que vous accomplissez dans votre corps, vous vivrez.

Notre histoire se passe il y a bien longtemps, dans un village reculé du centre de l'Europe. Chose curieuse, dans ce village, on ne connaissait pas les chats. Par contre, on connaissait rats et souris ! Un véritable fléau !
Le roi du pays envoya son fils pour délivrer son peuple de cette plaie, mais les villageois le chassèrent. Pourtant, avant de partir, il laissa un chat à tous ceux qui l'avaient écouté.
Certains d'entre eux eurent peur que leur chat les oblige à changer leurs habitudes : ils le mirent en cage. D'autres, au contraire, lui ouvrirent toutes les pièces de leur maison. En quelques semaines, plus une souris n'osa s'y aventurer. Tant que les portes restaient ouvertes, les souris n'avaient aucune chance !

Ma prière : Père céleste, merci parce que tu as versé ton Esprit en moi. Je veux lui laisser toute la place dans ma vie, pour qu'il puisse m'aider à ne pas faire le mal, mais à avoir une relation vivante avec toi.

10 novembre

Romains 8. 15

Vous n'avez pas reçu un Esprit qui fait de vous des esclaves et vous ramène à la crainte : non, vous avez reçu l'Esprit qui fait de vous des fils adoptifs de Dieu. Car c'est par cet Esprit que nous crions : Abba, c'est-à-dire Père !

Certaines voitures sont maintenant équipées d'un GPS. C'est un appareil très complexe qui est capable de t'indiquer tous les 10 mètres le chemin à suivre, grâce à des satellites. Pour le faire marcher, rien de plus simple : on l'allume, on lui donne l'adresse où on veut aller, et on roule. Ensuite, on écoute ce que dit le GPS et on n'a plus qu'à suivre ses instructions : "A 500 mètres, prendre la sortie — Tourner à gauche à 20 mètres..."
Imagine quelqu'un qui a un GPS et qui dit : "Moi, ce truc, j'en veux pas. Avec ça, on n'est qu'un esclave, obligé de suivre la route qu'il a choisie." C'est une manière de voir les choses... L'autre façon, c'est de dire : "Merveilleux ! Je vais suivre les indications et je ne risquerai plus de me tromper ! Je pourrai penser tranquillement au but de mon voyage."

Ma prière : Tendre Père, merci parce que ton Esprit veut me conduire à toi et me délivrer de toute crainte.

Romains 8. 18

11 novembre

Il n'y a aucune commune mesure entre les souffrances de la vie présente et la gloire qui va se révéler en nous.

"Oyez, oyez, braves gens ! Sa Majesté le Roy de France m'envoie quérir parmi vous ceux qui désirent s'engager à son service..." Le chevalier n'a pas le temps de terminer son annonce. Tous les paysans du bourg se mettent à le huer en lui jetant des pierres : ils ont besoin de tout le monde pour cultiver les champs ! Qu'on ne vienne pas leur voler leurs fils !

Le chevalier s'en va, mais il est bientôt rattrapé par Benoît, qui veut s'engager au service du roi. Il reçoit alors des armes et une lettre du roi lui-même, avec son ordre de mission : il doit essayer d'amener beaucoup de gens à s'engager pour le roi, et rester fidèle coûte que coûte, jusqu'à ce qu'on vienne le chercher. Alors, il sera élevé à la cour, obtiendra un titre de noblesse et n'aura plus jamais besoin de travailler.

Bien des mois terribles ont passé avant qu'un émissaire du roi vienne chercher Benoît. Mais que sont les coups et les moqueries de quelques mois, par rapport à l'assurance de passer toute sa vie aux côtés du roi !

Ma prière : Père céleste, merci parce que tu m'as sauvé pour m'avoir avec toi, dans ta gloire. Aide-moi à me souvenir que je ne suis sur la terre que pour un temps, alors que je serai dans ton ciel pour l'éternité.

Romains 8. 26

12 novembre

L'Esprit vient nous aider dans notre faiblesse. En effet, nous ne savons pas prier comme il faut, mais l'Esprit lui-même intercède en gémissant d'une manière inexprimable.

Relis encore une fois ce verset attentivement…
Je ne sais pas bien ce que sont ces "gémissements" de l'Esprit de Dieu… Mais combien c'est merveilleux de savoir qu'il intercède lui-même pour moi, c'est-à-dire qu'il dit du bien de moi à Dieu ! Quel mystère extraordinaire !
Cela nous encourage à prier.
Bien sûr, malgré nos efforts, nous demandons parfois de mauvaises choses ; bien sûr, nous oublions souvent de demander l'essentiel ! Mais nous ne devons pas nous laisser arrêter par nos faiblesses, car Dieu nous a donné son Esprit pour nous aider, nous guider, et purifier nos prières pour qu'elles puissent monter jusqu'à Lui.

Ma prière : Père tout puissant, merci pour la paix que me donne ce verset. Je sais maintenant que je ne pourrai jamais te fâcher en te priant de tout mon cœur, car tu as placé ton Esprit en moi.

Romains 8. 28

13 novembre

Dieu fait concourir toutes choses au bien de ceux qui l'aiment, de ceux qui ont été appelés conformément au plan divin.

Pauline n'est pas bien riche. Depuis la mort de son mari, elle fait la lessive et le raccommodage des voisins pour nourrir ses cinq enfants. Elle vend aussi des pommes. Son pommier, c'est toute sa richesse. C'est un arbre magnifique qui trône au milieu de son tout petit jardin. Chaque matin, en ouvrant ses volets, elle le regarde et remercie le Seigneur pour cet arbre qui les fait vivre. Mais une nuit, lors d'un orage spécialement violent, la foudre tombe sur l'arbre et le coupe en deux jusqu'aux racines. Pauline pleure beaucoup. Le matin, elle se dirige à pas lents vers l'arbre foudroyé. En se penchant vers le trou béant, elle voit quelque chose qui brille. Vite, elle se met à genoux et écarte la terre : entre les racines, elle trouve un coffre que la foudre a éventré et qui regorge de louis d'or ! Pourquoi, pourquoi ? Il y a tant de situations, dans notre vie, où nous pourrions dire "Pourquoi ?" ! Dieu répond : "Parce que je t'aime. Attends patiemment et tu verras que je vais encore t'émerveiller."

Ma prière : Père plein d'amour, remplis mon cœur de patience et de confiance pour que je puisse attendre le bien que tu veux me faire, même si je ne vois pas vraiment comment.

14 novembre

Romains 8. 30

Ceux qu'il a destinés, il les a aussi appelés à lui ; ceux qu'il a ainsi appelés, il les a aussi déclarés justes, et ceux qu'il a déclarés justes, il les a aussi conduits à la gloire.

Depuis toujours, Dieu nous a choisis pour partager sa gloire ; il nous a destinés.
Puis, Dieu nous a appelés… et nous avons répondu. Il a pu alors nous déclarer juste par le sang de Jésus.
Tout cela c'est déjà fait.
Mais la gloire, c'est encore devant nous, c'est pour le jour où il viendra nous chercher… Alors, si c'est encore à venir, dans le futur, pourquoi est-ce écrit au passé, dans ce verset : "il les a conduits" ?
C'est pour nous dire que cette gloire est sûre et certaine. Mon salut éternel est sûr et certain. Je le possède déjà et rien ne pourra jamais me l'enlever.

Ma prière : Seigneur Jésus, merci pour la précision de ta Parole. Merci parce que je peux être assuré dès aujourd'hui de ma vie éternelle avec toi.

1 Samuel 4. 1-3

15 novembre

Les Israélites affrontèrent les Philistins. Les Philistins gagnèrent et tuèrent environ quatre mille hommes. Les responsables d'Israël se demandèrent : "Pourquoi l'Éternel nous a-t-il fait battre aujourd'hui par les Philistins ?"

Florent VEUT *devenir médecin pour une œuvre humanitaire : sauver des vies, aller sur les lieux des catastrophes, prendre l'avion, le bateau… Pour réaliser son rêve, il fait beaucoup de sport, car il sait qu'il faut être costaud. Il travaille aussi beaucoup à l'école. Le jour où il rentre avec son BAC dans la poche, Florent est fier et sûr de lui. Il va pouvoir aller à la faculté !*
Mais voilà qu'un soir, alors qu'un copain le ramène chez lui, un camion percute violemment leur voiture. Florent se retrouve à l'hôpital où il va passer 6 mois. Six mois de retard… Cela ne se rattrape pas ! Et s'il ne se remettait jamais tout à fait ? Pourquoi Dieu veut-il l'empêcher de le servir comme médecin ?
Comme les Israélites, Florent a prévu toute sa vie sans s'occuper de la volonté de Dieu. Alors pourquoi le rend-il responsable dès qu'un problème survient ?

Ma prière : Dieu et Père, aide-moi à rechercher ta volonté et ta protection dans chaque circonstance. Aide-moi à avoir confiance en toi, même dans les difficultés, sachant que tu m'aimes.

16 novembre

1 Samuel 4. 3, 10

“Allons chercher le coffre de l’alliance de l’Éternel et ramenons-le au milieu de nous pour qu’il nous délivre de nos ennemis.” Israël fut vaincu. Ce fut une très lourde défaite.

Anna a prévu de passer un week-end chez une copine de classe. Ses parents ne sont pas enchantés, mais la voilà qui pleure, qui promet d’être sage, et tout, et tout. À la fin, elle déclare que si ses parents ne lui font pas confiance, c’est qu’ils ne l’aiment pas ! De toute façon, elle a prié pour ce week-end. Alors tout se passera bien. Anna s’en va donc… Mais quand elle rentre le dimanche soir, elle ne peut retenir ses sanglots. Après avoir longtemps pleuré, elle raconte combien elle regrette. Elle regrette cette soirée où elles ont été entraînées par le grand frère de sa copine et où il y avait tant de musique violente, de fumée, de bière… Elle regrette le film d’horreur qu’ils ont regardé ce matin… alors qu’elle aurait été tellement mieux à l’église ! Pourtant, elle avait prié, prié pour que tout se passe bien !
Mais la prière n’est pas un truc magique. Notre Père céleste veut nous aider et nous délivrer, mais non pas céder à nos caprices.

Ma prière : Tendre Père, merci parce que tu veux me bénir. Aide-moi à t’obéir afin de recevoir cette bénédiction.

17 novembre

1 Samuel 5. 1-4

Après s'être emparés du coffre de Dieu, les Philistins le mirent dans le temple de leur dieu Dagôn. Le lendemain, ils découvrirent la statue de Dagôn étendue par terre devant le coffre de l'Éternel. Ils la remirent en place. Le jour suivant, de bonne heure, ils trouvèrent encore Dagôn par terre devant le coffre de l'Éternel, sa tête et ses deux mains coupées gisaient sur le seuil de la pièce.

Lorsque les Israélites avaient pris le coffre de Dieu avec eux, l'Éternel ne les avait pas délivrés pour autant. Il ne voulait pas que ce coffre passe pour un objet "magique". Mais voilà que ce coffre est ramené comme trophée de guerre par les Philistins… Il est même placé dans le temple de leur dieu !

Dieu ne veut pas être le "bon génie" des Israélites, mais il ne veut pas non plus être mis au rang d'une idole. En lui cassant la tête et les mains, il prouve aux Philistins que leur statue ne peut ni penser ni agir. Il montre sa puissance malgré la faute des Israélites. Dieu ne permettra jamais que le péché des siens ternisse sa gloire.

Ma prière : Père tout puissant, je veux te donner tout mon cœur pour que tu puisses montrer ta puissance dans ma vie et non pas malgré ma vie.

1 Samuel 6. 2, 7, 8, 9, 12

18 novembre

Les Philistins demandèrent à leurs prêtres : "Que ferons-nous du coffre de l'Éternel ? - Attelez à un chariot neuf deux vaches qui allaitent et qui n'ont pas encore porté le joug. Prenez le coffre de l'Éternel et placez-le sur le chariot. Si les vaches se dirigent vers le pays d'Israël, cela veut dire que c'est leur Dieu qui nous a infligé tous ces grands malheurs." Les vaches prirent tout droit la direction de la frontière, elles suivirent toujours le même chemin, sans dévier ni à droite ni à gauche.

Normalement, quand on met un joug pour la première fois sur deux vaches qui ont leur petit à l'étable, elles font tout pour se débarrasser du joug et retourner vers eux ! Pourquoi Dieu montre-t-il sa puissance à ces incrédules alors qu'il l'a cachée à son peuple pendant la bataille ? Imagine que ton ami te dise : "Si tu m'aimes, donne-moi 10 € !"... Tu lui expliqueras que l'amitié ne se paye pas ! Si par contre un inconnu te dit : "Il paraît que tu es chrétien, alors tu peux peut-être me donner les 2 € dont j'ai besoin...", ne vas-tu pas les lui donner ?

Ma prière : Père céleste, merci parce que tu n'acceptes nos demandes que lorsqu'elles sont bonnes. Aide-moi à toujours te demander de bonnes choses.

19 novembre

1 Samuel 7. 2, 3

Vingt ans s'écoulèrent depuis le jour où le coffre avait été déposé à Qiryath-Yearim. L'ensemble du peuple d'Israël aspirait à revenir à l'Éternel. Alors Samuel dit à tous les Israélites : "Si c'est de tout votre cœur que vous voulez revenir à l'Éternel, faites disparaître de chez vous les dieux étrangers et les idoles, et attachez-vous de tout votre cœur à l'Éternel et rendez-lui un culte à lui seul. Alors il vous délivrera des Philistins."

Le peuple d'Israël souffre et veut revenir à l'Éternel.	*Je me sens triste, peu aimé et je n'arrive pas à montrer de l'amour aux autres. Je n'ai pas de joie à lire la Bible, ni à prier ou chanter.*
Quel est le chemin que montre le prophète Samuel ?	
1) Faites disparaître des chez vous les dieux étrangers et les idoles. 2) Attachez-vous à l'Éternel de tout votre cœur et rendez culte à lui seul.	*1) Arrêter ou jeter tout ce qui prend la place de Dieu dans mon cœur et dans mon temps (mauvais jeux vidéos, BD, film, télé…) 2) Remercier Dieu et rechercher tout ce qui lui fait plaisir (prier, chanter, rendre service…)*

Ma prière : Seigneur Jésus, donne-moi la force de me séparer de tout ce qui ne te plaît pas. Aide-moi à te ressembler afin de vivre tout près de mon Père céleste.

1 Samuel 7. 4-6

20 novembre

Les Israélites firent disparaître de chez eux les idoles, et ils ne rendirent plus de culte qu'à l'Éternel seul. Samuel leur dit alors : "Assemblez tout Israël à Mitspa, je prierai l'Éternel pour vous." Ils s'assemblèrent à Mitspa, puisèrent de l'eau et la répandirent sur le sol devant l'Éternel ; ils jeûnèrent ce jour-là et confessèrent : "Nous avons péché contre l'Éternel."

Les Israélites ont gravement péché.
Quelles sont les trois étapes qui les ramèneront à Dieu ?
1. La repentance. C'est le regret : je sens que je me suis éloigné de Dieu, j'en suis triste et je veux que ça change.
2. La conversion. C'est le demi-tour, le changement d'attitude. J'abandonne ce qui m'éloigne de Dieu.
3. La confession. C'est avoir le même regard que Dieu sur mes péchés et les reconnaître.

Ma prière : Père plein d'amour, merci parce que tu m'as donné un chemin de retour vers toi par le sacrifice de ton Fils. Aide-moi à m'en souvenir lorsque je pèche et à ne pas attendre 20 ans, comme les Israélites !

21 novembre

1 Samuel 7. 7, 8, 10

Lorsque les Philistins apprirent que les Israélites s'étaient réunis à Mitspa, ils décidèrent de les attaquer. Les Israélites prirent peur. Ils dirent à Samuel : "Ne cesse pas de supplier l'Éternel notre Dieu pour qu'il nous sauve des Philistins !" Pendant que Samuel offrait l'holocauste, l'Éternel fit tourner contre les Philistins un puissant tonnerre qui les mit en déroute, de sorte qu'ils furent battus par les Israélites.

Zut ! À peine le peuple est-il revenu à l'Éternel que les ennemis déboulent ! Quelle va être la réaction des fils d'Israël ? Vont-ils dire encore une fois : "Pourquoi l'Éternel nous a-t-il fait cela ?" Non : ils viennent de ressentir l'amour de Dieu qui leur a pardonné toutes ces années d'éloignement et ils ne peuvent pas imaginer qu'il veuille leur faire du mal. Au contraire, la pensée de cet amour divin les amène à lui faire confiance : ils demandent à Samuel de prier pour que l'Éternel les sauve.
Le résultat ? Une victoire extraordinaire et écrasante.
Oui, Dieu a toujours voulu délivrer son peuple !
Mais il aime répondre aux prières pleines de confiance.

Ma prière : Père céleste, aide-moi à être toujours rempli de la pensée de ton amour pour pouvoir te prier avec confiance. Merci parce que je suis assuré que tu auras alors du plaisir à me bénir.

Actes 8. 1, 4

22 novembre

Une violente persécution se déchaîna contre l'Église de Jérusalem; tous les croyants se dispersèrent à travers la Judée et la Samarie. Les croyants qui s'étaient dispersés parcouraient le pays, en proclamant le message de la Bonne Nouvelle.

Après sa mort, Jésus avait demandé aux disciples d'être ses témoins à Jérusalem, dans toute la Judée et la Samarie et jusqu'au bout de la terre.
Le temps passe, les disciples s'organisent, l'église à Jérusalem s'accroît: tout le monde est content.
Et la consigne du Seigneur, alors? Jérusalem, OK, c'est fait; mais il faudrait peut-être penser à la suite du programme, non?
Heureusement que le Seigneur n'abandonne pas les siens... Sinon, à ce rythme, l'évangile ne serait pas encore parvenu en France, même 2000 ans après!
Alors, si tu as un coup dur (un déménagement, un changement d'école, ou des vacances à un endroit différent que prévu...), tu dois peut-être te demander si le Seigneur n'a pas un plan pour toi à cet endroit...

Ma prière: Seigneur Jésus, aide-moi à te faire confiance même s'il y a des tempêtes dans ma vie. Aide-moi à rechercher ce que tu attends de moi.

Actes 8. 5

23 novembre

Philippe se rendit dans la capitale de la Samarie et prêcha le Christ à la population.

Question : Quel doit être le message de quiconque veut annoncer l'évangile ?
Réponse : Christ.
Toutes les religions n'ont qu'un but : donner une marche à suivre pour s'approcher de Dieu. Pour cela, elles ont toutes la même recette : faire plein de choses, si possible difficiles.
Mais Dieu ne demande rien de difficile. C'est lui qui a fait le premier pas. Il s'est approché de nous en devenant un homme : Jésus-Christ.
Donc, si je veux annoncer le salut, parler de Dieu, de la Bible, de la foi, je dois avant tout parler de Jésus.
Jésus a réellement existé, il est le fils de Dieu, venu sur la terre pour prendre sur lui le péché qui m'empêchait de m'approcher de Dieu.

Ma prière : Dieu et Père, merci parce que ton évangile n'est pas une loi compliquée et pénible, mais un Sauveur plein d'amour qui veut porter nos péchés, nos peines et qui veut nous aider dans notre vie de chaque jour.

Actes 8. 6, 9-12

24 novembre

La population écoutait les paroles de Philippe et voyait les miracles qu'il accomplissait. Or, un homme nommé Simon exerçait la magie dans la ville. Il émerveillait le peuple et prétendait être un grand personnage. Toute la population lui accordait une grande attention. "Cet homme, disaient-ils, est la puissance même de Dieu." Il les étonnait par ses actes de magie. Mais quand ils crurent Philippe qui leur annonçait la Bonne Nouvelle du règne de Dieu et de Jésus-Christ, ils se firent baptiser.

Simon est un magicien. Il fait des choses si extraordinaires que les gens pensent que Dieu agit en lui. Philippe est un chrétien. Il fait des miracles.
Quelle est la différence entre les deux ? L'un se prétend être un grand personnage, l'autre annonce la Bonne Nouvelle. Si un homme fait des choses pour attirer l'attention sur lui, et non pas sur Dieu, il s'oppose à Dieu.
Le but de tout chrétien est de diriger les regards et les pensées des autres vers le Seigneur Jésus.

Ma prière : Seigneur Jésus, aide-moi à ne pas me laisser impressionner par de belles paroles ou de grandes choses. Aide-moi à ne pas parler de moi ou de ce que je fais, mais de toi et de ce que tu as fait pour moi.

Actes 8. 26, 27

25 novembre

Un ange dit à Philippe : “Lève-toi, pars en direction du sud, prends la route qui descend de Jérusalem à Gaza, celle qui est déserte.” Il se leva immédiatement et se mit en route. Et voici qu’il rencontra un haut dignitaire éthiopien, administrateur des biens de la reine d’Éthiopie. Cet homme était venu à Jérusalem pour adorer Dieu.

C’est vraiment curieux, ça ! Philippe semblait pourtant faire du bon travail à Samarie… Et voilà qu’il doit partir sur un chemin désert !
Oui, mais pas sur n’importe quel chemin et pas à n’importe quel moment : sur la route qui descend de Jérusalem à Gaza, juste au moment où passe un homme qui recherche désespérément Dieu.
Quand un homme recherche Dieu, c’est Dieu qui a mis ce désir en lui. Il ne va donc pas l’abandonner ! C’est pour cela qu’il envoie Philippe à sa rencontre : un serviteur exemplaire qui obéit tout de suite, même s’il ne comprend pas…

Ma prière : Père plein d’amour, merci parce que chaque homme est important pour toi. Aide-moi à t’obéir, même si ce que tu me demandes me paraît bizarre, même si je ne comprends pas.

26 novembre

Actes 8. 29-31

L'Esprit dit à Philippe : "Avance jusqu'à ce char et marche à côté de lui." Philippe courut et entendit l'Éthiopien lire dans le prophète Esaïe. Alors il lui demanda :
- Comprends-tu ce que tu lis ?
- Comment le pourrais-je, répondit-il, si je n'ai personne pour me l'expliquer ?
Et il invita Philippe à s'asseoir à côté de lui.

On ne sait pas bien qui était Philippe. Ce qui est sûr, c'est qu'il aimait son Maître et qu'il n'avait pas peur de marcher tout seul sur un chemin désert.
L'Éthiopien, lui, était un grand ministre, peut-être même le plus grand d'Éthiopie puisque c'est lui qui s'occupait des richesses de la reine. Il fallait être riche pour posséder un char, voyager et acheter des livres ! C'était aussi quelqu'un de savant puisqu'il pouvait lire le livre d'Esaïe, écrit en grec.
Ce grand ministre va-t-il mépriser le pauvre homme qui marche tout seul, à pied ? Non, il lit la Parole de Dieu et il se rend compte de sa petitesse devant une telle révélation. Alors, il accepte humblement l'aide que Dieu lui envoie, sans juger sur l'apparence.

Ma prière : Tendre Père, merci pour ta merveilleuse Parole. Aide-moi à la lire, mais aussi à écouter ceux qui peuvent me l'expliquer.

Actes 8. 32-35

27 novembre

L'Éthiopien lisait ce passage de l'Écriture: "Comme un mouton que l'on conduit à l'abattoir, comme un agneau muet devant ceux qui le tondent, il n'a pas dit un mot. Il a été humilié et n'a pas obtenu justice. Car sa vie sur la terre a été supprimée." Il demanda à Philippe: "Explique-moi, s'il te plaît: de qui est-il question? Est-ce de lui-même que le prophète parle, ou de quelqu'un d'autre ?" Alors Philippe lui annonça la Bonne Nouvelle de Jésus.

Notre ministre achète un livre. Il le lit pendant son voyage. Dieu envoie Philippe. Celui-ci obéit tout de suite et il rencontre le ministre au moment précis où il est en train de lire Esaïe 53, qui parle du sacrifice du Messie pour le salut du monde ! Que c'est merveilleux ! Vraiment, quand Dieu veut rencontrer quelqu'un, il prépare tout comme il faut. Il ne nous reste plus qu'à obéir comme Philippe et à contempler la perfection de son travail d'amour.

Ma prière: Père plein d'amour, merci parce que c'est toi qui travailles dans le cœur des hommes et qui prépares les circonstances pour qu'ils se tournent vers toi. Aide-moi à ne pas hésiter à participer à ce travail en parlant de toi, dès que tu me le demandes.

28 novembre

Actes 8. 36-39

En continuant leur route, ils arrivèrent près d'un point d'eau. Alors, le dignitaire s'écria :
- Voici de l'eau ; qu'est-ce qui m'empêche d'être baptisé ?
- Si tu crois de tout ton cœur, tu peux être baptisé.
- Oui, répondit le dignitaire, je crois que Jésus-Christ est le Fils de Dieu.
Aussitôt, il donna l'ordre d'arrêter le char ; ils descendirent tous deux dans l'eau et Philippe baptisa le dignitaire. Quand ils sortirent de l'eau, l'Esprit du Seigneur enleva Philippe, et le dignitaire ne le vit plus. Celui-ci poursuivit sa route, le cœur rempli de joie.

Depuis combien de temps le ministre connaissait-il Jésus ? Trois ou quatre heures, pas plus. Que savait-il de lui ? Qu'il était le Fils de Dieu ! Il le croit de tout son cœur et cela suffit pour que Philippe puisse le baptiser.
Mais ensuite, Philippe lui est enlevé… Va-t-il s'affoler, être triste ou le chercher partout ? Non : il a Jésus, il ne lui faut rien d'autre pour continuer tout joyeux !

Ma prière : Seigneur Jésus, merci pour toute la joie que j'ai de vivre avec toi.

Psaume 52. 10, 11

29 novembre

Mais moi, je suis toujours comme un olivier verdoyant dans la maison de Dieu.
Je compte sur l'amour de Dieu à toujours, à jamais.
Je te célébrerai toujours pour ce que tu as fait.

Quel est le mot qui revient dans chacune des phrases de ces versets ? C'est le mot : ____________
Pourquoi ?
Parce que David, l'auteur de ce psaume, désire :
____________ se trouver tout près de Dieu, comme s'il était dans sa maison,
____________ faire confiance à Dieu car il connaît son amour pour lui,
____________ remercier Dieu en se souvenant de ce qu'Il a fait pour lui.

Ma prière : Père tout puissant et plein d'amour, travaille dans mon cœur pour que je sois toujours, toujours, toujours près de toi, plein de confiance et de reconnaissance.

Psaume 53. 3-5

30 novembre

Du haut du ciel, Dieu observe tout le genre humain : "Reste-t-il un homme sage qui s'attend à Dieu ? Ils se sont tous fourvoyés, tous sont corrompus, plus aucun ne fait le bien, même pas un seul. Ceux qui font le mal n'ont-ils rien compris ? Car ils dévorent mon peuple, c'est le pain qu'ils mangent ! Jamais ils n'invoquent Dieu."

Ce psaume est comme une fenêtre sur le ciel.
Qu'y voit-on ? Dieu.
Que fait-il ? Il regarde les hommes.
Pourquoi ? Pour voir s'il reste un homme sage.
Qui est "sage", pour lui ? Celui qui lui fait confiance, qui s'attend à lui.
Que trouve-t-il ? Des hommes qui font le mal, qui n'ont rien compris. Ils ne lui font pas confiance, car ils ne l'invoquent jamais : ils ne le prient jamais pour lui demander son aide.

Ma prière : Dieu et Père, merci parce que tu t'intéresses aux hommes. Aide-moi à être sage comme toi tu veux : non pas en obéissant à des règles sévères, mais en te faisant confiance, en te parlant de tout, tout simplement.

Psaume 54. 8, 9

1 décembre

Je t'offrirai de tout mon cœur des sacrifices volontaires. Je te louerai pour tout ce que tu es, ô Éternel, car tu es bon, car tu m'as délivré de toutes les détresses, maintenant, je peux regarder mes ennemis en face.

Pour revenir de l'école, Renaud doit passer devant une grande propriété dont le jardin est gardé par un doberman impressionnant. Depuis la rentrée, il accompagne sa voisine, la petite Patricia, qui vient de rentrer au CP et que ce chien terrorise. Lorsque la grille est ouverte et que rien ne les sépare du monstre, il aime sentir la main de Patricia se glisser dans la sienne. Cette confiance lui fait plaisir. Hélas, une fois le danger passé, sa petite protégée dit juste un petit "merci" et rentre chez elle sans plus s'occuper de lui. Renaud est déçu. Il aimerait tant que Patricia lui dise qu'elle le trouve gentil et courageux et qu'elle apprécie sa compagnie !
Dire merci, c'est bien… Mais dire un petit mot gentil en plus, c'est mieux.

Ma prière : Père céleste, je veux te dire combien je te trouve merveilleux. Je veux te dire que tu es puissant et que ton amour est grand. Merci parce qu'il remplit ma vie. Merci parce que tu me gardes toujours et partout. Ouvre mon cœur et ma bouche pour que je sache te dire tout ce qu'il y a dans mon cœur pour toi.

Psaume 55. 23

2 décembre

Rejette ton fardeau sur l'Éternel : il prendra soin de toi, il ne laissera pas le juste s'écrouler pour toujours.

Tu ne connais pas Annick ? Il faudra vraiment que je te la présente. Elle est grande pour son âge et déjà très jolie... En classe, ça marche bien. Toujours de bonnes notes, des devoirs impeccables et des appréciations élogieuses. C'est vraiment une fille extra et sans soucis. Sans soucis ? En apparence, seulement... Car en fait, Annick a un GROS soucis. Elle n'arrive pas à se sentir sauvée. Elle fait tout ce qu'elle peut pour être sage, elle confesse tous les soirs à Jésus ses moindres péchés, mais elle a quand même et toujours peur d'être perdue, de ne pas aller au ciel.

Mais son Sauveur ne permet pas que ces doutes durent. Il lui dit : "Rejette ton fardeau sur moi." Annick comprend que ce n'est plus elle qui porte son péché. Elle comprend que ce n'est pas ce qu'elle ressent qui importe, mais ce qui a été fait : Jésus a pris son péché sur lui à la croix, elle EST sauvée.

Annick est maintenant sûre que le Seigneur ne l'oubliera pas lorsqu'il viendra chercher ses enfants.

Ma prière : Seigneur Jésus, merci parce que je peux tout te confier. Merci parce que tu veux porter mes fardeaux et prendre soin de moi.

Psaume 56. 4, 5

3 décembre

Le jour où j'ai peur, je mets ma confiance en toi. Je loue Dieu pour sa parole, je mets ma confiance en lui, et je n'ai pas peur. Que pourraient me faire de simples mortels ?

L'oncle de Jonathan habite en Australie. Il passe tout son temps sous l'eau, à la recherche d'huîtres perlières. Son bateau est équipé d'une cage en acier avec des barreaux énormes. Le plongeur se glisse à l'intérieur, puis la cage est descendue au fond de l'eau.
Quand Jonathan est allé chez lui, cet été, il n'a pas compris tout de suite à quoi servait cette cage. Mais quand ce fut son tour de descendre chercher les huîtres, on n'a pas eu besoin de lui faire un dessin ! À peine arrivé au fond, il a deviné la silhouette d'un énorme requin qui nageait mollement vers lui… Quelle frayeur ! Heureusement, Jonathan s'est souvenu des explications de son oncle sur la solidité de la cage. Que peut faire un poisson, aussi terrible qu'il soit, contre des barreaux d'acier ? Alors le garçon a repris confiance, sa peur s'est envolée, et il a pu pêcher tranquillement.

Ma prière : Père céleste, merci pour les promesses de ta Parole. Merci parce que tu veux me protéger et être comme une cage d'acier pour moi. Merci parce que tu es Dieu et que si tu prends ma défense, personne ne peut rien me faire.

Psaume 56. 9

4 décembre

Toi, tu tiens le compte de chacun des pas de ma vie errante, et mes larmes même tu les gardes dans ton outre. Leur compte est inscrit dans ton livre.

Quand Jacques a pris l'avion pour se rendre en Inde comme missionnaire, il a promis à son père d'envoyer un télégramme chaque semaine pour lui donner de ses nouvelles. Pendant les premiers mois, les télégrammes sont arrivés, ponctuels, avec ces quelques mots: "Tout va bien, rien à signaler." Chaque semaine, le papa rassuré a remercié le Seigneur et jeté le télégramme à la poubelle. Mais voilà qu'un matin, le texte a changé: "cambriolé -stop- gros dégâts -stop- découragé." Émus, le papa a deviné toute la détresse de son fils à travers ces lignes. Il a prié longtemps pour son garçon. Puis il a plié soigneusement le télégramme et l'a rangé dans le tiroir de sa table de nuit.
Finalement, tous les télégrammes qu'il a gardés pendant les 20 années de service de son fils sont ceux dans lesquels Jacques a mis toutes ses larmes...

Ma prière: Tendre Père, merci parce que tu n'es pas indifférent à mes peines et à mes chagrins. Merci parce que tu jettes tous mes péchés derrière ton dos, mais que tu gardes précieusement toutes mes larmes. Merci parce que je peux pleurer sans honte devant toi.

Psaume 56. 13, 14

5 décembre

O Dieu, je veux t'offrir ma reconnaissance. Car tu m'as sauvé la vie, tu as préservé mes pieds de la chute afin que je marche devant toi, ô Dieu, et dans la lumière de la vie.

Pour leurs 10 ans de mariage, Daniel et Noémie ont décidé de passer 15 jours en Argentine. Alors qu'ils se promènent sur la plage, un jeune garçon se précipite sur le sac de Noémie, le lui arrache des mains et s'enfuit. Mais il en faut plus pour impressionner Daniel, ancien champion de course de son lycée ! En quelques enjambées, il a l'a rattrapé. Va-t-il l'emmener à la police ? Non, ils s'aperçoivent vite que cet enfant est obligé de voler car il est livré à lui-même. Ils lui offrent alors un repas et des habits, puis lui expliquent pourquoi ils peuvent aimer même un voleur. Mais l'enfant n'est pas au bout de sa surprise : ils lui proposent maintenant de l'adopter ! Il peut devenir leur propre enfant !
Malgré les années qui ont passé, Manuel reste très reconnaissant car ses parents l'ont sauvé de ce monde de misère et de sa vie de voleur pour qu'il puisse vivre avec eux, dans le confort et l'amour de leur foyer.

Ma prière : Seigneur Jésus, merci parce que tu m'as sauvé et que tu m'as délivré du péché pour que ma vie soit remplie de ton amour, de ta paix et de ta joie.

Matthieu 17. 1, 3, 5

6 décembre

Six jours plus tard, Jésus prit avec lui Pierre, Jacques et Jean son frère, et les emmena sur une haute montagne, à l'écart. Une nuée lumineuse les enveloppa, et une voix en sortit qui disait : "Celui-ci est mon Fils bien-aimé, celui qui fait toute ma joie. Écoutez-le !"

Où Jésus emmène-t-il les trois disciples ?
Sur la montagne.
Qui va leur parler ?
Dieu lui-même.
De qui va-t-il leur parler ?
De Jésus, son Fils et de son amour pour lui.
Que va-t-il leur demander ?
De l'écouter.
Cette montagne, à l'écart, c'est pour nous ce petit moment que l'on désire passer chaque matin avec notre Bible.
Celui qui nous parle par la Bible, c'est Dieu. Sa Parole nous parle de Jésus : c'est pour cela que nous avons tant de plaisir à l'écouter.

Ma prière : Père céleste, merci pour ta Parole. Aide-moi à persévérer dans sa lecture tous les jours de ma vie, afin de vraiment connaître mon Sauveur, celui qui faisait ton plaisir. Je veux l'écouter et le voir vivre pour lui ressembler, pour te faire plaisir.

Matthieu 17. 6-8

7 décembre

En entendant cette voix, les disciples furent remplis de terreur et tombèrent le visage contre terre. Mais Jésus s'approcha et posa la main sur eux en disant : "Relevez-vous et n'ayez pas peur." Alors ils levèrent les yeux et ne virent plus que Jésus seul.

"- Quoi ? Tu lis la Bible ? Et tu aimes ça, en plus ! Mais c'est terrible, la Bible ! Il y a la loi qui oblige à faire plein de choses et qui en interdit plein d'autres… Il y a aussi tous les livres compliqués de ces prophètes, remplis de jugements, de punitions… Tu dis que c'est la Parole de Dieu, que Dieu te parle, mais moi, je n'ai pas envie de l'entendre, c'est trop effrayant !

- C'est vrai que c'était effrayant quand Dieu parlait par la loi et par les jugements. Mais c'était juste pour montrer que l'homme est incapable de s'approcher de Lui de cette façon-là. Maintenant, Dieu s'est lui-même approché de nous en donnant son Fils. Quand il nous parle par Jésus, ce n'est pas effrayant du tout, au contraire ! Jésus chasse toutes les craintes."

Ma prière : Seigneur Jésus, merci parce que ton amour pour moi chasse toutes les craintes. Toi seul peux me guider vers Dieu. Aide-moi à ne voir que toi.

Matthieu 17. 20

8 décembre

Vraiment, je vous l'assure, si vous aviez de la foi, même si elle n'était pas plus grosse qu'une graine de moutarde, vous pourriez commander à cette montagne : Déplace-toi d'ici jusque là-bas, et elle le ferait. Rien ne vous serait impossible.

J'aimerais te raconter l'histoire de ce missionnaire qui avait tant prié… ou plutôt celle de ce petit garçon qui, juste en faisant confiance à Dieu, avait pu faire…
Ah, mais il y a aussi l'histoire de cette jeune mère de famille dont les prières avaient changé tant de choses…
En fait, nous avons tous une montagne différente devant nous. Savoir que d'autres ont eu assez de foi pour déplace leur montagne, c'est bien, mais cela ne déplace pas la nôtre !
Regarde ce grain de moutarde : •
C'est pas bien gros…
Alors, courage ! Si je fais confiance à Dieu, je verrai que rien n'est impossible à celui qui croit, même si, parfois, j'ai L'IMPRESSION de ne pas y croire.

Ma prière : Dieu et Père, merci parce que tu es tout puissant. Donne-moi toujours plus de foi pour déplacer, par ta puissance, les montagnes qui empoisonnent ma vie.

Matthieu 17. 22, 23

9 décembre

Un jour qu'ils parcouraient tous ensemble la Galilée, Jésus leur dit : "Le Fils de l'homme va être livré aux mains des hommes. Ils le feront mourir, mais, le troisième jour, il ressuscitera." Les disciples furent extrêmement affligés par ces paroles.

Dans notre vie, il y a parfois des choses difficiles, effrayantes même, qui se dressent devant nous comme des montagnes. Alors nous crions à notre Dieu, notre Père céleste. Mais voilà que nous y pensons encore…
Est-ce un manque de foi ? Est-ce un péché ?
Regarde notre Seigneur : lui qui était parfait pensait souvent aux souffrances qu'il allait endurer… Mais il avait entièrement confiance en son Dieu et Père et savait qu'il aurait la délivrance, qu'il ressusciterait !
La foi, ce n'est pas : ne plus penser à nos problèmes. C'est : être persuadés que notre Père céleste nous aime, qu'il est puissant et que tout sera pour notre bien à la fin.

Ma prière : Seigneur Jésus, je t'en prie, donne-moi une foi comme la tienne, forte et inébranlable, dans la puissance et dans l'amour de ton Dieu et Père, qui est maintenant mon Dieu et mon Père à moi aussi.

Matthieu 18. 1-4

10 décembre

Les disciples demandèrent à Jésus : "Qui est le plus grand dans le royaume des cieux ?" Jésus plaça un petit enfant au milieu d'eux, et dit : "Si vous ne changez pas d'attitude et ne devenez pas comme de petits enfants, vous n'entrerez pas dans le royaume des cieux. Le plus grand dans le royaume des cieux est celui qui s'abaisse lui-même comme cet enfant."

Ce matin, papa a chargé Julien et Loïc de repeindre la grille du jardin. Julien a déjà vu le voisin à l'œuvre : il est sûr de savoir faire. Il se met aussitôt au travail. Son petit frère, par contre, n'est pas très sûr de lui... Il va demander à son papa de lui montrer comment on fait. Celui-ci lui apprend à poncer et à mettre l'antirouille, puis les deux couches de couleur. Une fois le travail achevé, chacun est fier d'en présenter le résultat à la famille. Bien sûr, Julien s'est débrouillé tout seul, mais son travail est vraiment médiocre car il a oublié de poncer... et sans antirouille, ça ne risque pas de durer longtemps !
Si je me rends compte, comme Loïc, que je ne suis capable de rien faire de bien pour Dieu, alors je pourrai le laisser agir. Si c'est lui qui agit, alors ce sera bien fait !

Ma prière : Père céleste, remplis mon cœur d'une humilité vraie et profonde pour te laisser faire de grandes choses dans ma vie.

Matthieu 18. 8

11 décembre

Si ta main ou ton pied te font tomber dans le péché, coupe-les, et jette-les au loin. Car il vaut mieux pour toi entrer dans la vie avec une seule main ou un seul pied que de garder tes deux mains ou tes deux pieds et d'être jeté dans le feu éternel.

Cela fait neuf ans que Marina remporte toutes les compétitions de natation de la région. Son entraîneur est très fier d'elle. Il se propose même de la présenter aux sélections nationales. Marina ne pensait plus qu'à ça, avec une joie et une excitation délicieuses, lorsque son oncle est venu tout gâcher! À la dernière rencontre de famille, il est venu lui parler, comme d'habitude. Il l'a chaudement félicitée pour ses résultats... Puis, avec un petit air triste, il a simplement dit : "Pour toi, ce sera plus facile d'entrer en sélection nationale qu'au ciel..." Ouille! Quelle douche froide! La nuit suivante, elle n'a pas beaucoup dormi... Mais le matin, elle avait pris les deux grandes décisions de sa vie : arrêter la natation, toute la natation, et vivre pour son Sauveur, rien que pour lui. Sa première décision a été si dure qu'elle a eu l'impression de s'arracher bras et jambes!

Ma prière : Père tout puissant, donne-moi la force d'arracher de ma vie tout ce qui pourrait me gêner pour te suivre.

12 décembre

Matthieu 18. 10

Faites attention ! Ne méprisez pas un seul de ces petits ; je vous l'assure : leurs anges dans le ciel se tiennent constamment en présence de mon Père céleste.

Quoi ? Ai-je bien lu : "leurs anges" ? Mais alors, j'ai des anges à mon service, moi ?

Oui, tu as bien lu ! Dieu t'entoure d'anges protecteurs, comme chacun de ses enfants. La Bible ne nous parle pas beaucoup d'eux, ni de ce qu'ils font exactement, mais elle nous dit :
"Que sont les anges ? Des esprits aux diverses fonctions, envoyés en service pour aider ceux qui vont hériter du salut." (Hébreux 1. 14)
"Il chargera ses anges de veiller sur tes chemins, de te porter sur leurs mains, de peur que ton pied ne heurte une pierre." (Psaume 91. 11, 12)

Ma prière : Père plein d'amour, merci pour tous tes bons soins envers moi. Merci pour ces anges que tu envoies pour me garder et m'aider. Aide-moi à être toujours plus reconnaissant et confiant.

13 décembre

Proverbes 17. 17

Un ami aime en tout temps et, quand survient l'adversité, il se révèle un frère.

C'est plus fort que moi : je suis jaloux !
Paul a tous les amis qu'il veut ! Tout le monde désire être avec lui. Il est super-sympa : il distribue des bonbons à tous ses copains.
Mais ce matin, quand Paul a été malade et qu'il a vomi en classe, personne n'a voulu l'accompagner à l'infirmerie. Personne n'a voulu ramasser ses affaires salies… Je comprends maintenant que Paul n'a pas vraiment d'amis. Il n'a que des copains qui "se tirent" à la première difficulté.
Moi, je veux maintenant être un ami pour les autres, UN VRAI !
Tiens, et si j'essayais de compter mes vrais amis ! Je crois que je n'en ai pas dans ma classe… Mais par contre, j'ai Jésus ! Lui, il est venu sur la terre pour me sauver alors que j'étais pécheur… Lui, il a accepté de se salir avec mes péchés : il les a portés à ma place sur la croix ! Il a voulu faire de moi… son frère ! Ça me rappelle ce cantique : "Quel ami fidèle et tendre nous avons en Jésus-Christ"… Je l'aime trop, ce cantique !

Ma prière : Seigneur Jésus, merci parce que tu veux être mon ami. Que c'est merveilleux de penser que toi, le Seigneur du ciel et de la terre, tu m'aimes à ce point !

Proverbes 17. 27, 28

14 décembre

L'homme d'expérience limite ses paroles, et celui qui garde son sang-froid est intelligent. Le sot lui-même passe pour sage s'il sait se taire ; qui tient sa bouche close est intelligent.

Ces versets ne nous parlent ni de mensonge, ni d'insultes, ni de médisances. Il vient juste nous rappeler que trop parler n'est pas un signe de sagesse ou d'intelligence.
Quand je veux me faire un verre de sirop, je commence par mettre un peu de sirop au fond, et après, je rajoute de l'eau. Mais si je place le verre sous le robinet et que je laisse couler l'eau à fond pendant 5 minutes, tu crois qu'il va être bon, mon sirop ? Beurk ! Drôlement fade ! Eh bien, pour les paroles, c'est la même chose. Notre intelligence, c'est comme le sirop : 'y en a pas beaucoup ! Par contre, les paroles, c'est comme l'eau : il faut savoir fermer le robinet si on veut avoir du goût !

Ma prière : Père tout puissant, aide-moi à parler avec mesure quand j'ai des choses vraies, intelligentes et bonnes à dire, ou à me taire.

Proverbes 18. 8

15 décembre

Les médisances sont comme des friandises : elles pénètrent jusqu'au tréfonds de l'être.

Avant, j'aimais bien m'amuser avec Julie. Elle est vive et toujours prête à rire. Mais depuis la rentrée, elle fréquente Elsa. Il faut dire que Julie est très curieuse et Elsa a toujours plein de choses à raconter… Elle sait tout sur tout le monde. Hélas, c'est toujours des choses tristes, désagréables et même méchantes. Bref, elle dit toujours du mal des autres. On appelle ça la médisance.
Au début, c'est plaisant de savoir tout ça : on se sent quelqu'un de tellement bien par rapport à ceux dont on parle ! Et puis, petit à petit, ça rentre au-dedans de nous, on y pense, on y repense, on ne peut plus regarder les gens normalement, sans penser à tout ce que l'on sait sur eux… Et comme on n'en sait que du mal, on voit tout le monde sous un mauvais jour.
C'est terrible ! Julie a tellement changé que je désespère de la voir un jour avoir de bonnes pensées sur les autres… Ah, si seulement elle voulait bien donner son cœur au Seigneur Jésus… Lui pourrait l'aider !

Ma prière : Seigneur Jésus, donne-moi la force de refuser d'écouter le mal que l'on dit sur les autres. Aide-moi à comprendre que, même si cela me semble agréable comme des bonbons, c'est empoisonné.

16 décembre

Proverbes 18. 10, 11

L'Éternel est comme un donjon bien fortifié : le juste y accourt et il y est en sécurité. Pour le riche, ses biens sont sa ville forte, il s'imagine qu'ils sont un rempart inaccessible.

Tous les samedis, en faisant leur marché, René et Georges passent quelques minutes assis ensemble pour parler. Ils se connaissent depuis toujours. Ils étaient ensemble à l'école primaire, il y a plus de 70 ans ! Pourtant, quand tu les regardes, tu as du mal à croire qu'ils ont le même âge. Malgré ses vêtements soignés, Georges paraît beaucoup plus vieux, beaucoup plus fatigué. Pourtant, ce riche directeur de banque n'a pas eu la vie aussi dure que son ami maçon… René a dû travailler dur et il a eu parfois de la difficulté à nourrir sa famille. Mais, tout au long de sa vie, il a eu une sécurité, un repos du cœur qu'aucune banque ne peut offrir : Jésus, son Sauveur.
Georges a toujours espéré être heureux.
René l'a toujours été.

Ma prière : Père céleste, aide-moi à rechercher ton aide et ton secours dans tous les détails de ma vie. Merci parce que tu veux me garder, me tenir en sécurité.

Proverbes 18.12

17 décembre

Quand l'orgueil remplit le cœur d'un homme, sa ruine est proche. Avant d'être honoré, il faut savoir être humble.

Pour ses 10 ans, Louis a reçu un bateau. Un vrai bateau à voile, pas un jouet ! Tous les samedis, un moniteur vient le chercher pour lui enseigner la voile sur le lac voisin. Au début, Louis avait peur. Mais petit à petit, il a pris de l'assurance. Qu'il était fier, l'autre jour, quand sa maman lui a dit : "Mon trésor, tu te débrouilles comme un vrai capitaine !" Alors, le samedi suivant, il a voulu partir tout seul sur le lac ! Son moniteur lui a fait remarquer qu'avec un vent pareil, ce serait vraiment imprudent, mais Louis n'a rien voulu entendre. Il en savait maintenant bien assez !
Arrivé à la moitié du lac, Louis a compris que les avertissements étaient justifiés... Mais pour rien au monde il ne se serait avoué vaincu ! Pas question d'appeler au secours ! Même lorsque le bateau a chaviré et que le moniteur est venu le chercher en canot à moteur, il n'a pas voulu reconnaître qu'il manquait d'expérience.
Ta vie, c'est comme une traversée en bateau : pour être sûr d'arriver entier, il ne faut pas se prendre pour le capitaine !

Ma prière : Seigneur Jésus, je reconnais que la vie est pleine de pièges. Aide-moi à toujours t'obéir pour arriver au ciel sans avoir gâché ma vie.

Proverbes 18. 13

18 décembre

Qui répond avant d'avoir écouté manifeste sa sottise et se couvre de confusion.

Voilà un verset qui peut t'éviter bien des mauvaises notes en classe ! Combien c'est important d'écouter... et de prendre le temps de réfléchir avant de répondre.
Un jour, la chienne préférée d'Antonin a commencé à se traîner et à gémir, puis, elle n'a presque plus bougé. Affolé, Antonin l'a fait examiner de toute urgence par un vétérinaire. Celui-ci sort au bout de quelques minutes de la salle d'examen et s'adresse à Antonin : "Écoute, bonhomme... Je n'ai pas souvent vu ça, mais..." Antonin est trop nerveux pour attendre la suite. Il interrompt le vétérinaire et dit : "Je préfère qu'on la pique, je ne veux pas qu'elle souffre !" Le vétérinaire se redresse tout étonné et dit : "Mais voyons ! On ne va quand même pas tuer une chienne parce qu'elle va mettre bas ! C'est la meilleure, celle-là ! Je voulais seulement te dire que c'est curieux que tu n'as pas remarqué plus tôt qu'elle attendait des petits ! D'habitude, ça se voit, c'est tout !"
Ce jour-là, Antonin a reçu une leçon qu'il n'est pas prêt d'oublier !

Ma prière : Tendre Père, aide-moi à prendre le temps d'écouter. Écouter mon maître ou ma maîtresse, mes parents, mais surtout ce que tu me dis par ta Parole.

Proverbes 18. 19

19 décembre

Un frère que l'on a offensé est plus inaccessible qu'une ville fortifiée, et des dissensions sont plus tenaces que les verrous d'un château.

Si quelqu'un de méchant se moque de toi, cela te fait de la peine, mais après tout, ce n'est pas étonnant : il est méchant. Mais si c'est ton frère, ton ami, qui se moque de toi, c'est tout différent ! Comme c'est dur ! C'est un peu une trahison.
Ces trahisons peuvent former un mur de rancune autour de notre cœur. Les conflits, les désaccords peuvent fermer les portes de notre cœur à double tour. C'est un moyen de se protéger : "Tu me fais du mal ? Je ne t'aime plus. Je ne t'aimerai plus jamais, comme ça, tu ne pourras plus jamais me faire de la peine."
Mais attention ! Si ton cœur est verrouillé par la rancune, l'amour ne peut plus y entrer, ni en sortir ; et sans amour, le cœur n'a plus qu'à mourir.
Quelle est donc la solution ? Remplace la rancune par le pardon ; remplace la fierté par l'humilité : accepte de céder et de ne pas toujours avoir le dernier mot.

Ma prière : Seigneur Jésus, aide-moi à te ressembler. aide-moi à toujours pardonner et à ne pas insister sur mes droits.

1 Thessaloniciens 1. 10

20 décembre

Nous attendons que revienne du ciel le Fils de Dieu, qu'il a ressuscité des morts, Jésus, qui nous délivre de la colère qui vient.

Il est 10 heures du soir. Je suis assise à mon bureau et j'écris ce texte. Mon mari est à l'église et mes enfants dorment. Nous sommes encore tous sur la terre. Pourquoi ? Parce que Dieu patiente. Il attend que des hommes, des femmes, des enfants se tournent vers lui et croient que Jésus est mort pour eux.

Mais un jour, sa patience finira. Alors, il laissera libre cours à sa colère et ce sera terrible. Les personnes qui n'auront pas cru et qui resteront sur la terre à ce moment-là préféreront être écrasées par les montagnes plutôt qu'affronter cette colère !

Mais nous, nous avons cru en Jésus. Nous sommes à l'abri de son sang, délivrés de la colère qui vient. Pourquoi ? Parce que Jésus l'a subie à notre place, sur la croix. Quel amour ! Quelle délivrance !

Ma prière : Seigneur Jésus, merci parce que je peux vivre en paix, sachant que tu m'as délivré du péché et du jugement de Dieu, ton Père. Merci parce que, maintenant, c'est mon Père, et non pas mon juge.

21 décembre

Jean 3. 36

Spécial thème "La colère"

Qui place sa confiance dans le Fils possède la vie éternelle. Qui ne met pas sa confiance dans le Fils ne connaît pas la vie ; il reste sous le coup de la colère de Dieu.

Monsieur Martin a quitté sa grosse entreprise pour s'installer à la campagne. Il a racheté une belle maison avec un verger. Il se réjouit d'en goûter les fruits, lorsqu'un matin, il s'aperçoit qu'ils ont tous été cueillis… Ce n'est pas une lourde perte pour ce riche industriel, mais il est quand même déçu. Il envoie son fils se renseigner sur cette étrange disparition. L'explication est simple : le verger est resté à l'abandon si longtemps que tous les villageois ont pris l'habitude de venir se servir. Quand ils apprennent que le nouveau propriétaire aurait eu de la joie à partager ces fruits avec eux, ils ne proposent pas de les lui rendre. Ils ne s'excusent même pas. Au contraire, certains se moquent de ce "morveux de la ville" qui se prend pour quelqu'un… Furieux de l'accueil que son fils a reçu, Monsieur Martin porte plainte pour vol, et l'affaire finit devant les tribunaux.

Dieu aussi a envoyé son Fils pour parler de son amour. Mais les hommes l'ont rejeté. Ils l'ont même mis à mort ! N'est-il pas juste que notre Dieu soit en colère contre ceux qui refusent de faire confiance à Jésus ?

Ma prière : Dieu et Père, merci parce que tu es juste envers ton Fils et que tu puniras tous ceux qui le méprisent. Mais merci aussi parce que tu patientes encore.

22 décembre

Ephésiens 4. 26

Mettez-vous en colère, mais ne commettez pas de péché ; que votre colère s'apaise avant le coucher du soleil.

"Mettez-vous en colère"… Tiens tiens, on a donc le droit de se mettre en colère ? Ce n'est donc pas une mauvaise chose ? Pas forcément… Notre Seigneur Jésus lui-même s'est mis en colère : il s'est indigné quand les pharisiens refusaient qu'il fasse du bien le jour du sabbat et quand les disciples repoussaient les parents qui lui amenaient leurs enfants. Il s'est fait un fouet de cordes pour chasser du Temple les marchants et il a renversé leurs tables…

Se mettre en colère face au péché, à l'injustice, c'est normal pour un chrétien. Il vaut mieux se mettre en colère que garder silencieusement de la rancune au fond de son cœur.

Mais la colère est une mauvaise chose quand elle nous fait pécher ou quand elle dure longtemps. Il faut apprendre à la dominer et demander l'aide du Seigneur pour cela.

Ma prière : Seigneur Jésus, aide-moi à ne pas rester indifférent devant le mal. Aide-moi aussi à gérer ma colère pour qu'elle ne m'entraîne jamais à pécher.

Exode 32. 15, 19, 31, 32

23 décembre

Spécial thème
"La colère"

Moïse redescendit de la montagne, tenant en main les deux tablettes de l'acte de l'alliance. Quand il fut près du camp, qu'il aperçut le veau et vit les danses, il entra dans une grande colère : il lança les tablettes et les mit en pièces au pied de la montagne.
Moïse retourna auprès de l'Éternel et dit : "Hélas ! ce peuple s'est rendu coupable d'un très grand péché, il s'est fait un dieu d'or. Mais maintenant, veuille pardonner ce péché."

La Bible nous dit que Moïse était l'homme le plus doux de la terre. Mais ici, il est tellement en colère qu'il brise les tables de la loi ! Alors, colère ou douceur ?
Colère quand il s'agit du mal, d'injustice ou de désobéissance. Colère pour montrer que c'est grave, pour montrer que l'on n'est pas d'accord.
Douceur pour amener au pardon, pour montrer qu'il y a toujours de l'amour. Douceur pour dire que tout n'est pas fini, que l'on peut tout recommencer. Douceur pour prier pour les autres...

Ma prière : Dieu et Père, aide-moi à ne pas me mettre en colère alors que je devrais supporter. Que la cause de ma colère ne soit plus ma petite personne, mais tes intérêts et ceux de mes frères et sœurs.

Psaume 37. 8

24 décembre

Laisse la colère, calme ton courroux, ne t'irrite pas, car, en fin de compte, tu ferais le mal.

Peux-tu me dire le nom du premier homme qui s'est mis en colère dans la Bible ? C'est Caïn. Dieu a accepté le cadeau de son frère Abel, mais a refusé le sien. La Bible nous dit que "Caïn se mit dans une grande colère et son visage s'assombrit."

Malgré les avertissements de Dieu, Caïn n'a pas calmé son courroux et, en fin de compte, il a fait le mal. Il a tué son frère !

Il n'y a pas si longtemps, un autre garçon en colère a failli tuer son frère avec un ciseau à bois. Il s'appelait Rudy et il avait 12 ans. Il est resté très longtemps enfermé dans la cave, seul avec sa colère. Et là, il a compris que la colère est dangereuse. Il a demandé au Seigneur de le délivrer. Le Seigneur lui a répondu et en a fait son serviteur.

Ma prière : Tendre Père, merci parce que tu me pardonnes quand je me mets en colère. Aide-moi à savoir me calmer et à ne pas pécher à cause de ma colère.

25 décembre

Matthieu 5. 22

Celui qui se met en colère contre son frère sera traduit en justice. Celui qui lui dit “imbécile” passera devant le tribunal, et celui qui le traite de fou est bon pour le feu de l’enfer.

C’est le Seigneur Jésus qui dit cela.
Crois-tu qu’il exagère ? Non, tout ce qu’il dit est parfaitement juste, il est la Parole de Dieu.
Il nous dit cela pour nous faire comprendre combien c’est grave de se mettre en colère pour des raisons personnelles et d’en venir aux insultes.
Mais il n’est pas venu seulement pour annoncer que la justice de Dieu est grande et difficile ! Il est venu y répondre.
Oui, je me suis souvent mis en colère. Oui, j’ai déjà insulté quelqu’un. Mais c’est Jésus qui a porté tous ces péchés, si graves aux yeux de Dieu, en mourant sur la croix.

Ma prière : Oui, Seigneur Jésus, je méritais le jugement et l’enfer. Mais merci, merci de tout mon cœur, parce que je suis vivant pour l’éternité grâce à toi. Je t’en supplie, aide-moi à ne plus me mettre en colère.

26 décembre

Proverbes 16. 32
19. 11

Mieux vaut être lent à la colère que puissant, mieux vaut savoir se dominer que de conquérir des villes. La raison de l'homme lui fait retenir sa colère, et sa gloire c'est de passer par-dessus l'offense.

Te souviens-tu du verset d'hier? Oscar s'en est souvenu, lui...
La maîtresse a demandé aux élèves de se mettre par deux pour faire un exposé. Rapidement, les groupes se sont formés, mais Aurélie est restée seule, comme d'habitude. Oscar savait que la maîtresse allait désigner l'un d'entre eux pour se mettre avec elle. Il savait qu'il y aurait des cris, des protestations... et que tout cela rendrait cette pauvre Aurélie encore plus triste. Alors, il s'est jeté à l'eau et s'est mis volontairement avec elle.
Tout s'est bien passé jusqu'à la récréation. Mais là, les moqueries ont fusé : "Oscar est amoureux!", "Hou! Oscar a une chérie!"... Oscar a senti comme une vibration dans tout son corps, tandis que son visage virait au rouge. Ses poings se sont serrés tout seuls... Mais alors, il s'est souvenu du verset de Matthieu et il a retenu sa colère.

Ma prière : Seigneur Jésus, aide-moi à être fort, mais pas avec mes poings. Aide-moi à être plus fort que ma colère pour pouvoir supporter les moqueries.

1 Samuel 8. 1, 3

27 décembre

Samuel, devenu vieux, confia à ses fils l'administration de la justice en Israël. Mais ils ne suivaient pas les traces de leur père : ils étaient corrompus par l'amour de l'argent.

Te souviens-tu du tout premier message que l'Éternel a adressé à Samuel, soixante ans plus tôt ? "Le sacrificateur Éli aurait dû faire attention à la conduite de ses fils qui volent la viande des sacrifices. Un père est responsable de ses enfants." Samuel aurait dû se souvenir de cela. Mais c'est très difficile de tirer leçon des expériences des autres ! Et voilà que, soixante ans après, ses fils font le mal, comme ceux d'Éli.

Éli craignait Dieu et Samuel est l'un des hommes les plus fidèles de la Bible. Pourtant, ni les enfants d'Éli, ni ceux de Samuel n'ont suivi les traces de leur père…

Ce n'est pas parce que tes parents ont consacré leur vie à Jésus que tout sera simple pour toi. Tu ne vas pas forcément profiter des bonnes ou des mauvaises expériences des autres.

Non, ce qu'il faut, c'est décider personnellement de suivre Jésus sans réserve.

Ma prière : Mon Dieu, mon Père céleste, merci de tout mon cœur pour les parents que tu m'as donnés. Mais je veux me donner personnellement à toi, je veux t'appartenir pour toujours.

1 Samuel 8. 4, 5

28 décembre

Les responsables d'Israël se réunirent auprès de Samuel. Ils lui déclarèrent: "Te voilà devenu âgé, et tes fils ne suivent pas tes traces; établis sur nous un roi pour qu'il nous dirige comme cela se fait dans toutes les autres nations."

"Comme cela se fait chez les autres..." Oui, les autres peuples ont un roi qu'ils admirent et qu'ils imitent.
Qui sont ces rois, aujourd'hui? Ce sont les stars du cinéma, de la chanson ou du sport, qui sont admirées et imitées: Kevin ne porte que des T-shirts "Zidane". Il joue dans un club et rêve d'être sélectionné.
Christelle emporte son baladeur de CD partout. Elle ne se sépare jamais de la photo dédicacée de Laurie et elle s'habille exactement comme son idole.
Pour nous aussi, c'est tentant d'avoir un "roi", comme les autres; on pourrait afficher ses posters, avoir le même "look" et se sentir ainsi moins différent...
Non. Notre Seigneur Jésus, le roi de notre cœur, ne veut pas faire de nous des petits soldats en uniforme. Il nous connaît par notre nom, il nous aime et veut que nous soyons libres. Alors, est-ce que je vais abandonner un tel Seigneur pour "faire comme les autres"?

Ma prière: Oui, Seigneur Jésus, je veux que tu règnes dans ma vie. Je veux te ressembler. Merci parce que ce n'est pas une question d'apparence, mais de cœur.

1 Samuel 8. 6, 7, 9

29 décembre

Cette demande d'établir sur eux un roi pour les diriger déplut à Samuel et il pria l'Éternel. L'Éternel lui répondit : "Écoute ce peuple et accepte toutes leurs demandes. En effet, ce n'est pas toi qu'ils rejettent, c'est moi : ils ne veulent plus que je règne sur eux. Maintenant, fais donc ce qu'ils te demandent, mais avertis-les bien en leur faisant connaître les droits du roi qui régnera sur eux."

AVEC UNE IDOLE	AVEC LE SEIGNEUR JÉSUS
IL FAUT…	*IL FAUT…*
acheter des objets (CD, films, vêtements…)	
lire des revues pour tout savoir sur lui (ou elle)	*lire la Bible pour tout savoir sur lui*
ON PEUT…	*ON PEUT…*
lui téléphoner ? (Ah non, pas possible !)	*lui parler par la prière* *lui faire confiance*
… alors quoi ?	
ON A…	*J'AI…*
un look	*son amour*
un sujet de conversation	*la vie éternelle*
le sentiment d'être comme les autres.	*une réponse à mes prières*
	la joie, la paix, la délivrance

Ma prière : Seigneur Jésus, j'ai bien regardé ce tableau et je reconnais que rien ni personne ne pourra jamais te remplacer dans mon cœur. Oui, je veux vraiment te donner mon cœur et mes pensées.

30 décembre

1 Samuel 9. 15, 16

L'Éternel dit à Samuel: "Je t'envoie un homme que tu établiras chef de mon peuple, et il le délivrera des Philistins, car j'ai vu la misère de mon peuple, et j'ai entendu sa plainte."

Peter habite à la campagne. Quand il était au collège, son père l'emmenait en voiture tous les matins. Mais depuis qu'il est au lycée, Peter veut faire comme ses copains : se débrouiller tout seul. Il supplie son père de lui acheter un scooter… et en attendant, il fait les trajets en vélo. Mais la ville est loin et ça grimpe ! Ses parents sont tristes de le voir arriver épuisé tous les soirs. Ils décident donc de céder à sa demande. Peter a enfin son scooter ! Le trajet est plus facile, mais les ennuis viennent très vite assombrir sa joie : il tombe en panne deux fois, il se fait voler son casque et se fait une belle frayeur en glissant sur la route mouillée !
Moi aussi, je demande parfois avec insistance quelque chose qui n'est pas bon pour moi. C'est souvent parce que je veux ressembler aux autres. Et je gémis, et je me plains, jusqu'à ce que je l'obtienne… Il arrive que, par miséricorde, Dieu m'accorde ce que je désire. Mais n'aurais-je pas mieux fait de lui faire confiance ?

Ma prière : Père céleste, merci parce que tu es plein de miséricorde envers moi. Aide-moi à comprendre que tu m'aimes et que tu veux toujours mon bien.

1 Samuel 9. 17

31 décembre

Dès que Samuel aperçut Saül, l'Éternel l'avertit : "Voici l'homme dont je t'ai dit qu'il gouvernerait mon peuple."

Bulgarie, 1958. Le gouvernement communiste persécute les chrétiens. Frère André, un missionnaire hollandais, a reçu l'adresse de Pétroff, un chrétien auquel il peut confier des Bibles. Voici le récit de sa rencontre : "Comme j'avançais sur le trottoir, un homme arrivait en sens inverse. Nous nous trouvâmes face à face au moment où je découvrais l'immeuble que je cherchais. J'entrai et l'étranger fit de même. Je regardai une fraction de seconde le visage de cet homme. À cet instant précis, je fis l'expérience d'un miracle fréquent de la vie chrétienne : nos esprits se reconnurent. Sans un mot, nous montâmes ensemble l'escalier. L'étranger s'arrêta devant son appartement, sortit sa clé et ouvrit la porte. J'entrai sans y avoir été invité. Tout aussi rapidement, il ferma la porte derrière lui.
- Je suis André, de Hollande, lui dis-je en anglais.
- Et moi, je suis Pétroff !"
Comment Samuel et Frère André ont-ils pu tous deux faire cette expérience ? En confiant toute leur pensée à leur Seigneur pour le servir à fond.

Ma prière : Père plein d'amour, merci parce que tu as versé ton Esprit en moi pour me guider. Aide-moi à le laisser faire en décidant dans mon cœur de t'obéir.

1 janvier

1 Samuel 9. 22, 23
10. 1

Samuel emmena Saül dans la salle du festin. Il l'installa à la place d'honneur au milieu d'une trentaine d'invités. Il dit au cuisinier : "Sors pour lui le morceau de viande que je t'ai fait mettre de côté." Samuel prit le flacon d'huile qu'il avait emporté et en répandit le contenu sur la tête de Saül, puis il l'embrassa et dit : "Par cette onction, l'Éternel t'établit chef du peuple qui lui appartient."

Léa est serviable et aide beaucoup sa maman. Tous les mercredis, elle garde son petit frère Loïc. Elle aime beaucoup prendre soin de lui. Comme elle a pleuré, l'autre jour, quand Loïc a dit qu'il préférait aller à la garderie, jouer avec les autres… Pourtant, parce que sa maman le lui a demandé, Léa habille désormais son petit frère chéri et, chaque mercredi, l'emmène à la garderie. Elle le quitte en lui faisant un gros bisou, triste de le laisser, mais heureuse d'obéir à sa maman. Comme Samuel, Léa a accepté avec joie d'être mise de côté, par obéissance, par amour.

Ma prière : Seigneur Jésus, merci parce que tu as accepté de mourir pour mon péché, par obéissance à ton Père. Merci parce que tu m'aimes encore, malgré les souffrances que tu as endurées à cause de moi. Aide-moi à imiter ton amour merveilleux.

1 Samuel 10. 26, 27

2 janvier

Saül retourna chez lui, avec un groupe de vaillants hommes que Dieu avait incités à le suivre. Toutefois quelques vauriens dirent: "De quel secours nous serait-il, celui-là?" Ils le méprisèrent et ne lui offrirent aucun présent. Mais Saül n'y fit pas attention.

Alicia aimerait tant pouvoir inviter des copines! Mais son appartement est tout petit, et sa maman travaille tout le temps… C'est pas juste. Depuis quelque temps, elle fait des caprices pour que sa maman accepte enfin d'inviter quelqu'un. Alors, pour lui faire une surprise, sa maman prend congé un mercredi après-midi. En cachette, elle invite Sophie, qui est toute heureuse de ce petit secret… Elle a tellement envie de faire plaisir à sa copine! Mais quand elle sonne à la porte, elle entend Alicia qui dit à sa maman: "Oh! Tu n'aurais pas pu inviter quelqu'un d'autre, non? Comment veux-tu que je m'amuse, avec elle!" Sophie cache sa déception et fait comme si elle n'avait rien entendu. Tout au long de l'après-midi, elle fait des efforts pour prouver à Alicia qu'elles peuvent passer de bons moments ensemble.

Ma prière: Père céleste, aide-moi à ne pas être susceptible et à savoir pardonner tout de suite, comme Saül, comme Sophie.

3 janvier

Romains 8. 31, 32

Si Dieu est pour nous, qui se lèvera contre nous ? Lui qui n'a même pas épargné son propre Fils, mais l'a livré pour nous tous, comment ne nous donnerait-il pas aussi toutes choses avec lui ?

Pour aller vendre les produits de leur ferme à la ville, les habitants de Valperdrix doivent traverser la forêt de Malefroide. Les jours de marché, cette forêt grouille de brigands qui attendent le retour des paysans et de leur porte-monnaie bien garni. Les pauvres Valperdriens sont obligés de faire un très long détour pour éviter d'être détroussés.

Jeannot, lui, traverse la forêt sans crainte. Quand les voleurs le voient approcher, ils ne bougent pas, ils le laissent passer tranquillement. Peut-être est-il très fort ? Peut-être a-t-il une mitraillette ? Pas du tout. Mais un jour, quand il était petit, il est tombé dans l'étang juste sous le nez du roi qui revenait d'une partie de chasse. En le voyant se noyer, Sa majesté a vite envoyé son fils le tirer de là. L'histoire avait fait le tour du pays, et, depuis lors, personne n'ose toucher au protégé du roi !

Ma prière : Père, merci parce que tu m'as montré ton amour en donnant ton Fils pour me sauver. Merci parce que je suis assuré que tu me garderas de tout mal, toi qui es si puissant et qui m'aimes à ce point.

4 janvier

Romains 8. 33, 34

Qui accusera encore les élus de Dieu ? Dieu lui-même les déclare justes. Qui les condamnera ? Le Christ est mort, bien plus : il est ressuscité ! Il est à la droite de Dieu et il intercède pour nous.

Axel est le fils du ferrailleur. Il aide son père en récupérant dans les poubelles les objets qu'ils peuvent revendre. L'autre jour, derrière une poubelle, il a découvert le corps inanimé du fils du juge ! Quelqu'un l'avait abandonné là, après l'avoir lâchement attaqué et dépouillé de son portefeuille… Axel s'est empressé d'appeler du secours, mais les soupçons pèsent sur lui, maintenant. Les langues vont bon train, dans le village : "Il est si pauvre… et toujours à gratter dans nos poubelles… C'est lui qui a fait le coup." Axel ne peut plus sortir. Tout le monde le regarde de travers.

Le fils du juge est resté quelques jours entre la vie et la mort. Mais sa solide santé a pris le dessus et le voilà sorti d'affaire. Ce matin, en présence de son père, il a affirmé devant tous qu'il avait vu son agresseur… et que ce n'était pas Axel ! Si la victime et le juge ne condamnent pas Axel, qui oserait le faire, maintenant ?

Ma prière : Père céleste, merci parce que tu me déclares juste. Merci parce que ton Fils, mon Sauveur, me déclare juste. Merci parce que je le suis vraiment devenu et que ni le diable, ni personne ne pourra jamais m'accuser devant toi.

5 janvier

Romains 8. 35, 37

Qu'est-ce qui pourra nous arracher à l'amour du Christ ? La détresse ou l'angoisse, la persécution, la faim, la misère, le danger ou l'épée ? Mais dans tout cela nous sommes bien plus que vainqueurs par celui qui nous a aimés.

Depuis la mort de sa mère, les parents qui ont adopté Anita la traitent comme une esclave et lui imposent les pires corvées. À l'école, les enfants se moquent de ses pauvres vêtements et de ses mauvais résultats. Mais comment voulez-vous faire vos devoirs quand il faut laver le sol, éplucher les pommes de terre et désherber le jardin ? Heureusement, Anita a rencontré "la dame" : une dame qui l'a prise en pitié, l'a aidée à faire ses devoirs et lui a donné l'affection dont elle avait tellement besoin. Jaloux, ses parents adoptifs ont tout essayé pour la détourner de cette amitié : punitions, moqueries, enfermement… Mais plus ils étaient méchants, plus Anita pensait à l'amour de son amie. Cet amour lui a permis de tout supporter.

Quand on cherche à vivre près de Jésus, le diable est très en colère et essaye par tous les moyens de nous éloigner de lui. Si nous pensons alors à l'amour du Seigneur, cela nous donnera la force de résister.

Ma prière : Seigneur Jésus, merci pour ton amour infini. Merci parce qu'il m'aide à vaincre mes difficultés.

Romains 8. 38, 39

6 janvier

Oui, j'en ai l'absolue certitude : ni la mort ni la vie, ni les anges, ni le présent ni l'avenir, ni les puissances, ni ce qui est en haut ni ce qui est en bas, ni aucune autre créature, rien ne pourra nous arracher à l'amour que Dieu nous a témoigné en Jésus-Christ notre Seigneur.

Jean nous raconte ses souvenirs de la guerre de 14 : "J'étais soldat sous les ordres d'un homme formidable : le capitaine Levandier. Dans notre troupe, il y avait son fils, René. Un jour, nous nous sommes trouvés complètement encerclés par l'ennemi. Seul un miracle pouvait nous sauver. Le miracle, c'est le capitaine qui l'a déclenché en envoyant son fils faire diversion. Quand nous avons entendu le bruit des fusils, nous avons couru jusqu'à nos lignes et sommes tous arrivés sains et saufs dans nos tranchées. Seul René n'est jamais revenu.
Après la guerre, les soldats d'une autre troupe ont menti à notre sujet et cela nous a conduits devant le tribunal militaire. Mais le capitaine était là : 'Je n'ai pas envoyé mon fils à la mort pour vous laisser tomber maintenant !' C'est vrai qu'il nous aimait, notre capitaine…"
Dieu t'a prouvé son amour en sacrifiant son Fils pour te sauver. Tu peux compter éternellement sur un tel amour.

Ma prière : Mon Dieu et Père, merci parce que je suis persuadé que ton amour pour moi n'aura pas de fin.

Romains 10. 9, 10

7 janvier

Si de ta bouche, tu déclares que Jésus est Seigneur et si dans ton cœur, tu crois que Dieu l'a ressuscité des morts, tu seras sauvé, car celui qui croit dans son cœur, Dieu le déclare juste ; celui qui affirme de sa bouche, Dieu le sauve.

- Croire = être persuadé
- Dans mon cœur = au plus profond de moi
- Jésus ressuscité des morts = Jésus Fils de Dieu, salut du monde

Donc : si un homme (quel qu'il soit et quoiqu'il ait fait) est vraiment persuadé au plus profond de lui que Jésus est le Fils de Dieu, le salut du monde, Dieu le déclare juste.

- De ma bouche = je le dis = je n'ai pas honte
- Jésus est Seigneur = Jésus a tous les droits = je veux lui obéir

Donc : si un homme (quel qu'il soit et quoiqu'il ait fait) n'a pas honte de dire que Jésus a tous les droits dans sa vie et qu'il veut lui obéir, Dieu le sauve.

Ma prière : Dieu et Père, merci parce que tu as travaillé dans mon cœur pour que je croie en ton Fils Jésus. Merci parce que tu m'aides à le reconnaître devant les autres. Merci parce que tu m'as déclaré juste. Merci parce que tu m'as sauvé.

Romains 10. 12, 13

8 janvier

Il n'y a pas de différence entre Juifs et non-Juifs. Car tous ont le même Seigneur qui donne généreusement à tous ceux qui font appel à lui. En effet, il est écrit : "Tous ceux qui feront appel au Seigneur seront sauvés."

Dans l'Ancien Testament, le peuple de Dieu était le peuple d'Israël. Il était formé de tous les descendants de Jacob. Quand le Seigneur est venu comme un homme sur la terre d'Israël, il n'y restait plus que les tribus de Juda et de Benjamin. On englobait les habitants de ces deux tribus sous le nom de "Juifs".
Mais Jésus est venu apporter le salut à TOUS les hommes.
Alors, y a-t-il deux manières de s'approcher de Dieu, maintenant ? "Croire en Jésus" ou "être Juif" ?
Non, il n'y en a qu'une seule : se reconnaître pécheur et faire appel à Jésus, notre Sauveur.

Ma prière : Dieu et Père, merci parce que je peux être ton enfant grâce au sacrifice de Jésus mon Sauveur, même si je ne fais pas partie de ton peuple.

Romains 10. 3, 4

9 janvier

En méconnaissant la manière dont Dieu déclare les hommes justes et en cherchant à être déclarés justes par leurs propres moyens, ils ne se sont pas soumis à Dieu en acceptant le moyen par lequel il nous déclare justes. Car le Christ a mis fin au régime de la Loi pour que tous ceux qui croient soient déclarés justes.

Une société de cinéma a utilisé des décors fantastiques et des centaines de figurants pour faire une reconstitution historique. L'instituteur de Mathis est tout content de connaître l'un des responsables. Ce matin, il annonce aux enfants qu'ils auront le droit d'assister au tournage mercredi. Il suffit que les élèves intéressés viennent lui réclamer un badge pour que les vigiles les laissent passer. Alex renifle d'un air méprisant : son papa qui est très riche l'emmènera au tournage en payant pour entrer. Yvon, lui, hausse les épaules : il est si malin qu'il passera au nez et à la barbe des vigiles ! Finalement, seuls Mathis et deux de ses copains sont allés réclamer leur badge. Et ce sont les seuls qui pont pu assister au tournage !
Pour le ciel, c'est la même chose. Les hommes imaginent bien des méthodes pour s'approcher de Dieu. Mais il n'y a qu'un seul chemin : Jésus-Christ.

Ma prière : Père céleste, aide les hommes à abandonner leurs efforts inutiles et à se tourner vers Jésus.

Psaume 57. 2, 3

10 janvier

Aie pitié de moi, ô Dieu ! Aie pitié ! Car en toi je cherche mon refuge ; je me réfugie sous tes ailes tant que durera le malheur.
Oui, j'appelle Dieu, le Très-Haut, Dieu qui mènera tout à bien pour moi.

David est un jeune homme. Il s'enfuit car le roi Saül veut le tuer. Quelque 600 hommes se regroupent auprès de lui. Il va peut-être pouvoir se défendre, avec eux… Non : il sait parfaitement que ses amis ne sont pas des guerriers. Ils ne sont pas armés comme il faut, ils ne sont pas entraînés. Ils ne peuvent pas se battre contre les 3 000 hommes d'élite de l'armée de Saül. Et de toute façon, David ne veut pas faire la guerre à son roi, celui que Dieu a choisi.
Mais il sait par expérience que Dieu peut délivrer dans toutes les situations. Il se souvient de l'ours, du lion et surtout de Goliath !
Alors, il crie, il supplie son Dieu de le protéger. Il lui dit toute sa confiance et sa foi.

Ma prière : Père céleste, merci parce que je connais ton amour. Merci parce que je sais que tu feras toujours ce qui est bien pour moi. Aide-moi à te prier avec toujours plus de confiance.

11 janvier

Psaume 57. 5, 7, 8, 11

Je suis entouré de lions, couché au milieu d'ennemis, qui crachent du feu. Devant moi, ils avaient creusé une fosse ; dans la fosse, eux-mêmes sont tombés. Mon cœur est tranquille, ô mon Dieu ! Ton amour atteint jusqu'aux cieux, ta fidélité jusqu'aux nues.

Te souviens-tu d'Haman, l'ennemi des Juifs, qui avait fait dresser un grand mât pour y pendre Mardochée, un fidèle serviteur de Dieu ? C'est Haman lui-même qui a été pendu à ce bois… Les ennemis de David creusent des pièges pour le faire tomber et ce sont eux qui tombent dedans… Dieu est tout puissant et peut retourner les mauvaises situations à l'avantage de ses enfants.

Toute la peine que se donne notre ennemi, le diable, pour faire tomber les justes, se retourne souvent contre lui. Pense à la croix, au tombeau de Jésus… Satan pensait s'être débarrassé du Fils de Dieu, il pensait avoir mis à mort le prince de la vie ! Quelle erreur ! Par sa mort, notre Seigneur nous a justement arrachés des mains de cet ennemi qui nous tenait prisonniers !

Ma prière : O mon Dieu, mon Père céleste plein d'amour, moi aussi je suis tranquille. Moi aussi, j'ai envie de célébrer ton amour et ta fidélité pour ta protection et ta délivrance.

Psaume 59. 2, 7, 10, 17

12 janvier

O mon Dieu ! délivre-moi de mes ennemis ! Le soir, ils sont là ; en grondant comme des chiens, rôdant à travers la ville. Toi qui es ma force, c'est vers toi que je regarde. Oui, Dieu est ma forteresse : dès le matin, j'acclamerai ton amour, car tu es pour moi une forteresse, tu es mon refuge quand je suis dans la détresse !

"Bonne nuit, ma puce !" Clic. Plus de lumière. La journée est finie... La nuit commence avec ses craintes, ses souvenirs. Ils viennent rôder dans les pensées de Nadia tels des ennemis cherchant à l'effrayer... Ils veulent l'empêcher de dormir, elle le sait bien. Ah, pourquoi ce soir, justement ? Elle a un contrôle de Maths, demain ! Elle aurait tant aimé s'endormir rapidement et être en pleine forme... STOP ! Nadia s'arrête dans ses pensées et s'assoit sur son lit. Elle sait bien que ce n'est pas en tournant et retournant ses soucis dans sa tête qu'elle va s'endormir. Pour s'en sortir, une seule solution : faire confiance au Seigneur Jésus. Elle se met à genoux devant son lit et, tranquillement, raconte tout à son Seigneur : ses pensées, son énervement, son contrôle de Maths... Quelle joie pour elle de se réveiller en pleine forme le lendemain ! Quelle est sa première pensée ? "Merci Seigneur !"

Ma prière : Seigneur Jésus, merci parce que tu es tout puissant et que je peux te confier tous mes soucis.

13 janvier

Psaume 60. 13, 14

Le secours qui nous vient des hommes est trompeur. Mais avec Dieu nous ferons des exploits, c'est lui qui écrasera tous nos adversaires !

Alain et Lucas ont un gros, gros problème. Tout l'argent ramassé le matin pour la sortie scolaire de fin d'année a été volé, et ils sont les seuls à être restés un peu en classe avant d'aller en récréation. Lucas clame son innocence à tout le monde. Il en parlé à ses parents, aux parents délégués... Rien n'y fait. Si l'argent n'est pas rendu, ils seront tenus pour coupable. Alain a compris que toutes les apparences sont contre lui. Alors, il s'est tourné vers Celui qui voit toutes choses. Jésus sait qui a volé. Alain lui demande de permettre que la vérité soit découverte et de l'aider à pardonner à tous ceux qui l'accusent à tort.

Il faudra une semaine pour que la vérité soit découverte. La femme de ménage a retrouvé l'enveloppe dans la poubelle à cartons ! Le maître a dû la jeter avec d'autres papiers...

Qui savait qu'elle était là ? Qui a permis que la femme de ménage vérifie avant de sortir la poubelle ?

Ma prière : Père céleste, tout puissant et plein d'amour, merci parce que tu veux être mon secours. Merci parce que tu veux faire des exploits avec moi.

14 janvier

Psaume 61. 2, 3

Entends mon cri, ô Dieu ! Écoute ma prière ! Des confins de la terre, je fais appel à toi, car je suis abattu. Conduis-moi au rocher que je ne puis atteindre !

Marc ramasse des coquillages sur la plage. Il va de l'un à l'autre, choisissant les plus beaux et les rangeant dans son sac. Mais voilà que son passe-temps lui a fait oublier l'heure… Quelle n'est pas sa surprise de voir la marée monter rapidement ! Il rebrousse vite chemin quand il s'aperçoit que l'endroit par lequel il est venu est déjà presque recouvert. Le temps d'une hésitation et le voilà obligé de reculer vers la digue. Mais que c'est dur de grimper sur ces rochers glissants ! Heureusement, son grand frère le surveillait du haut de la digue. Dès qu'il l'entend appeler, il le hisse sur le plus haut rocher. De là-haut, ils peuvent contempler en sécurité le spectacle de la mer qui recouvre la plage. Cette mer, c'est comme le péché qui voudrait nous engloutir. Nous ne pouvons pas y échapper tout seuls. Mais, quand il a écrit ce psaume, David savait que le Sauveur peut conduire ses enfants à l'abri du mal, sur le seul rocher sûr et inébranlable : notre Dieu.

Ma prière : Dieu et Père, merci parce que tu es pour moi un rocher de salut. Merci parce que tu m'as donné un Sauveur qui me conduit à toi pour être en sécurité.

Psaume 62. 2

15 janvier

C'est à Dieu seul que, dans le calme, je me remets : mon salut vient de lui.

En 1958, amener des Bibles en Bulgarie était un crime pour le gouvernement. Frère André venait de passer tout un lot de Bibles à la douane. Voici son récit :
"Je m'arrêtai dans une clairière près du fleuve pour pique-niquer. Pour atteindre le réchaud, j'eus à enlever plusieurs caisses de traités que les douaniers n'avaient pas vues. Soudain, je vis un hors-bord s'approcher. Il y avait deux soldats dedans. 'Seigneur, dis-je très doucement, aide-moi à ne pas céder à la peur.'
Un soldat me mit en joue avec sa mitraillette tandis que l'autre courait vers la voiture. Je l'entendis ouvrir la portière. 'Eh bien, Messieurs, c'est gentil de me rendre visite… Comme vous le voyez, je prépare mon repas.' Le soldat allait certainement m'interroger au sujet de ces caisses… 'Si cela ne vous fait rien, je vais continuer à manger pendant que c'est chaud.' Je baissai la tête, joignis les mains et remerciai Dieu pour les aliments que j'allais prendre. Pendant que je priais, les soldats ne firent aucun bruit. Puis ils restèrent debout devant moi pendant quelques secondes, et firent demi-tour. Le bateau disparut dans un jaillissement d'écume…"

Ma prière : Dieu et Père, donne-moi la même confiance en toi que le psalmiste ou Frère André. Remplis-moi de calme et de paix en toutes circonstances.

Psaume 63. 2, 4, 5

16 janvier

O Dieu, tu es mon Dieu ! C'est toi que je recherche. Mon âme a soif de toi, mon corps même ne cesse de languir après toi comme une terre aride, desséchée et sans eau. Car ton amour vaut bien mieux que la vie, aussi mes lèvres chantent sans cesse tes louanges. Oui, je veux te louer tout au long de ma vie, je lèverai les mains pour m'adresser à toi.

Où l'eau est-elle la plus précieuse ? Là où elle manque : dans le désert.
Lorsqu'il a écrit ce psaume, David habitait dans un désert.
Il aurait eu de quoi écrire un chant sur l'aridité du désert et le courage de celui qui le traverse… Non. David ne pense qu'à son Dieu et se sert de cette expérience pour décrire avec des images très fortes le besoin qu'il avait de le connaître et de se tenir près de lui.

Ma prière : Père céleste, toi qui m'as tant aimé, toi qui es amour, aide-moi à t'aimer plus fort chaque jour. Que ton amour soit pour moi la chose la plus merveilleuse, et t'aimer en retour la chose la plus désirable.

Actes 9. 1, 3-5

17 janvier

Saul, qui ne pensait qu'à menacer et à tuer les disciples du Seigneur, fut environné d'une lumière éclatante qui venait du ciel. Il tomba à terre et entendit une voix :
"Saul, Saul, pourquoi me persécutes-tu ?
- Qui es-tu, Seigneur ?
- Je suis Jésus, que tu persécutes."

Noémie aime beaucoup quand son grand frère vient la chercher à la sortie de l'école avec sa moto. Aujourd'hui, elle l'attend, assise devant l'école avec quelques camarades. Soudain, elle reconnaît le bruit de la moto qui arrive. La voilà qui surgit au bout de la rue. Mais, que se passe-t-il ? La petite sœur affolée voit la moto glisser sur des feuilles humides et son frère rouler dans la boue du caniveau ! Heureusement, il y a plus de peur que de mal : seule la moto est légèrement éraflée. Mais tous ceux qui ont assisté à la scène se moquent ouvertement du malheureux motard ! C'en est trop pour Noémie. Ces rires la blessent autant que si on se moquait d'elle-même. Et dire que ces moqueurs prétendent être ses amis… Noémie aime son frère : se moquer de lui, c'est se moquer d'elle. Notre Seigneur Jésus nous aime au point de ressentir tout le mal que l'on nous fait, comme si on le lui faisait à lui.

Ma prière : Seigneur Jésus, merci pour ton amour pour moi. Il est si grand que tu souffres lorsque je souffre…

18 janvier

Actes 9. 8, 9

Saul se releva de terre, mais il avait beau ouvrir les yeux, il ne voyait plus. Il fallut le prendre par la main pour le conduire à Damas. Il resta aveugle pendant trois jours, et ne mangea ni ne but.

Le début de ce chapitre nous a présenté un Saul rempli de haine et d'énergie. Un Saul "qui ne pensait qu'à menacer et à tuer les disciples du Seigneur".
Maintenant, nous le voyons bien calmé, d'un coup…
Lui qui pensait avoir une vision juste de Dieu, il est aveugle ! Il pensait être capable de conduire les autres et ce sont les autres qui doivent le conduire !
Les disciples de Damas vont enfin pouvoir respirer…
Le grand persécuteur est brisé.
Dans sa sagesse, Dieu a permis des persécutions et en permet encore. Mais il accorde des répits. C'est lui qui a arrêté avec puissance l'œuvre destructrice de Saul.
Des difficultés surgissent souvent de la part d'autres personnes. Mais ne craignons rien : notre Dieu est au-dessus de tout. Il saura bien les arrêter, le moment venu.

Ma prière : Père céleste, merci parce que tu es au-dessus de tout et qu'aucun homme ne pourra jamais dépasser la limite que tu as fixée. Fais grandir ma confiance en toi.

19 janvier

Actes 9. 9-12

Saul resta aveugle pendant trois jours, et ne mangea ni ne but. Or, à Damas, vivait un disciple nommé Ananias. Le Seigneur lui apparut dans une vision et lui dit : "Ananias !
- Oui, Seigneur.
- Lève-toi, et va dans la maison de Judas, demande à voir un nommé Saul, originaire de Tarse. Car il prie et, dans une vision, il a vu un homme du nom d'Ananias entrer dans la maison et lui imposer les mains pour lui rendre la vue."

STOP ! Dieu a décidé de mettre fin aux persécutions menées par Saul.
Va-t-il maintenant le rejeter et le laisser aveugle, dans son coin ? Non : Dieu est amour. Il aime même ceux qui le persécutent. Il le voit, désespéré au point de refuser de manger et de boire, bouleversé par la révélation qu'il a reçue sur le chemin. Il entend ses prières. Il l'encourage en lui annonçant la délivrance.

Ma prière : Seigneur Jésus, que ton amour est grand ! Que ton pardon est grand ! Merci parce que tu t'occupes de tous les hommes, pour les amener à se repentir et à venir à toi.

Actes 9. 13-16

20 janvier

"Mais Seigneur, répliqua Ananias, j'ai beaucoup entendu parler de cet homme ; on m'a dit tout le mal qu'il a fait à ceux qui t'appartiennent à Jérusalem. De plus, il est venu ici pour arrêter tous ceux qui te prient.
- Va ! lui dit le Seigneur, car j'ai choisi cet homme pour me servir : il fera connaître qui je suis aux nations étrangères et à leurs rois, ainsi qu'aux Israélites. Je lui montrerai moi-même tout ce qu'il devra souffrir pour moi."

Quoi ? Ananias ose dire "mais" à Dieu ? N'aurait-il pas dû obéir tout de suite ?
Ananias a peur de Saul. Mais il n'a pas peur de son Seigneur, il connaît son amour. Il peut donc lui exposer tranquillement ses craintes et tout ce qu'il sait sur Saul. Il veut être sûr de ne pas se tromper.
Son Seigneur lui répond deux choses :
1. "Va". Oui, Ananias doit obéir.
2. "J'ai choisi cet homme". Le Seigneur a du plaisir à révéler à son disciple le plan merveilleux qu'il a prévu pour ce fameux Saul de Tarse.

Ma prière : Seigneur Jésus, merci parce que tu ne méprises pas mes craintes. Merci parce que tu veux m'aider. Aide-moi à t'obéir, même si c'est difficile.

21 janvier

Actes 9. 17-19

Ananias partit donc et, arrivé dans la maison, il imposa les mains à Saul et lui dit : "Saul, mon frère, le Seigneur Jésus qui t'est apparu sur le chemin par lequel tu venais, m'a envoyé pour que la vue te soit rendue et que tu sois rempli du Saint-Esprit."
Au même instant, ce fut comme si des écailles tombaient des yeux de Saul et il vit de nouveau. Alors il se leva et fut baptisé, puis il mangea et reprit des forces.

Quel disciple que cet Ananias ! Une fois qu'il a la certitude d'avoir bien compris ce que Dieu attend de lui, il part aussitôt accomplir sa mission.
Il croit tellement tout ce que Dieu lui a révélé, qu'il appelle Saul "mon frère" ! En fait, c'est Jésus que Saul persécutait… Alors, si Jésus lui a pardonné, Ananias doit lui aussi pardonner. Il le montre en baptisant Saul tout de suite, avant même de lui donner à manger !
Je dois faire très attention, moi aussi, à pardonner ceux que Dieu a déjà pardonné…

Ma prière : Père céleste, travaille dans mon cœur pour que je sache pardonner le mal que l'on me fait. Comme Ananias, aide-moi à ne plus tenir compte de tous les péchés qui t'ont été confessés.

Actes 9. 19-20

22 janvier

Saul passa quelques jours parmi les disciples. Et il se mit tout de suite à proclamer que Jésus est le Fils de Dieu.

Un évangéliste devait faire des réunions pour parler du salut en Jésus. Pour la première réunion, il décide de parler de Jean 3. 16 : "Car Dieu a tant aimé le monde qu'Il a donné son Fils unique, afin que quiconque croit en lui ne périsse pas, mais qu'il ait la vie éternelle." En entendant cela, un jeune homme confesse ses péchés et accepte Jésus comme son Sauveur personnel. Le soir suivant, le cœur rempli du pardon dont il a profité, il veut annoncer Jésus à son tour. "Mais, lui dit l'évangéliste, que veux-tu dire ? Tu ne sais rien !
- Comment ça, je ne sais rien ? Mais si ! Je connais Jean 3. 16 !" Et le voilà qui annonce Jésus de tout son cœur, avec le seul verset qu'il connaît ! Ce soir-là, plusieurs autres personnes se tournent vers Dieu, ayant toutes le désir d'annoncer l'évangile au moyen de ce verset…
Dans cette histoire qui a eu lieu il y a quelques années au Canada, comme dans celle de Paul il y a des siècles, on peut voir qu'il n'est pas nécessaire de connaître Jésus depuis longtemps pour parler de lui !

Ma prière : Seigneur Jésus, remplis mon cœur et mes pensées de ton amour. Que cela me pousse à parler de toi.

Actes 9. 23-25

23 janvier

Après un certain temps, les Juifs résolurent de faire mourir Saul. Jour et nuit, ils faisaient surveiller les portes de la ville avec l'intention de le tuer. Mais une nuit, les disciples le firent descendre dans une corbeille le long du rempart.

•Saul est parti de Jérusalem en conquérant : il avait un ordre de mission et le pouvoir de jeter en prison tous ceux qui croyaient en Jésus.
•Saul arrive à Damas brisé, aveugle et complètement bouleversé par ce qu'il a entendu en chemin.
•Saul quitte Damas de nuit, comme un voleur, descendu dans un panier comme un animal, pour échapper à la mort.

Pas de doute : avant de croire en Jésus, sa vie était beaucoup plus confortable, beaucoup plus glorieuse ! Va-t-il revenir en arrière ?
Non. Il a écrit à ses amis de Philippe : "Pour moi, vivre, c'est Christ !" et il l'a montré depuis sa conversion à Damas jusqu'à sa mort à Rome.

Ma prière : Père céleste, je veux me donner tout entier à toi. Je ne veux pas vivre une vie égoïste, mais vivre pour ton Fils Jésus, mon Sauveur, qui s'est livré par amour pour moi.

Proverbes 18. 21

24 janvier

La mort et la vie sont au pouvoir de la langue : vous aurez à vous rassasier des fruits que votre langue aura produits.

Notre langue a-t-elle donc un tel pouvoir ? Regardons ce qu'en dit la Bible :
• LA MORT : "Celui qui dit 'imbécile' à son frère passera devant le tribunal, et celui qui le traite de fou est bon pour le feu de l'enfer." (Matthieu 5. 22)
• LA VIE : "Si de ta bouche, tu déclares que Jésus est Seigneur et si dans ton cœur, tu crois que Dieu l'a ressuscité des morts, tu seras sauvé." (Romains 10. 9)

Alors, attention ! Une parole est vite prononcée, mais ses conséquences peuvent être très importantes !

- fruits de ma langue = conséquences, résultats de mes paroles
- se rassasier = manger jusqu'à ne plus avoir faim

Nous aurons à supporter les conséquences fâcheuses de nos paroles, ou à profiter de leurs résultats heureux.

Pensons à notre modèle, le Seigneur Jésus, et à ses "paroles de grâce" qui apportaient la vie à tous ceux qui l'écoutaient avec droiture et sincérité.

Ma prière : Seigneur Jésus, aide-moi à te ressembler afin que toutes mes paroles soient remplies de ton amour, pour le bonheur, la joie et la vie de ceux qui m'entourent.

25 janvier

Proverbes 18. 22

Qui trouve une épouse trouve le bonheur : c'est une faveur que l'Éternel lui a accordée.

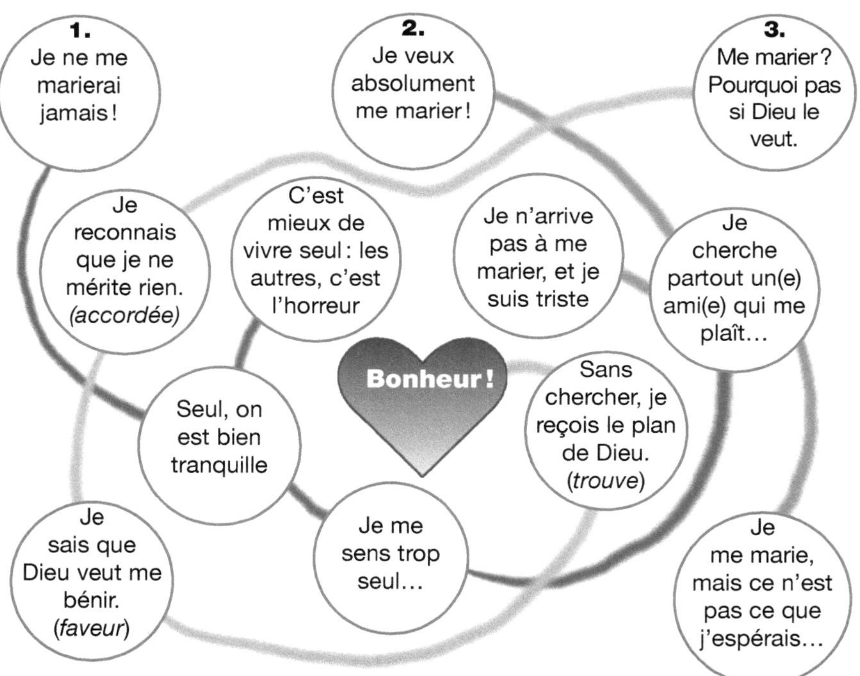

Suis les chemins et trouve celui du bonheur…

Ma prière : Seigneur Jésus, merci parce que tu veux mon bonheur. Aujourd'hui, je suis encore trop jeune pour penser au mariage. Mais aide-moi dès aujourd'hui à me laisser guider par toi pour toutes choses, et tout particulièrement pour les choses du cœur.

Proverbes 19. 3

26 janvier

La sottise d'un homme cause son naufrage, alors il s'en prend à l'Éternel.

Pourquoi Dieu a-t-il permis cette mauvaise note ?
- Avais-tu révisé avec sérieux ?
Pourquoi le Seigneur m'a-t-il rendu malade juste le jour de mon anniversaire ?
- T'étais-tu habillé bien chaudement pour aller jouer dehors, la veille ?
Pourquoi Dieu ne m'a-t-il pas gardé et n'a-t-il pas empêché que je me casse la jambe ?
- Es-tu bien sûr d'avoir été prudent ?

On peut multiplier les exemples. Que de fois je rends Dieu responsable à ma place ! Notre Dieu est un père tout puissant et plein d'amour. Il peut nous garder en toutes circonstances, même lorsqu'on est imprudent ou lorsqu'on manque de sagesse. Mais il peut aussi permettre que nous supportions le résultat de nos sottises… Alors, au lieu de lui faire des reproches, reconnaissons devant lui notre manque de sagesse, et demandons-lui en un peu plus !

Ma prière : Dieu et Père, je reconnais que je me mets souvent dans de mauvaises situations par mon manque de sagesse. Donne-moi un cœur plus sage, plus réfléchi.

Proverbes 19. 21

27 janvier

Un homme forme de nombreux projets, mais c'est le plan de l'Éternel qui se réalise.

Hier, Matthieu, Laurent et Claire ont accompagné leur papa au magasin de bricolage. Il n'a pas voulu leur dire pourquoi il avait besoin de tant de choses : c'est une surprise ! Claire ne regardait même pas ce que son papa mettait dans le chariot, trop occupée à faire mille suppositions quant à cette surprise. Laurent, lui, suivait sans réfléchir puisque, de toute façon, il la verrait bien un jour, cette surprise ! Mais Matthieu a bien détaillé chaque article et, mine de rien, il a posé quelques questions. Rentré à la maison, il a suivi son père pour l'aider de son mieux. Il a vite deviné qu'il s'agissait d'une cabane et a été tout heureux de partager ce secret avec son père et d'y participer.
Parfois, nous ressemblons à Claire : nous formons de nombreux projets… pour nous apercevoir finalement que ce sont toujours les plans d'amour de Dieu qui se réalisent (heureusement !). Alors, quelle attitude faut-il avoir ? Faut-il être fataliste comme Laurent, ou bien désireux de comprendre et de participer, comme Matthieu ?

Ma prière : Père céleste, merci pour tes plans d'amour envers moi. aide-moi à rechercher ta pensée au lieu de faire mille projets en vain.

Proverbes 19. 22

28 janvier

Ce qu'on apprécie chez un homme, c'est sa bonté, et mieux vaut un pauvre qu'un menteur.

Aujourd'hui, tout le monde voudrait être riche, jeune, beau, fort, intelligent et en bonne santé. Dans quel but ? Être au-dessus des autres, admiré et même jalousé…
Mais le but d'un chrétien (d'un "petit christ") est plutôt d'aimer et d'être aimé. Comme son Seigneur, il place l'amour au-dessus de toutes choses. Que doit-il alors rechercher ? La richesse, la gloire ? Non : la bonté.

Regarde autour de toi : quel est le camarade de classe ou l'amie que tu apprécies le plus ?
La plus belle ?
Le plus intelligent ?
… ou celui qui est le plus gentil avec toi ?

Ma prière : Seigneur Jésus, merci parce que tu es merveilleusement bon, envers moi comme envers tous les hommes. Remplis mon cœur de ta bonté pour que je puisse te ressembler.

Proverbes 19. 24

29 janvier

Le paresseux plonge sa main dans le plat, mais il ne la ramène pas à sa bouche.

Pour son anniversaire, Damien a reçu en kit un chouette bateau radiocommandé. Il ouvre la boîte et se lance dans le montage après avoir jeté un bref coup d'œil au mode d'emploi. Dès que le bateau est terminé, Damien va faire les premiers essais. À première vue, le bateau fonctionne bien… Mais quand Damien veut le faire tourner à droite, il tourne à gauche ! Et impossible de le faire reculer… La bonne humeur de Damien commence à s'effriter, lorsqu'il s'aperçoit que son bateau prend l'eau ! Lentement, voilà son cadeau qui coule sous ses yeux… Il aurait dû lire plus attentivement la notice de montage !
Lire la Bible, c'est bien. Mais si c'est "vite fait, bien fait", ça ne sert pas à grand-chose. Pour que la Bible nous enseigne, pour qu'elle nourrisse notre âme, il ne faut pas faire comme le paresseux de notre verset. Au contraire : il faut se poser chaque matin la question : "Qu'est-ce que Dieu veut me dire aujourd'hui ? Quel exemple dois-je suivre ? Qu'est-ce qui doit changer dans ma vie ?"

Ma prière : Père céleste, merci pour la Bible, ta Parole adressée aux hommes. Aide-moi chaque jour à rechercher ce que tu veux me dire par elle et à le mettre en pratique.

Proverbe 20. 4

30 janvier

A la saison froide, le paresseux n'a pas envie de labourer; au temps de la moisson, il cherche à récolter, mais ne trouve rien.

"Madame Moody, votre fils Dwight a encore fait l'école buissonnière, aujourd'hui. Et quand, par bonheur, il consent à assister à mes cours, il s'endort sur ses livres dès les 5 premières minutes... Tous mes efforts sont inutiles: je dois renoncer à lui donner des leçons."
La pauvre madame Moody a beaucoup prié pour Dwight, son sixième enfant. Dieu a répondu à ses prières et, quelques années plus tard, Dwight est devenu le très célèbre prédicateur Moody. Mais très vite, ce grand homme s'est rendu compte que son ignorance et son manque d'assiduité à l'étude le gênaient dans l'accomplissement de son travail. Toute sa vie, il aurait voulu retourner à l'école, suivre des cours, mais il n'en eut jamais le temps.
Peut-être es-tu dans la saison froide de notre verset: comme Dwight lorsqu'il était enfant, tu ne comprends pas bien quelle est l'utilité de lire la Bible tous les matins. Pourtant, il faut travailler, "labourer", si tu veux porter du fruit pour Dieu.

Ma prière: Père céleste, remplis mon cœur du désir de porter du fruit pour toi. Aide-moi à accepter et à accomplir le travail et les efforts nécessaires pour cela.

31 Janvier

Matthieu 18. 12, 14

Qu'en pensez-vous ? Si un homme a cent brebis, et que l'une d'elles s'égare, ne laissera-t-il pas les quatre-vingt-dix-neuf autres dans la montagne, pour aller à la recherche de celle qui s'est égarée ?
Il en est de même pour votre Père céleste : il ne veut pas qu'un seul de ces petits se perde.

Le Seigneur Jésus veut expliquer à ses disciples combien son Père les aime. Comme à son habitude, il utilise une histoire, une parabole.
C'est l'histoire d'un berger extraordinaire : il aime tant ses brebis qu'il est prêt à risquer la vie du troupeau entier, en le laissant seul dans la montagne, pour partir à la recherche de la moindre brebis égarée !
L'amour divin dépasse tout ce que l'on peut comprendre. C'est pourquoi notre Seigneur a utilisé une image aussi forte pour le décrire.

Ma prière : Merci Seigneur Jésus parce que tu es venu sur la terre pour me révéler l'amour de Dieu. Merci parce que tu l'as fait au travers de si belles histoires.

Matthieu 18. 15

1 février

Spécial thème
"Le pardon"

Si ton frère pèche contre toi, va, reprends-le, entre toi et lui seul; s'il t'écoute, tu as gagné ton frère.

Depuis qu'ils ont reçu leur petite barque, à Noël, Fanny et Benoît l'ont bien équipée: Fanny a cousu de jolis coussins fleuris et Benoît a fabriqué une boîte pour ranger son matériel de pêche. Mais ce matin, alors que Grégory se promène seul sur la berge du lac, il aperçoit la jolie barque et décide de l'emprunter. Bientôt fatigué de ramer, il s'amuse à faire tanguer la barque de toutes ses forces. Évidemment, il finit par chavirer… Quelques pêcheurs l'aident à ramener la barque sur la plage et il rentre chez lui, tout content d'avoir bien rigolé. Mais Fanny et Benoît ne rigolent pas, eux, en découvrant la disparition du précieux contenu de la barque! Fanny pleure beaucoup et Benoît est fou de rage. Quand leur maman leur demande de pardonner à Grégory, Fanny déclare qu'il doit d'abord venir lui-même leur demander pardon et remplacer tout ce qu'il a perdu. Benoît, lui, connaît Grégory. Il sait que le garçon ne s'est pas bien rendu compte du mal qu'il a fait. Il décide alors d'aller le voir pour lui expliquer à quel point il est peiné et pour lui dire qu'il lui pardonne.

Ma prière: Père céleste, remplis-moi de ton amour afin que je puisse pardonner aux autres et que j'aie le désir de les aider à reconnaître le mal qu'ils ont pu me faire.

2 février

Matthieu 18. 15-16

Spécial thème
"Le pardon"

Si ton frère pèche contre toi, reprends-le entre toi et lui seul; mais s'il ne t'écoute pas, prends avec toi une ou deux personnes, afin que par la bouche de deux ou trois témoins toute parole soit établie.

Malika a bien compris le verset d'hier. Lorsqu'elle voit que son frère a gribouillé sur la couverture de son cahier, elle essaye de maîtriser sa colère. C'est dur… Elle fait un gros effort pour se mettre à genoux et prier. Petit à petit, sa colère se calme. Elle finit par se relever et décide de passer à la seconde étape : aller voir son frère. Mais là, les choses se compliquent ! Elle espérait un peu que son frère se jetterait en pleurant à ses pieds, mais le voilà qui réplique : "Chipie ! Ça te va bien de faire ta petite sainte ! Tu ne t'es pourtant pas gênée pour rigoler, ce matin, quand ma tartine est tombée sur mon pantalon !" Elle a beau lui expliquer que ce n'était pas méchant et qu'elle regrette, rien n'y fait. Alors, Malika va tout raconter à maman : la tartine, la rigolade, le gribouillage, sa colère, sa prière, la réaction de son frère, enfin tout, quoi… Ensemble, elles sont retournées voir le garçon qui a alors compris que c'était important pour Malika. Il a reconnu qu'il avait été trop fier et méchant. Ils se sont pardonnés… et depuis, tout semble plus simple entre eux !

Ma prière : Dieu et Père, aide-moi à savoir partager mes difficultés avec mes parents ou des amis sûrs quand je ne m'en sors pas tout seul.

Matthieu 18. 15-17

3 février

Spécial thème "Le pardon"

Si ton frère s'est rendu coupable à ton égard, va le trouver. S'il ne t'écoute pas, reviens le voir en prenant avec toi une ou deux autres personnes. S'il refuse de les écouter, dis-le à l'Église. S'il refuse aussi d'écouter l'Église, mets-le sur le même plan que les païens.

Yanis, c'est le nouveau qui vient d'arriver. Ses parents ont déménagé. En cours de Maths, la maîtresse lui demande s'il veut être dans le groupe des forts ou des débutants. Yanis veut être avec les forts. Il dit qu'il n'a jamais eu de problème en Maths… La maîtresse le met à côté de Mathieu et leur donne un devoir à faire ensemble. La première multiplication est facile: 10x252… Sûr de lui, Yanis répond: "25210!" Mathieu lui fait remarquer que le 1 est de trop… Mais Yanis ne veut rien savoir. Ils en parlent donc aux voisins de devant, mais le nouveau ne veut toujours rien savoir. Ils font donc appel à la maîtresse qui se dépêche de mettre Yanis dans le groupe des débutants!
Pour la vie chrétienne, le pardon est comme la multiplication par 10 pour les maths: si on n'a pas compris ça, c'est même pas la peine de se dire chrétien.

Ma prière: Dieu et Père, merci parce que tu m'as pardonné grâce au sacrifice du Seigneur Jésus. Aide-moi à comprendre l'importance du pardon.

4 février

Matthieu 18. 21-22

Spécial thème
"Le pardon"

Pierre s'approcha de Jésus et lui demanda
- Seigneur, si mon frère se rend coupable à mon égard, combien de fois devrai-je lui pardonner ? Irai-je jusqu'à sept fois ?
- Non, lui répondit Jésus, je ne te dis pas d'aller jusqu'à sept fois, mais jusqu'à soixante-dix fois sept fois.

Qu'est-ce que le pardon ? Est-ce oublier ? Non. Il y a des choses si graves que l'on ne peut pas les oublier. Le vrai pardon, c'est :

1. Reconnaître tout le mal qui a été fait

2. Avoir la VOLONTÉ de ne plus tenir compte de ce mal et vivre avec celui qui nous l'a fait comme s'il ne nous l'avait pas fait. C'est un "don", un cadeau que l'on fait à cette personne, sans qu'elle ait besoin de nous donner un bonbon ou de nous supplier à genoux !

C'est pour cela que nous devons pardonner sans limite (70x7 est une expression pour dire "toujours"), car dès que nous avons pardonné, tout redevient comme au départ. Si on nous refait du mal, nous devons réagir comme si c'était la première fois.

Ma prière : Dieu et Père, toi qui me pardonnes continuellement chaque péché, aide-moi, moi aussi, à pardonner de nouveau chaque méchanceté que l'on me fait, comme si c'était la première fois.

5 février

Matthieu 18. 23-27

Le royaume des cieux est semblable à un roi qui voulut régler ses comptes avec ses serviteurs. Lorsqu'il commença à compter, on lui en présenta un qui lui devait soixante millions de pièces d'argent. Comme ce serviteur n'avait pas de quoi rembourser ce qu'il devait, son maître donna ordre de le vendre comme esclave avec sa femme et ses enfants ainsi que tous ses biens pour rembourser sa dette. Le serviteur se jeta alors aux pieds du roi et, se prosternant devant lui, supplia: "Sois patient envers moi, accorde-moi un délai et je te rembourserai tout." Pris de pitié pour lui, son maître le renvoya libre, après lui avoir remis toute sa dette.

Pour tout rembourser, ce serviteur aurait dû travailler 100 000 années…
Dans cette parabole, le roi représente Dieu. Le serviteur, c'est toi. Les 60 millions, c'est une image pour te faire comprendre ce que Dieu pense de ton péché…

Ma prière: Mon Dieu, je reconnais que mon péché est trop grand à tes yeux pour que je puisse "fabriquer" mon pardon. Merci parce que tu me l'as offert en Jésus-Christ.

6 février

Matthieu 18. 27-35

Spécial thème
"Le pardon"

Le roi renvoya son serviteur, après lui avoir remis sa dette. À peine sorti, ce serviteur rencontra un de ses compagnons qui lui devait cent pièces d'argent. Il le saisit à la gorge en criant : "Paie-moi ce que tu me dois !" Son compagnon se jeta à ses pieds et le supplia : "Sois patient envers moi, et je te rembourserai." Mais l'autre ne voulut rien entendre. Il le fit jeter en prison. D'autres compagnons en furent profondément attristés et rapportèrent toute l'affaire à leur maître. Alors celui-ci fit appeler le serviteur qui avait agi de la sorte : "Tu es vraiment odieux ! lui dit-il. Tout ce que tu me devais, toi mon serviteur, je te l'avais remis parce que tu m'en avais supplié. Ne devais-tu pas, toi aussi, avoir pitié de ton compagnon, comme j'ai eu pitié de toi ?" Et son maître le livra aux bourreaux jusqu'à ce qu'il ait remboursé toute sa dette. Voilà comment mon Père céleste vous traitera, vous aussi, si chacun de vous ne pardonne pas du fond du cœur à son frère.

Ma prière : Père céleste, je t'en supplie, aide-moi à me souvenir de cette parabole. aide-moi à ne jamais refuser mon pardon.

1 Samuel 11. 1, 2

7 février

Nahach vint mettre le siège devant Yabéch. Les habitants de la ville dirent à Nahach : "Conclus une alliance avec nous et nous te serons assujettis". Il leur répondit : "Voilà à quelle condition je traiterai avec vous : je vous crèverai à tous l'œil droit. Ainsi je couvrirai de honte tout le peuple d'Israël."

Léa se sent bien seule dans sa nouvelle classe… Les quelques filles qui s'y trouvent forment un clan très fermé et gardent "la nouvelle" en dehors de tous leurs jeux et discutions. Alors, Léa leur pose carrément la question : que doit-elle faire pour faire partie de leur groupe ? Les filles lui donnent une liste de romans qu'elle doit acheter et lire pour avoir la même culture et les mêmes références qu'elles. Léa se penche sur la liste. Elle est tellement longue ! Pour acheter tout cela, il faudrait qu'elle dépense tout l'argent qu'elle a économisé pour donner aux missionnaires… Et lire ces livres lui prendra tout son temps ? Quand pourra-t-elle lire sa Bible ? Nahach voulait crever un œil aux habitants de Yabéch pour les empêcher de se battre. Satan aussi fera tout pour t'empêcher de lire la Parole de Dieu, afin que tu ne puisses plus combattre contre le mal.

Ma prière : Dieu et Père, aide-moi à refuser tout ce qui pourrait m'empêcher de résister au mal.

1 Samuel 11. 3, 11

8 février

Les habitants de Yabéch dirent à Nahach: “Accorde-nous un délai de sept jours. Si personne ne vient à notre secours, nous nous rendrons à toi.” Alors une frayeur venant de l’Éternel s’empara du peuple, qui se mit en marche comme un seul homme.
Ils battirent les Ammonites jusqu’à midi.

Chaque soir, après l’école, la maman de Loïc ramène Marc chez lui. Mais cette semaine, Loïc est malade et sa maman ne viendra pas le chercher… Alors Karen propose à Marc de rentrer avec elle. Il leur suffira d’aller au travail de son père qui les ramènera dès qu’il aura fini. Marc est très ennuyé: le papa de Karen tient un café et il n’a pas envie de passer deux heures dans un tel endroit. Il préfère attendre un peu avant de donner sa réponse. Comme il a eu raison! À midi, à la cantine, le directeur est venu lui proposer ses services: si Marc veut bien attendre jusqu’à la fin de l’étude, il pourra le déposer chez lui en rentrant. Quel soulagement!
N’hésite pas, toi non plus, à demander un délai avant de répondre ou de faire un choix quand c’est difficile. Cela pourra peut-être te rendre de très grands services.

Ma prière: Seigneur Jésus, garde-moi de toute précipitation. Aide-moi à toujours prendre le temps de demander ton avis et ton aide.

1 Samuel 11. 12, 13

9 février

Le peuple dit : “Où sont ces hommes qui disaient : ‘Ce Saül va-t-il régner sur nous ?’ Nous les mettrons à mort.” Mais Saül dit : “On ne mettra personne à mort en un jour pareil, car aujourd’hui l’Éternel a délivré Israël.”

Le peuple d’Israël avait demandé un roi et Dieu le lui avait donné : un roi beau et grand. Pourtant, certains l’avaient méprisé. Les autres avaient-ils réagi ? Non. Bien sûr, tout le monde ne s’était pas moqué ouvertement du roi choisi par Dieu, mais personne n’avait trouvé bon de le défendre.
Mais Saül vient d’opérer une grande délivrance, par la puissance de Dieu. Alors le peuple se rend compte qu’il a peut-être mal jugé ce roi. Il veut donc rattraper son erreur en mettant à mort les moqueurs. Saül va-t-il en profiter ? Va-t-il se réjouir d’être enfin vengé ? Non, car c’est un jour de fête : l’Éternel a délivré son peuple !
Et moi, est-ce que je peux me venger, ou même seulement le désirer ? Non, car depuis que Jésus est venu apporter le salut sur la terre, chaque jour est un jour de délivrance. Un jour de salut pour tout homme.

Ma prière : Dieu tout puissant, je sais qu’un jour, tu jugeras tout le mal qui a été fait sur la terre. Mais aujourd’hui, c’est un jour de pardon grâce au sacrifice du Seigneur Jésus. Donne-moi la force de pardonner.

1 Samuel 12. 1, 2, 7

10 février

Samuel dit au peuple: "Je suis devenu vieux et mes cheveux ont blanchi. Je vous ai dirigés depuis ma jeunesse jusqu'à ce jour. Maintenant, je vais vous citer tous les actes puissants que l'Éternel a accomplis pour vous sauver, vous et vos ancêtres."

La ville de Outoupousse était riche et prospère. Tout le monde y vivait heureux. Son bourgmestre était un chef craint et respecté. Il était l'ami d'un puissant seigneur qui se plaisait à protéger la ville pour honorer cette amitié. Mais depuis quelque temps, les habitants de Outoupousse sont inquiets: leur bourgmestre bien-aimé est malade et près de mourir. Qui donc va assurer leur protection quand il ne sera plus là? Le bourgmestre les appelle à son chevet: "Écoutez bien. Je vais vous raconter toute la sagesse, la richesse, la force et la puissance de mon grand ami. Ensuite, ce sera à vous d'en parler à tous et partout, pour vous encourager et effrayer ceux qui voudraient s'attaquer à vous." À la fin de leur vie, Moïse, Josué, puis Samuel ont rappelé une dernière fois au peuple les actes d'amour et de puissance de Dieu, pour ranimer son désir de se donner à Lui.

Ma prière: Dieu d'amour, merci pour tout ce que tu as fait pour ton peuple, pour tous tes enfants... et pour moi. Aide-moi à ne pas l'oublier.

1 Samuel 12. 16, 17

11 février

Samuel dit au peuple : "Observez la chose extraordinaire que l'Éternel va accomplir. Ne sommes-nous pas au printemps ? Eh bien, je vais invoquer l'Éternel et il fera tonner et pleuvoir pour que vous soyez bien conscients que vous avez commis une grave faute aux yeux de l'Éternel en demandant un roi."

Geoffroy en a assez de la lecture en famille, assez de la prière du soir ! Il veut faire comme ses copains : jouer avec sa console. Mais son père a une idée… Il a déniché une console hors d'usage, identique à celle de Geoffroy et fait discrètement l'échange. Le soir, quand le garçon veut jouer, son papa arrive avec un gros marteau et il casse le jouet en mille morceaux, sous les yeux horrifiés de son fils. Puis, il repart tranquillement… faire la lecture. Geoffroy a compris la gravité de ce qu'il avait fait : il était esclave de sa console et trop influencé par les copains. Il s'était éloigné de son Seigneur. Alors, il a demandé pardon à Dieu et à sa famille.
Un coup de marteau, un coup de tonnerre… Il faut parfois que Dieu tape fort dans notre vie pour nous ouvrir les yeux sur la gravité d'une faute.

Ma prière : Père céleste, merci parce que tu prends soin de moi. Merci pour tes avertissements. Aide-moi à comprendre et à accepter ce que tu veux me dire.

1 Samuel 12. 20, 22

12 février

Samuel rassura le peuple : “Soyez sans crainte ! Oui, vous êtes bien coupables de ce mal, mais ne vous détournez pas de l’Éternel et servez-le de tout votre cœur. Il a plu à l’Éternel de faire de vous son peuple. C’est pourquoi il ne vous abandonnera pas, car il tient à faire honneur à son grand nom.”

Pedro errait dans les rues de Rio lorsque M. Guanderra lui a proposé de travailler dans son garage. Depuis, Pedro lave les voitures. Mais c’est sans grand plaisir qu’il fait son travail : son rêve, c’est de les conduire, ces voitures, pas de les astiquer ! Un jour, c’est plus fort que lui : il prend le volant d’une grosse “américaine”, démarre… et s’écrase contre un mur deux mètres plus loin. Mais son chef l’a vu faire ! Pedro le supplie d’intervenir pour que M. Guanderra ne le renvoie pas. “N’aie pas peur, lui dit son chef. M. Guanderra t’a choisi pour travailler pour lui, il ne va pas te renvoyer, même si tu as fait une bêtise. Il veut faire de toi un bon garagiste et quand il a décidé quelque chose, il va jusqu’au bout ! Par contre, ne cherche pas à t’enfuir, mais va lui dire que tu regrettes et fais ton travail avec toujours plus d’application.”

Ma prière : Dieu et Père, merci parce que tu m’as choisi, merci parce que tu m’aimes. Aide-moi à toujours m’en souvenir pour que je n’aie jamais peur de reconnaître mon péché devant toi.

13 février

1 Samuel 12. 19, 20, 23

Tous supplièrent Samuel: “Intercède pour tes serviteurs auprès de l’Éternel ton Dieu.” Samuel rassura le peuple: “Que l’Éternel me garde de commettre une faute contre lui en cessant de prier pour vous.”

Alors, si je ne prie pas pour quelqu’un, cela peut être une faute, un péché ?

Si quelqu’un te demande de prier pour un besoin précis, ou si le Seigneur te met un sujet de prière à cœur, c’est ton devoir, ta mission de prier pour cela. Si on manque à cette mission, c’est une faute!
Voici quelques conseils pour t’aider dans ta mission:
1. Il faut que tes sujets de prière soient importants pour toi si tu veux prier longtemps et avec confiance.
2. Prie toujours pour les mêmes sujets au même moment (ex: le matin: ta famille, le soir: le salut de tes amis)
3. Prie pour un nombre de sujets limité et compte sur tes doigts en priant (ex: 5 sujets le matin, 5 le soir)
4. Si, malgré cela, tu n’arrives pas à te les rappeler tous, écris-les sur une liste (ou sur la roue de prières que tu peux télécharger sur le site http://sur.la.montagne.free.fr).
5. Demande l’aide du Seigneur et prend la ferme décision de toujours prier quoiqu’il arrive.

Ma prière: Seigneur Jésus, fais de moi un combattant par la prière.

14 février

Romains 12. 1

Je vous invite, à cause de cette immense bonté de Dieu, à lui offrir votre corps comme un sacrifice vivant, saint et qui plaise à Dieu. Ce sera là de votre part un culte spirituel.

Nous sommes dans une ruelle sombre de Marseille. Alors qu'il quitte l'un de ses patients, le docteur Pélazan entend des cris et le bruit d'une course. Un homme débouche de la ruelle au moment où claque un coup de pistolet. Instinctivement, Monsieur Pélazan fait un "croche-pied" au fuyard qui s'étale de tout son long. Le docteur a juste le temps de lui dire d'un ton sec : "Faites le mort" ; déjà les poursuivants surgissent à leur tour. Ils s'arrêtent net devant le médecin, agenouillé près de leur victime. Après avoir tâté son pouls, il se relève et dit d'un air lugubre : "Je suis médecin. C'est fini. Enlevez vos chapeaux, je vous prie." Impressionnés par son autorité, les brigands baissent la tête puis s'en vont sans rien dire. L'inconnu se relève alors. Sans l'intervention de ce médecin, il serait mort. Que peut-il lui donner en retour ? Que peut-il faire pour lui ? Cet homme lui a sauvé la vie : elle lui appartient désormais. Dès ce jour, il se met à son service pour lui témoigner sa reconnaissance.
Qui donc a sauvé ta vie ? À qui appartient-elle, maintenant ?

Ma prière : Merci, mon Dieu, pour ton immense bonté. Aide-moi à te livrer ma vie pour te remercier.

Romains 12. 2

15 février

Ne vous laissez pas modeler par le monde actuel, mais laissez-vous transformer par le renouvellement de votre pensée, pour pouvoir discerner la volonté de Dieu : ce qui est bon, ce qui lui plaît, ce qui est parfait.

Dans son petit royaume, le prince Sam Suphy vivait heureux. La paix régnait et les affaires prospéraient. Autour de son royaume, quatre grandes puissances se faisaient constamment la guerre afin de dominer. Sam Suphy recevait souvent la visite de ses voisins qui ne parlaient que d'espace, de richesses et de puissance. Un jour, l'un de ces rois proposa de lui prêter son meilleur conseiller pour l'aider à mieux gérer son royaume. Flatté, le prince accepta. Lorsque le conseiller repartit, il avait réussi à convaincre Sam qu'un prince comme lui méritait un royaume plus grand, plus de richesses et la soumission de ses voisins ! Finie la tranquillité !
Satan aussi voudrait bien que tu écoutes ses "conseillers". Qui sont-ils ? Peut-être les stars du cinéma, de la musique ou du sport ; ou encore des films, des romans, la publicité, les catalogues, les magasines, ou… les copains ! Ne les laissons pas nous influencer et modeler notre pensée !

Ma prière : Dieu et Père, aide-moi à résister à l'influence du monde et à refuser les "conseillers" de l'ennemi.

16 février

Romains 12. 2

Ne vous laissez pas modeler par le monde actuel, mais laissez-vous transformer par le renouvellement de votre pensée, pour pouvoir discerner la volonté de Dieu : ce qui est bon, ce qui lui plaît, ce qui est parfait.

Les valeurs du monde sont complètement opposées à celles de Dieu. Prenons des exemples :

- *L'ambition : pour le monde, c'est très bien
pour Dieu, c'est souvent lié à la convoitise, donc c'est un péché*
- *L'humilité : pour le monde, c'est de la faiblesse
pour Dieu, c'est bien*
- *L'amour pour ses ennemis :
pour le monde, c'est une trahison
pour Dieu, c'est ressembler à Jésus.*

Pour pouvoir discerner la volonté de Dieu, il faut avoir les mêmes valeurs que lui. C'est dans la Bible et les livres chrétiens que tu les apprendras, pas à la télé ni dans les livres du monde !

Ma prière : Dieu d'amour, remplis mon cœur du désir de faire ta volonté. Aide-moi à penser à Jésus pour suivre son modèle et donne-moi toujours plus d'intérêt pour ta Parole. S'il te plaît, donne-moi aussi des livres chrétiens intéressant pour m'aider à progresser

17 février

Romains 12. 3

Ne soyez pas prétentieux; n'allez pas au-delà de ce à quoi vous devez prétendre, mais tendez à une sage appréciation de vous-mêmes.

Prétentieux : Qui estime avoir une certaine supériorité, qui cherche à se mettre en valeur pour des qualités qu'il n'a pas.

Fred et Mathéo aiment la colonie et les jeux qu'ils y font. Ce matin, le mono a organisé un concours. Il les a tous amenés dans une ancienne carrière et leur a dit : "Vous voyez cette colline ? Vous avez 10 minutes pour y porter le plus de pierres possible." "Trop facile !" a crié Fred. Il a rempli son sac à ras bord et a marché le plus vite possible. Hélas, le sac était si lourd qu'après s'être arrêté plusieurs fois pour souffler, Fred a été obligé d'abandonner la moitié de ses pierres. Mathéo a préféré ne remplir son sac qu'à moitié et il a couru tout le long du chemin. Il a ainsi pu faire deux allers-retours alors que Fred avait à peine rempli son sac pour la deuxième fois quand le mono a sifflé la fin de l'épreuve.
Connaître ses défauts et ses faiblesses, mais aussi les qualités que Dieu nous a données, c'est le secret de la réussite ! Remercier Dieu pour nos qualités nous évitera d'en être fiers, et lui demander son aide pour corriger nos défauts nous permettra de faire des progrès.

Ma prière : Dieu et Père, travaille dans mon cœur pour me donner cette "sage appréciation" de moi-même.

18 février

Romains 12. 9

Que l'amour soit sans hypocrisie.

Hypocrisie : Attitude qui consiste à cacher son caractère ou ses pensées pour se faire bien voir.

"Le Seigneur nous demande d'aimer tous les hommes. Mais je n'y arrive pas... Je ne peux pas supporter Océane : c'est une chipie, une peste ! Elle cherche toujours à commander tout le monde. J'ai bien essayé d'être copine avec elle, mais c'est du mensonge, de l'hypocrisie ! Je ne peux quand même pas lui dire que c'est une chic fille alors que je pense tout le contraire, même si c'est pour me forcer à l'aimer !"

Aimer, cela ne veut pas dire "être d'accord avec quelqu'un". Le Seigneur Jésus nous aime tout le temps, même quand on pèche... Pourtant, il n'est pas d'accord ! Par contre, aimer, c'est VOULOIR le bien de l'autre. Aimer Océane, ce n'est pas se forcer à lui trouver bon caractère, mais c'est par exemple lui donner son mouchoir, même celui avec Diddl brodé dessus, pour passer un peu d'eau sur le genou qu'elle vient de s'écorcher en tombant...

Ma prière : Seigneur Jésus, toi qui es venu sur la terre pour révéler l'amour de Dieu, remplis mon cœur de cet amour pour en chasser l'hypocrisie et le mensonge. Apprends-moi à aimer et à savoir le montrer.

Romains 12. 9

19 février

Ayez donc le mal en horreur, attachez-vous de toutes vos forces au bien

Sabine est très perplexe. Elle a une copine qui est un peu bizarre : parfois, elles discutent avec les filles de la classe et voilà que, tout à coup, hop ! Marielle s'en va. Parfois, elle revient, mais pas toujours. L'autre jour, quand la bande de filles a voulu aller regarder dans le cartable de la maîtresse pendant la récré, plus de Marielle ! Disparue ! C'est quand même trop fort, ça ! On ne peut pas compter sur elle… sauf quand il s'agit de ranger la classe ou de rendre n'importe quel service !
Sabine a voulu savoir. Elle s'est plantée devant Marielle et lui a demandé : "Pourquoi t'es comme ça ? Pourquoi t'es jamais là quand on discute sur les autres ou quand on veut leur faire des blagues ? Pourquoi c'est toujours toi qui aides les autres, hein ? Pourquoi ?"

À ton avis, pourquoi Marielle agit-elle ainsi ? Relis le verset !

Ma prière : Mon Dieu, aide-moi à avoir en horreur le mal et à le fuir. Mais aide-moi à rechercher toutes les occasions de faire du bien, pour te faire plaisir et montrer que je suis ton enfant.

20 février

Romains 12. 14

Demandez à Dieu de faire du bien à ceux qui vous persécutent : oui, demandez du bien pour eux, ne demandez pas du mal !

Il y a environ 1700 ans, en Géorgie, des montagnards du Caucase rentraient d'une victoire en ramenant une fillette parmi les prisonniers. Elle fut vendue comme esclave. Loin de son pays et de sa famille, Nounia se consolait en parlant à Jésus, son Sauveur, que les montagnards ne connaissaient pas. Un jour, on porta de maison en maison un enfant malade pour demander conseil à chacun. Nounia proposa de prier pour lui et Dieu guérit l'enfant. Cette histoire parvint jusqu'au palais du roi. Quand la reine fut malade, elle se fit porter chez Nounia. Celle-ci pria et Dieu répondit encore une fois : la reine guérit. Peu de temps après, le roi se perdit en forêt. Pensant alors au Dieu de Nounia, il se mit à genoux et pria. Bientôt, le brouillard se dissipait et le roi retrouvait le chemin du château.
À partir de ce jour, beaucoup de montagnards crurent à l'évangile. La simple prière de Nounia pour l'enfant de ceux qui lui avaient fait tant de mal permit la conversion de tout un peuple.

Ma prière : Seigneur Jésus, toi qui as prié pour tes bourreaux quand tu étais sur la croix, remplis-moi de ton amour pour que je puisse, moi aussi, prier pour ceux qui me font du tort.

21 février

Actes 9. 26, 27

Paul essaya de se joindre aux disciples. Mais tous avaient peur de lui, car ils ne croyaient pas qu'il fût vraiment devenu un disciple. Barnabas le conduisit auprès des apôtres et leur raconta comment Saul avait vu le Seigneur, comment le Seigneur lui avait parlé et avec quel courage il avait prêché au nom de Jésus.

T'as vu ça ! Il était courageux, ce Barnabas ! La Bible ne nous dit pas que Dieu lui est apparu, comme à Ananias, pour le rassurer et lui révéler ses projets au sujet de Paul. Mais Barnabas fait confiance. Il aime les autres et VEUT croire en leur bonne foi.
J'aimerais bien être comme lui... et toi ? Imagine que le pire voyou de ton école s'intéresse à Jésus, à son amour, à la Bible : aurais-tu le courage de l'amener à l'école du dimanche ou au club d'enfant de ton église ? Aurais-tu le courage de le lui proposer ?
Aujourd'hui, Jésus est dans le ciel. S'il veut tendre la main à un pécheur, il faut qu'un croyant le fasse pour lui, lui prête sa main...

Ma prière : Seigneur Jésus, aide-moi à te prêter ma main, mon bras, mon corps tout entier. Oui, je veux te donner ma vie. Utilise-la pour le bien de tous.

Actes 9. 32-35

22 février

Pierre trouva un homme du nom d'Enée qui n'avait pas quitté son lit depuis huit ans parce qu'il était paralysé. "Enée, lui dit Pierre, Jésus-Christ te guérit, lève-toi et fais ton lit!" Il se leva aussitôt. Tous ceux du village le virent et se convertirent au Seigneur.

Peux-tu imaginer ce que cela représente de passer 8 ans couché sur son lit, sans pouvoir se lever? Le corps doit être sans force, sans muscle, tout mou…
Quand on n'a plus de force en soi, où peut-on en trouver? En Jésus, bien sûr! Jésus aime, il pardonne, il guérit. Pierre devait être heureux de voir ce pauvre homme se lever! Avec Jésus, pas besoin de rééducation. Il suffit de croire: croire qu'il est aussi puissant maintenant que lorsqu'il était sur la terre. Pierre le croit si fort qu'il prononce les mêmes paroles que son maître guérissant des paralysés: "Lève-toi et fais ton lit." Si Pierre avait bafouillé, crois-tu qu'Enée se serait levé? Je ne pense pas… Si nous voulons que ceux qui nous entourent croient en l'amour et en la puissance de Jésus, nous devons nous-même y croire de tout notre cœur pour pouvoir en parler.

Ma prière: Seigneur Jésus, aide-moi à croire de tout mon cœur, de toute ma force et de toute ma pensée que tu es le même, tout puissant et plein d'amour.

Actes 9. 36-42

23 février

A Jaffa vivait Tabitha, une disciple du Seigneur. Elle faisait beaucoup de bien et venait en aide aux pauvres. Elle tomba malade et mourut. Les disciples envoyèrent deux hommes pour inviter Pierre. À son arrivée, Pierre se mit à genoux et pria. Puis, se tournant vers le corps, il dit: "Tabitha, lève-toi!" Elle ouvrit les yeux, aperçut Pierre et s'assit. La nouvelle eut vite fait le tour de la ville et beaucoup crurent au Seigneur.

Cette femme aimait le Seigneur et faisait beaucoup de bien. Et pourtant, le Seigneur permet qu'elle meure.
Il arrive que nous ayons des difficultés alors que nous nous tenons tout près de Jésus et que nous nous efforçons de lui plaire. Alors on a envie de dire "Pourquoi?". Le diable veut même nous faire croire que c'est une punition… Mais il ne faut pas douter de l'amour de notre Seigneur: il faut lui faire confiance. Une fois l'épreuve terminée, nous en comprendrons sûrement le "pourquoi". En faisant des bonnes œuvres, Tabitha a peut-être amené quelques personnes à croire en Jésus, mais c'est surtout en la ressuscitant que le Seigneur s'est servi d'elle!

Ma prière: Seigneur Jésus, aide-moi à me confier toujours plus dans ta puissance et ton amour. Donne-moi la patience d'attendre pour comprendre tes projets.

Actes 9. 26, 27

24 février

A Césarée vivait un officier romain nommé Corneille. Il était pieux et adorait Dieu. Il était généreux envers les pauvres et priait Dieu en tout temps. Un jour, il eut une vision : un ange lui dit : "Corneille ! Tes prières et tes largesses envers les pauvres ont été accueillies par Dieu et il est intervenu en ta faveur."

Qui avait dit à Corneille que les dieux romains n'étaient que des idoles ? La Bible ne le dit pas.
Qui avait dit à Corneille que l'on peut prier le Dieu vivant et qu'il prend plaisir au bien que l'on fait aux autres ? La Bible ne le dit pas. Sûrement un juif... Un chrétien lui aurait parlé de Jésus !
C'est merveilleux de voir Dieu prendre soin de cet homme. Corneille est sincère, il cherche ; alors Dieu se révèle à lui. C'est un Dieu qui écoute, qui s'intéresse, qui aime.
Tu penses peut-être quelquefois à tous ces hommes sur la terre qui n'ont pas encore entendu le message du salut... Ne te fais pas de souci : Dieu y pense aussi. Il a donné son Fils pour eux et ne va pas les abandonner, surtout s'ils le recherchent !

Ma prière : Père céleste, merci parce que tu aimes. Merci parce que tu veux sauver tous les hommes.

Actes 10. 24-26

25 février

Le jour suivant, Pierre arriva à Césarée. Corneille l'attendait ; il avait invité sa parenté et ses amis intimes. Corneille s'avança vers lui, se jeta à ses pieds et se prosterna devant lui. Mais Pierre le releva. "Non, lui dit-il, lève-toi ! Je ne suis qu'un simple homme, moi aussi."

Le grand apôtre Pierre avait vécu 3 ans 1/2 avec Jésus, avait guéri beaucoup de malades, avait ressuscité Tabitha et avait amené des milliers de gens à croire en Jésus grâce à ses prédications. Il arrive chez un romain, un incroyant qui se prosterne devant lui. Pierre pourrait trouver cela normal et en profiter pour se faire honorer et respecter… Mais Pierre a déjà appris cette leçon difficile : il n'est pas supérieur aux autres, même aux romains.
Aïe ! Et moi ? Est-ce que je ne serais pas parfois tenté de mépriser un peu ceux qui ne croient pas en Dieu, ceux qui vivent dans le péché… ?

Ma prière : Dieu et Père, aide-moi à ne pas être fier et orgueilleux de te connaître et de croire en toi. Aide-moi à me souvenir que je suis comme les autres, un "simple homme" et que ce n'est que dans ton cœur que je suis grand.

Actes 10. 34, 35

26 février

Pierre prit la parole et dit : “Maintenant je me rends compte que Dieu ne fait pas de différence entre les hommes. Au contraire, dans toute nation, tout homme qui le révère et qui fait ce qui est juste lui est agréable.”

Oui, Dieu aime tous les hommes. C'est lui qui les a tous créés, c'est lui qui les aime tous.
Et moi ? Est-ce que je fais une différence entre les hommes ? Oh, je ne suis peut-être pas raciste, mais est-ce que ne méprise pas un peu ceux qui sont différents, ceux qui ne parlent pas la même langue ou qui n'ont pas la même couleur de peau ?
Attention, le mépris sait se faufiler dans nos cœurs par de toutes petites fentes… Il aime beaucoup se servir des blagues, par exemple : on les écoute, on en rigole, on les répète… et le poison fait son travail !

Ma prière : Seigneur Jésus, aide-moi à être fort pour te faire plaisir et aimer vraiment tous les hommes. aide-moi à me détourner lorsqu'on raconte des blagues méchantes ou racistes autour de moi.

Actes 10. 44-48

27 février

Alors que Pierre prononçait ces mots, l'Esprit Saint descendit soudain sur tous ceux qui écoutaient la Parole. En effet, les disciples les entendaient parler en différentes langues et célébrer la grandeur de Dieu. Alors Pierre demanda : "Peut-on refuser de baptiser dans l'eau ceux qui ont reçu l'Esprit Saint aussi bien que nous ?" Et il donna ordre de les baptiser au nom de Jésus-Christ.

Pierre a déjà appris qu'il ne doit pas mépriser ceux qui sont différents de lui. Mais voici l'occasion de mettre cette leçon en pratique ! Pierre va-t-il accepter de baptiser ces romains et de les considérer ainsi comme des chrétiens ? Le Dieu tout puissant les a déjà reconnus comme ses enfants puisqu'Il leur a donné son Saint-Esprit… Alors Pierre ne peut pas faire autrement que de les accueillir, lui aussi, et il réussit son épreuve ! C'est bien beau de croire que tout homme peut être sauvé, mais est-ce que j'accepte comme mes frères et sœurs tous ceux qui ont reçu Jésus dans leur cœur, autant que les amis du groupe biblique de mon église ?

Ma prière : Dieu et Père, aide-moi à aimer tous ceux qui t'aiment, même ceux que je ne connais pas très bien. Aide-moi à leur montrer cet amour.

Psaume 63. 7

28 février

Oui, tu es mon appui, je suis dans l'allégresse à l'ombre de tes ailes !

Sabine a invité Ingrid, sa meilleure amie, à passer quelques jours à la campagne dans la vieille ferme de ses grands-parents. Le soir, les deux copines ont décidé d'aller planter leur petite tente à l'orée du bois. Elles ont discuté un bon moment, puis se sont souhaité une bonne nuit.
Mais Sabine n'arrive pas à trouver le sommeil. Elle a chaud... Non, elle a froid. Son matelas se dégonfle, mais 5 minutes après, elle le trouve trop dur ! Et puis voilà que ça la démange de partout... Il lui semble qu'elle va exploser, lorsqu'elle entend la voix calme d'Ingrid qui lui demande : -'Y a un truc qui ne va pas ?
- Quoi, tu ne dors pas ? répond Sabine, très étonnée. Mais comment fais-tu pour rester aussi cool ? Moi, quand je n'arrive pas à m'endormir, tout m'énerve !
- Oh, tu sais, lui confie son amie, j'ai un truc très efficace : je pense à Jésus. J'essaye de compter tout ce qu'il fait pour moi, comme dans le cantique. Au bout d'un moment, j'ai à peine la force de dire "Merci pour tout", hop, je dors."

Ma prière : Seigneur Jésus, aide-moi à penser à toi en tout temps, mais à profiter tout particulièrement des moments calmes.

1 mars

Psaume 65. 3

Toi qui écoutes notre prière, tous les humains viendront vers toi.

Denis est passionné par les voitures de sport. Lorsque son maître lui a demandé de faire un exposé, son sujet était tout trouvé ! Ce matin, il prend le bus pour aller visiter un garage spécialisé dans la préparation des voitures de courses. Arrivé à destination, le gardien lui annonce froidement qu'il ne peut pas rentrer sans rendez-vous… Mais il en faut plus pour décourager Denis ! Il rentre chez lui et téléphone pour obtenir ce fameux rendez-vous. La secrétaire lui répond qu'elle a besoin d'une demande écrite. Bon, d'accord ! Denis écrit sa lettre. Après avoir attendu la réponse plusieurs jours, Denis rappelle à nouveau. Cette fois, la secrétaire lui en passe une autre qui lui confirme que son courrier a bien été reçu. Seulement… Le directeur n'a pas le temps de recevoir les enfants qui veulent faire un exposé !
Dans notre société, c'est vraiment difficile de rencontrer quelqu'un d'important et de lui parler ! Mais toi, tu peux rencontrer Dieu quand tu veux. Il t'écoute toujours.

Ma prière : Dieu et Père, merci parce que toi, créateur du ciel et de la terre, tu m'écoutes. C'est vraiment merveilleux et cela me montre à quel point tu m'aimes.

Psaume 65. 4

2 mars

Le poids des fautes pèse sur moi : il est trop lourd, mais tu pardonnes tous nos péchés.

Gaspard vivait à Paris à l'époque où l'école n'existait pas encore. Mais son oncle avait remarqué la vive intelligence du garçon et l'avait mis en pension chez un maître afin qu'il reçoive de l'instruction. Puis il lui avait trouvé une place de comptable chez un riche marchand de drap. Mais celui-ci ne voulait pas engager n'importe qui ! Il voulait un comptable irréprochable, en qui il pouvait avoir toute confiance. Il ne prendrait Gaspard à son service que si le jeune homme n'avait aucune dette. Quand l'oncle de Gaspard expose ces conditions à son neveu, le garçon baisse la tête : il a emprunté de l'argent à la plupart de ses amis. Il avoue ses plus grosses dettes et son oncle se dépêche de les rembourser. Mais Gaspard n'a pas osé tout révéler : il compte sur son salaire pour rembourser le reste. Hélas, le marchand est plus malin que prévu : il se renseigne, apprend que Gaspard a encore des dettes et refuse de l'embaucher, furieux qu'il ait voulu le tromper.
Oui, Dieu veut pardonner TOUS tes péchés. Mais il faut reconnaître qu'ils sont TOUS trop lourds pour toi.

Ma prière : Père céleste, Dieu de pardon, aide-moi à reconnaître TOUT le mal que je fais afin de pouvoir recevoir TOUT ton pardon.

Psaume 65. 5

3 mars

Heureux celui que tu choisis pour l'inviter auprès de toi à demeurer dans tes parvis ! Nous y goûtons tous les bienfaits de ta maison, la sainteté de ton palais.

La vieille voiture des Martin a eu la bonne idée de tomber en panne en pleine campagne. Monsieur Martin se gratte la tête : où trouver un téléphone pour appeler une dépanneuse ? Mais voilà une grosse limousine qui s'arrête : le chauffeur lui propose son aide. Alors qu'ils se penchent tous deux sur le vieux moteur, un monsieur très distingué descend à son tour de la limousine. Il voit le petit Alban qui profite de la panne pour classer les timbres de sa collection. "Si les timbres t'intéressent, je t'invite à venir voir les miens, pendant les vacances" dit le grand monsieur en lui tendant sa carte de visite. À ce moment, le moteur repart et Monsieur Martin se précipite dans la voiture pour essayer de rattraper le temps perdu. Mais depuis cet incident, Alban a la tête ailleurs. Il ne pense plus qu'à cette invitation. Ce monsieur habite certainement dans un château et doit avoir une des plus belles collections d'Europe ! Toi aussi, tu es invité. Non pas dans un château pour regarder une collection de timbres, mais dans le ciel, pour passer l'éternité auprès de Dieu.

Ma prière : Seigneur Jésus, merci pour cette invitation merveilleuse. aide-moi à attendre ton retour, à être bien prêt et à m'en réjouir chaque jour.

Psaume 66. 16, 19, 20

4 mars

Venez, je vous raconterai ce que Dieu a fait pour moi : Il m'a entendu et il a été attentif à mes supplications. Loué soit Dieu, car il n'a pas repoussé ma prière, il me conserve son amour.

Ce matin, quand Bernadette a voulu traire sa vieille chèvre, elle l'a trouvée morte dans l'étable. La pauvre femme s'est sentie bien découragée. C'était tout ce qui lui restait depuis la mort de son mari. Que faire, à présent ? Bernadette s'habille le mieux possible et, toute tremblante, prend le chemin du château. Le seigneur Visajamet n'est pas un homme dur, mais il impose le respect, et le château est si impressionnant que personne, au village, n'ose s'y aventurer. Mais Bernadette ne voit plus d'autre solution.

Regardez : la voilà qui revient ! Comme elle a changé ! On dirait une autre femme. Elle court sur le sentier, elle a le visage rayonnant. Elle crie pour rassembler les villageois et elle leur raconte en détail son entrevue avec le seigneur Visajamet. Il l'a reçue très gentiment et lui a accordé toute l'aide dont elle avait besoin, sans rien exiger en retour. Depuis, bien des villageois ont pris le chemin qui mène au château. Ils y ont été écoutés avec attention et tous ceux qui demandaient quelque chose de bon et de juste l'ont reçu.

Ma prière : Père céleste, merci parce que tu écoutes les prières et que tu y réponds.

5 mars

Psaume 67. 2, 3

Que Dieu nous fasse grâce ! Qu'il nous bénisse ! Qu'il nous regarde avec bonté, afin que sur la terre on reconnaisse comment tu interviens, et que dans toutes les nations on voie comment tu sauves !

Henri est un jeune médecin missionnaire. Avec son équipe, il a installé un petit hôpital de campagne dans la brousse africaine. Il a choisi un endroit entouré de nombreux petits villages, pour faire profiter de ses soins le maximum de gens. Mais curieusement, personne ne vient se faire soigner…

Un jour, Henri rencontre un homme qui vient d'avoir un grave accident de chasse. Avec beaucoup de douceur, il désinfecte la plaie puis la bande soigneusement. De retour chez lui, l'homme raconte son histoire à tout le monde en montrant fièrement son bandage. Très vite, la nouvelle se répand dans la contrée : l'homme blanc est un bon médecin, on peut lui faire confiance.

Comment ceux qui ne croient pas en Jésus, autour de nous, peuvent-ils voir son amour et sa puissance ? C'est en voyant ce qu'il fait dans nos vies !

Ma prière : Seigneur Jésus, travaille dans mon cœur et que cela se voie dans ma manière de vivre pour être un témoignage de ta puissance et de ton amour.

6 mars

Psaume 68. 2, 6, 7, 20

Que Dieu se lève ! Et voici : ses adversaires sont dispersés !
Il est le père des orphelins et le défenseur des veuves. Aux isolés, Dieu accorde une famille.
Que le Seigneur soit loué jour après jour, c'est lui qui nous prend en charge.

Diane vivait sous le règne du terrible empereur Néron. Son papa était un riche marchand d'étoffe, mais il fut dénoncé et enfermé parce qu'il était chrétien. Tous ses biens furent pillés et sa fille vendue comme esclave.
Le jour où elle devait être vendue au marché, elle aperçut parmi les acheteurs un ami de son père, marchand d'étoffe comme lui. Elle cria pour attirer son attention. L'homme la reconnaît et se précipite vers elle. En deux mots, elle lui apprend les terribles nouvelles. Il la prend alors dans ses bras et lui dit : "Ne crains rien. À partir de maintenant, je te prends en charge. Je vais te racheter, t'éloigner des ennemis qui ont dénoncé ton père et t'adopter comme ma propre fille. Parce que tu as crié à moi et que tu m'as fait confiance, je te donne une nouvelle famille : ma famille."

Ma prière : Dieu et Père, merci parce que tu m'as sauvé et que tu veux me prendre en charge. Aide-moi à en être reconnaissant jour après jour.

Matthieu 19. 3-6

7 mars

Des pharisiens s'approchèrent de lui pour lui tendre un piège. Ils lui demandèrent :
- Un homme a-t-il le droit de divorcer d'avec sa femme pour une raison quelconque ?
- N'avez-vous pas lu dans les Écritures que le Créateur a créé l'être humain homme et femme et qu'il a déclaré : 'L'homme s'attachera à sa femme, et les deux ne feront plus qu'un' ? Que l'homme ne sépare donc pas ce que Dieu a uni.

Tu as peut-être beaucoup de camarades dont les parents ont divorcé. Écoute bien la pensée de Jésus : D'abord, il cite la Bible et donne la pensée de Dieu. Le Créateur veut unir l'homme et la femme d'un amour si fort qu'ils ne font plus qu'un. Ensuite, il nous encourage à ne pas détruire l'œuvre de Dieu : cet amour qu'il veut mettre dans les cœurs.
Dans cette réponse de Jésus, as-tu trouvé :
- *une loi qui faciliterait le divorce ?*
- *une condamnation contre ceux qui divorcent ?*

Non… Notre Seigneur n'est pas tombé dans le piège.

Ma prière : Dieu et Père, merci pour le merveilleux cadeau que tu nous as fait en créant le mariage. Aide-moi à respecter ce cadeau mais à ne pas juger les autres.

8 mars

Matthieu 19. 7-8

Mais les pharisiens objectèrent :
- Pourquoi alors Moïse a-t-il commandé à l'homme de remettre à sa femme un certificat de divorce quand il divorce d'avec elle ?
- C'est à cause de la dureté de votre cœur que Moïse vous a permis de divorcer. Mais, au commencement, il n'en était pas ainsi.

Ce matin, le directeur a tenu un petit discours dans toutes les classes : "Plusieurs d'entre vous ont pris l'habitude d'arriver en retard. C'est inadmissible ! Tout retard doit être expliqué par une lettre signée des parents." As-tu l'impression que le directeur a approuvé les retards en disant cela ? Non, bien sûr ! Il a seulement constaté les retards et le trouble qu'ils occasionnent. Il exige un mot signé pour faire réfléchir les retardataires. En commandant à l'homme de donner une lettre de divorce à sa femme, Moïse n'approuvait pas non plus le divorce. Mais il devait bien constater les faits : les hommes sont pécheurs et refusent de pardonner. Alors, pour éviter que les femmes soient rejetées pour un rien, il a donné cette loi qui devait obliger ceux qui voulaient divorcer à prendre le temps de réfléchir.

Ma prière : Dieu et Père, merci parce que tu veux remplir nos cœurs d'amour. Je t'en supplie, fortifie toujours plus l'amour que mes parents ont l'un pour l'autre.

Matthieu 19. 9-10

9 mars

"Celui qui divorce et se remarie, commet un adultère, sauf en cas d'immoralité sexuelle." Les disciples répondirent à Jésus : "Si telle est la situation de l'homme par rapport à la femme, il n'est pas intéressant de se marier."

Dieu est amour. Chaque homme, chaque femme a de l'importance pour lui. Il a donné le mariage pour le bonheur de tous les humains. Mais le mariage tel que Dieu le voit va avec la fidélité ! Pourquoi ? Pourquoi Dieu ne veut-il pas que l'on change quand on en a envie, comme certains animaux et comme beaucoup de gens aujourd'hui ?
Imagine. À la rentrée de septembre, ta nouvelle maîtresse annonce : "Cette année, vous allez souvent travailler par deux. Vous pouvez choisir votre associé, mais attention ! je veux que vous gardiez le même toute l'année." Et là, ton meilleur copain ou ta copine préférée se tourne vers toi et dit : "Ah non ! Si c'est pour toute l'année, pas question de me mettre avec toi !"
Ne te sentirais-tu pas triste et méprisé ? Quand il s'agit d'un travail scolaire, ce n'est rien... Mais quand il s'agit du mariage, c'est bien autre chose !

Ma prière : Dieu et Père, merci pour ton amour pour moi. Aide-moi à comprendre que tu veux le bonheur de tes enfants. Aide-moi à t'obéir pour trouver ce bonheur.

Matthieu 19. 13-14

10 mars

Des gens amenèrent des petits enfants pour que Jésus leur impose les mains et prie pour eux. Les disciples leur firent des reproches. Mais Jésus leur dit : "Laissez donc ces petits enfants, ne les empêchez pas de venir à moi, car le royaume des cieux appartient à ceux qui leur ressemblent."

Fleur est l'aînée de quatre enfants. Elle est gentille et aide bien sa maman. Elle écoute avec attention la lecture de la Bible que son père lui fait le soir. Elle y prend tellement de plaisir qu'il a décidé de faire participer les petits. Mais Fleur n'est pas contente. La Bible, c'est bien pour elle, parce qu'elle est grande… mais pas pour les petits ! De toute façon, ils n'y comprennent rien !
Romaric aussi a un petit frère. Il en a parfois assez de jouer à des jeux de bébé pour l'occuper… Par contre, quel plaisir de se serrer contre lui pour écouter la lecture du soir et faire suivre son petit doigt le long des versets ! Et quand papa rentre trop tard, c'est Romaric qui raconte Zachée ou le Bon Samaritain…
Même si tu es le seul ou le dernier enfant de ta famille, tu peux guider les autres vers Jésus. Ne les retiens pas !

Ma prière : Seigneur Jésus, aide-moi à savoir amener les autres près de toi par mes paroles, mes actes ou en prière.

Matthieu 19. 16-17

Un jeune homme dit à Jésus : "Maître, que dois-je faire de bon pour avoir la vie éternelle ? - Pourquoi m'interroges-tu sur ce qui est bon ? Un seul est bon. Si tu veux entrer dans la vie, applique les commandements."

Tous les jours, en allant à l'école, Pierre passe devant le parc nautique. C'est un ensemble immense de piscines, toboggans, jets d'eau, bains bouillonnants… Les tarifs sont affichés sur l'immense porte. Pierre rêve de pouvoir y entrer… Hélas, il est bien trop pauvre ! Un jour, voyant le directeur devant la porte, Pierre demande : "Monsieur, quel est le prix pour rentrer ?" Le directeur le regarde étonné et lui dit : "Tu ne sais pas lire ? Regarde, c'est écrit en gros, ici !" Pierre a posé la mauvaise question. S'il avait demandé au directeur la faveur d'entrer gratuitement juste une fois, peut-être que…
Comme le petit Pierre, le jeune homme de notre verset espérait peut-être qu'il y aurait une règle spéciale pour celui qui demande ce qu'il doit faire ou combien il doit payer… Non, si on veut faire quelque chose pour son salut, il n'y a qu'à appliquer la loi ! Si on veut payer son entrée, il n'y a qu'à payer le prix !

Ma prière : Seigneur Jésus, aide-moi à ne jamais croire que c'est ce que je peux faire ou donner qui va m'ouvrir ton ciel.

12 mars

Matthieu 19. 17-22

JÉSUS - *Si tu veux entrer dans la vie, applique les commandements.*
LE JEUNE HOMME - *Lesquels ?*
JÉSUS - *Tu ne commettras pas de meurtre [...] honore ton père et ta mère, et tu aimeras ton prochain comme toi-même.*
LE JEUNE HOMME - *Tout cela, je l'ai appliqué.*
JÉSUS - *Si tu veux être parfait, va, vends tes biens, distribue l'argent aux pauvres et tu auras un trésor dans le ciel. Puis viens et suis-moi. Quand il entendit cela, le jeune homme s'en alla tout triste : car il était très riche.*

Voilà un jeune homme bien bizarre... Il veut savoir à quel commandement de la loi de Dieu il doit obéir ! On aurait envie de répondre : "TOUS !" Mais Jésus lui cite les derniers des dix commandements, ceux qui parlent de notre relation avec les autres, ceux dont on peut voir les résultats. Et lui, l'orgueilleux, il croit avoir tout bien fait ! Mais Jésus lui fait prendre conscience de son hypocrisie : s'il aimait vraiment les autres comme lui-même, il vendrait ses biens avec plaisir pour partager avec les pauvres !

Ma prière : Seigneur Jésus, travaille au fond de mon cœur pour me faire comprendre que je ne peux rien faire de bon sans toi.

Matthieu 19. 23, 25, 26

13 mars

Jésus dit : “Vraiment, je vous l’assure : il est difficile à un riche d’entrer dans le royaume des cieux.” En entendant cela, les disciples furent très étonnés et demandèrent : “Mais alors, qui donc peut être sauvé ?” Jésus les regarda et leur dit : “Cela est impossible aux hommes ; mais à Dieu, tout est possible.”

Le raisonnement des disciples est simple : si un homme aime Dieu et s’il est fidèle, Dieu est content de lui. Il lui fait du bien et lui donne tout ce qu’il désire sur cette terre, donc la richesse. Pour les disciples et tous les juifs, la richesse est donc le signe de l’appréciation de Dieu. Les riches seraient donc les premiers au ciel…
Mais pour Jésus, tout est différent. Si un homme aime Dieu, il voudra lui ressembler et donc, aimer les autres… Alors si Dieu donne beaucoup d’argent à l’un de ses enfants, celui-ci ne gardera pas sa richesse pour lui-même bien longtemps ! Il partagera ses biens sans regret, parce qu’il sait qu’il a un trésor au ciel.

Mais souviens-toi : ce n’est pas d’avoir de l’argent, ni de le donner qui nous ouvre le ciel.

Ma prière : Seigneur Jésus, je reconnais que je ne peux rien donner pour mériter la vie éternelle. Mais aide-moi à te ressembler et à être généreux comme toi.

Proverbes 20. 6

14 mars

Beaucoup de gens font état de leur bonté, mais où trouver un homme sincère ?

Quelqu'un de sincère, c'est quelqu'un qui dit ce qu'il pense. C'est le contraire de l'hypocrisie.
Quelle doit être la priorité d'un enfant de Dieu ? Dire toujours des choses qui font plaisir, ou dire la vérité ?
Bien sûr, un enfant de Dieu ne doit dire que la vérité ! Même si c'est pour faire plaisir, il ne doit pas mentir.

Mais si la vérité n'est pas agréable à entendre, devons-nous la dire ?
Jean Baptiste traitait de "vipères" ceux qui venaient le voir… Et le Seigneur Jésus n'avait pas peur de dire aux pharisiens qu'ils étaient des hypocrites, des serpents ou des tombeaux ! Mais ce n'était pas pour se venger ou pour le plaisir de leur faire du mal, c'était pour les avertir de l'extrême gravité de leur péché.

Nous devons avant tout nous laisser guider par l'amour et la bonté :
- *Dire la vérité quand cela peut avertir ou encourager*
- *Se taire quand cela n'apporte rien de bon.*

Ma prière : Seigneur Jésus, aide-moi à être toujours sincère. Aide-moi à te ressembler pour avoir la force et le courage de tout faire avec amour et vérité.

15 mars

Proverbes 20. 11, 12

Le jeune enfant manifeste qui il est par ses actes, on voit si sa conduite sera pure et droite. L'Éternel nous a donné des oreilles pour entendre et aussi des yeux pour voir.

Il y a eu une révolution dans leur pays, alors ils sont venus se réfugier en France. Ce sont des familles entières qui se retrouvent dans la pauvreté, n'ayant rien pu emmener de leurs richesses à cause de leur fuite précipitée. Les enfants ont été accueillis à l'école et racontent leur vie d'avant aux petits français médusés : ils se disent fils de princes, de ministres ou de riches marchands.
Un jour, Youri se met à raconter que son père était un grand général de l'armée, lorsque le maître l'interrompt : "Mensonge ! Si ton père avait été un général, il t'aurait appris les bonnes manières et la discipline qui te fait tant défaut ! Les enfants élevés dans des familles de généraux ne se tiennent pas à table comme des sauvages !" Puis il se tourne lentement vers Dimitri et murmure : "Il y en a peut-être qui sont fils de princes, ici... Mais ils se gardent bien de le dire !"
À ton avis, comment le maître de Youri et de Dimitri peut-il être aussi sûr de ce qu'il dit ?

Ma prière : Dieu et Père, toi qui m'as racheté par le sang précieux de ton fils, donne-moi un cœur pur et droit afin que je puisse rendre un bon témoignage.

16 mars

Proverbes 20. 15

Il existe quantité de perles et de bijoux en or, mais les joyaux les plus précieux sont des lèvres qui dispensent la connaissance.

Anne-Béatrice de Fortunat de Pleinlesieux était un peu inquiète en passant le portail de sa nouvelle école. Mais ses craintes ont été de courte durée. Très vite, Marianne et Claire se sont occupées d'elle et l'ont aidé à s'habituer à ce nouvel environnement. Pour les remercier, Madame de Fortunat de Pleinlesieux a invité les deux amies pour le dîner. Claire s'est habillée somptueusement et porte fièrement le collier en perles de sa mère. Elle se doit de faire honneur à son père, le bijoutier ! Au cours du repas, Anne-Béatrice raconte leurs dernières vacances sur l'île de Malte. Marianne, qui aime son Sauveur et connaît bien sa Bible, fait discrètement remarquer que c'est une île où le bateau de l'apôtre Paul s'est échoué jadis. Monsieur de Fortunat de Pleinlesieux a vaguement entendu parler de cette histoire. Il est très intrigué par le savoir de sa petite invitée. Amusé, il lui pose des questions, oubliant sa fierté devant cette enfant timide. Et ce soir-là, finalement, toute la conversation tourne autour du livre des Actes ! Claire a été bien déçue. Personne n'a remarqué son collier et elle n'a pas pu parler du métier de son père…

Ma prière : Dieu et Père, que ta Parole soit pour moi le plus grand des trésors. Aide-moi à le partager.

17 mars

Proverbes 20. 17

Au premier abord, le pain mal acquis est savoureux, mais, par la suite, ta bouche se trouvera pleine de cailloux.

Benoît transpire désespérément sur un contrôle de Maths, quand il se rend compte que la table de Laure est légèrement tournée… C'est la meilleure de la classe et il peut voir tout ce qu'elle écrit ! Ah, ce serait si simple de copier… et ce serait une bonne note assurée ! La moyenne qui remonte, les félicitations du maître, de ses parents, peut-être même un petit cadeau pour l'encourager…
Pour l'encourager à quoi ? À voler ses notes… Ah oui, vraiment, ce serait une note bien mal acquise ! Il sait bien que cela ne plairait pas à son Seigneur. Il lui faudrait reconnaître sa faute devant lui, devant ses parents… et devant le maître ! Non, non ! Il sent déjà le goût amer de la honte dans sa bouche. Ce serait un peu comme si on la lui remplissait de cailloux !
Benoît détourne les yeux. C'est décidé, il ne copiera pas.

Ma prière : Père céleste, aide-moi à toujours penser à toi pour pouvoir m'arrêter avant de faire le mal.

18 mars

Proverbes 20. 18

Lorsque tu fais des projets, prends conseil, et ne te lance pas dans une bataille sans une stratégie bien conçue.

Annie aime son Seigneur et désire parler de lui. Justement, l'autre jour, le maître a proposé de faire des exposés afin de mieux connaître les grandes religions du monde.
Annie a tout de suite pensé à présenter le christianisme, mais elle a décidé de prendre quand même le temps de réfléchir. Le soir, à genoux, elle demande à son Père céleste de la guider. Curieusement, elle sent que quelque chose ne "colle" pas entre l'idée de "religion chrétienne" et ce qu'elle vit chaque jour avec son Dieu. Le lendemain matin, elle se confie à son papa. Celui-ci lui demande : "Qu'est-ce que le maître attend de ces exposés ? A-t-il donné des consignes précises ? Renseigne-toi bien."
Dès son arrivée à l'école, Annie va parler au maître qui lui dit : "Vous devez définir les origines de la religion choisie, son évolution et l'adaptation de ce mode de pensée à la société." Annie a compris qu'elle aurait beaucoup de peine à témoigner de sa simple foi en Jésus avec un sujet pareil. Mais plus tard, avec l'aide de son oncle aumônier, elle a fait un exposé sur les prisons, en insistant sur le changement que la foi en Jésus-Christ peut faire dans une vie.

Ma prière : Seigneur Jésus, aide-moi à ne pas foncer tête baissée. Aide-moi à prendre le temps de te prier, même si mes projets paraissent bons.

Proverbes 20. 24

19 mars

C'est l'Éternel qui trace la voie d'un homme ; comment un humain pourrait-il comprendre par quel chemin il passe ?

En 1960, les chrétiens sont rares en Bulgarie, et doivent se cacher. Frère André a reçu l'adresse de l'un d'eux et décide de lui rendre visite, avec une voiture pleine de Bibles. Mais la police surveille tout ! Impossible de demander une adresse sans éveiller des soupçons, surtout quand on est étranger… Frère André cherche dans les librairies une carte de cette ville inconnue, mais en vain. Il s'installe alors dans un hôtel et demande un plan à l'accueil. L'hôtelier en a bien un, mais il s'agit d'un vieux dessin grossier où seuls sont notés les grands boulevards de la ville. Déçu, Frère André va se détourner, quand il est attiré par un mot, écrit en tout petit. Il s'agit du nom d'une petite rue, la seule qui soit mentionnée sur ce plan… et c'est celle qu'il cherche ! Frère André se rend compte alors que son voyage a été prévu des années à l'avance, quand le Dieu souverain a ordonné au dessinateur de mentionner cette petite rue. Et Dieu a pris soin également de placer ce plan dans cet hôtel et d'y installer son serviteur…

Ma prière : Dieu et Père, que c'est merveilleux de savoir que tu traces pour moi un chemin plein d'amour… Aide-moi à y marcher docilement, même si je ne comprends pas tout, tout de suite

20

mars

Proverbes 20. 27

L'esprit de l'homme est une lampe que l'Éternel a donnée et qui sonde les profondeurs de l'être.

Tu es composé de trois parties. L'une est facile à définir : c'est le corps. Pour les deux autres, l'âme et l'esprit, c'est déjà plus difficile. L'âme, c'est ce qui te permet de penser, d'avoir des sentiments. L'esprit, c'est la partie qui te permet d'avoir une relation avec Dieu.

Certains animaux réfléchissent, ont des sentiments, mais aucun ne se pose la question sur ce qu'il y a après la mort ou sur ce qu'il y avait avant la création du monde : ils n'ont pas d'esprit.

Cet esprit, c'est Dieu qui te l'a donné. Sans lui, on ne comprendrait rien à la Bible, on la lirait comme on lit un roman. Mais l'Esprit de Dieu guide ton esprit pour que les versets que tu lis te parlent de la part de Dieu, au moment où tu en as besoin.

Ma prière : Mon Dieu et mon Père, merci parce que tu as voulu que les hommes puissent prendre conscience que tu existes. Merci parce que notre vie n'est pas celle d'une bête et parce qu'elle ne s'arrête pas à la mort du corps. Merci aussi parce que tu t'es révélé à moi comme un Père, grâce au sacrifice de Jésus. Permets que beaucoup de gens acceptent aussi cela.

Romains 12. 16

21 mars

Ayez les uns pour les autres une égale considération sans viser à ce qui est trop haut : laissez-vous attirer par ce qui est humble. Ne vous prenez pas pour des sages.

Hugues et Jean étaient copains depuis la maternelle. Mais depuis qu'ils sont au collège, tout a changé. Hugues a été inscrit dans un autre quartier parce que le taux de réussite y est très élevé. De plus, il prend des cours particuliers chez un conseiller qui l'aide à être plus efficace. Pour cela, il a commencé par trier ses copains : "Reste toujours avec les meilleurs ! Tous tes copains doivent avoir au moins 15 de moyenne."
De temps en temps, Hugues pense encore à Jean. Il est excellent élève, lui aussi, mais il est resté dans son quartier, avec les autres. Tant pis si ce ne sont pas tous des génies ! Jean les aime bien. Ils n'ont pas la grosse tête, il n'y a pas de compétition entre eux, ils s'entendent bien, ils se respectent. C'est ce qui compte.
Pour le monde, Jean est un faible, Hugues est un "battant". C'est bien de vouloir réussir ; mais doit-on sacrifier cette qualité chrétienne essentielle : l'humilité ?

Ma prière : Seigneur Jésus, toi qui as marché humblement sur cette terre, sans jamais mépriser les autres, aide-moi à te ressembler.

Romains 12. 17

22 janvier

Ne répondez jamais au mal par le mal. Cherchez au contraire à faire ce qui est bien devant tous les hommes.

Yanis est rentré de l'école furieux et plein d'amertume. Pour le provoquer, Loïc a cassé sa règle sous son nez ! Pour obéir à la Bible, Yanis a résisté à rendre le mal pour le mal. Quelle a été sa récompense ? Tous ses camarades se sont moqués de lui ! C'est vraiment dur de faire le bien quand plus personne ne le comprend… Heureusement que l'on peut tout dire au Seigneur !
Mais Il permet parfois des choses étranges…
Le lendemain, le maître fait apprendre une poésie à ses élèves. C'est l'histoire d'un guerrier qui traverse un champ de bataille avec l'un de ses soldats. Soudain, il entend les gémissements d'un mourant réclamant à boire. Bien qu'il s'agisse d'un ennemi, le guerrier s'arrête et donne sa propre gourde à son soldat afin qu'il fasse boire le mourant. Mais celui-ci rassemble ses dernières forces pour tirer sur le guerrier. L'homme évite la balle et dit à son soldat : "Donne-lui tout de même à boire."
Le maître fait remarquer la force de caractère et la générosité de ce guerrier qui ne rend pas le mal pour le mal. Quel silence parmi les amis de Yanis… Ils comprennent que, la veille, leur copain s'est montré fort et courageux.

Ma prière : Seigneur Jésus, aide-moi à être plus fort que le mal. Permets aussi que les autres comprennent le bien que tu m'aides à faire.

Romains 12. 18

23 janvier

Autant que possible, et dans la mesure où cela dépend de vous, vivez en paix avec tous les hommes.

Que font deux hommes quand ils veulent faire la paix ? Ils se serrent la main, chacun tend la main vers l'autre. Mais la plupart du temps, il y en a un des deux qui tend la main en premier… C'est ce que nous demande le Seigneur dans ce verset.
Bien sûr, nous devons veiller avant tout "à vivre en paix avec tous les hommes" : un enfant de Dieu ne devrait jamais être à l'origine d'une dispute… Mais même si ce n'est pas nous qui avons commencé, nous devons rechercher la paix "autant que possible". Nous devons essayer de toujours garder la main tendue envers tous.

Ma prière : Seigneur Jésus, toi qui es venu apporter la paix de Dieu sur la terre, remplis mon cœur du désir de vivre en paix avec tous ceux qui m'entourent. Aide-moi à le réaliser aujourd'hui, demain, et chaque jour de ma vie.

24 janvier

Romains 12. 19

Ne vous vengez pas vous-mêmes, mais laissez agir la colère de Dieu, car il est écrit : C'est à moi qu'il appartient de faire justice ; c'est moi qui rendrai à chacun son dû.

Essayons d'imaginer une petite histoire : Tu as décidé d'offrir un beau dessin à ta maman pour son anniversaire. Par jalousie, ton frère ou ta sœur te fait croire qu'il y a une faute dans le texte que tu as écrit. Tu t'empresses de corriger et tu entends un grand éclat de rire derrière toi : en fait, il n'y avait pas de faute, mais maintenant, il y en a une, avec une belle rature en prime…
À partir de là, ton histoire a deux fins possibles :

Tu te lèves et tu mets une claque au mauvais plaisant. Il riposte, vous vous battez, Maman arrive et vous punit tous les deux, sans chercher à savoir qui a commencé.
Bilan : en te mettant en colère, tu as péché et tu as fait de la peine à ta maman. En plus, elle a vu le dessin !
Tout est gâché.

Tu fermes les yeux et tu respires un grand coup. Dans ta tête, tu cries : "Seigneur, aide-moi !" puis tu dis calmement : "S'il te plaît, laisse-moi. J'aimerais tant faire plaisir à maman…". Puis tu cherches un moyen pour dissimuler la faute.
Bilan : Tu as fait plaisir au Seigneur, tu as évité une peine à ta maman, tu as donné une bonne leçon au jaloux… et tu as préservé le secret de ton dessin ! La punition, la vengeance ? Au Seigneur de voir !

Ma prière : Seigneur Jésus, toi qui n'as jamais cherché à te venger, aide-moi à te ressembler.

Romains 12. 20

25 mars

Si ton ennemi a faim, donne-lui à manger. S'il a soif, donne-lui à boire. Ce sera comme si tu lui mettais des charbons ardents sur la tête.

Celui qui a compris à quel point Dieu l'aime personnellement doit aimer tous les hommes, puisque Dieu les aime, eux aussi. L'ennemi d'un croyant n'est donc pas "celui que le croyant n'aime pas", mais plutôt "celui qui n'aime pas le croyant".
Dans ce verset, Paul cite un proverbe de Salomon. En ce temps-là, il n'y avait pas d'allumettes, encore moins de briquets… Lorsque le feu s'éteignait dans l'âtre d'une maison, il fallait demander des braises au voisin pour le rallumer. On mettait ces braises dans un pot plein de brindilles que l'on ramenait chez soi en le portant… sur la tête ! Imagine-toi bien tranquille dans ta maison, devant un bon feu. On frappe à la porte. C'est ton voisin, celui qui ne te dit jamais bonjour et qui vole souvent tes œufs, qui a besoin de braises pour rallumer son feu. Tu lui en donnes et il repart avec son pot sur la tête. Chemin faisant, il sent la douce chaleur des braises, la chaleur de ton amour… Ne crois-tu pas qu'il regrettera sa haine et qu'il aura des remords ?

Ma prière : Père céleste, remplis-moi de ton amour pour tous. Aide-moi à montrer cet amour même à ceux qui me détestent, afin qu'ils aient peut-être des remords et que ce soit une occasion de parler de toi.

26 mars

Romains 13. 1-3

Que tout homme se soumette aux autorités, car il n'y a pas d'autorité qui ne vienne de Dieu. Celui qui s'oppose à l'autorité lutte contre une disposition établie par Dieu et recevra le châtiment qu'il s'est attiré. Ce sont les malfaiteurs qui ont à redouter les magistrats. Fais le bien, et l'autorité t'approuvera.

Ce verset est clair: il faut obéir aux autorités. Quelles sont ces autorités, pour toi ? Ce sont les gendarmes, les juges, qui sont là pour faire respecter les lois de notre pays, mais aussi le directeur de ton école, ton maître, un surveillant, un moniteur… et tes parents ! Dieu dirige tout et confie autorité et responsabilité. Bien sûr, les hommes qui les reçoivent peuvent être bons ou mauvais, gentils ou méchants, aimer Dieu ou l'ignorer… ou même s'opposer à lui. C'est seulement dans ce cas que le chrétien peut être forcé de désobéir. Lorsque nous lisions les Actes, nous avons vu qu'il vaut mieux obéir à Dieu plutôt qu'aux hommes. Mais nous ne devons jamais désobéir aux lois des hommes si elles ne s'opposent pas à Dieu : ce serait lui désobéir aussi.

Ma prière : Père céleste, aide-moi à être soumis. Merci parce que les autorités de notre pays ne sont pas trop opposées à toi. S'il te plaît, permets que nous puissions continuer à vivre en paix.

Romains 13. 5

27 mars

Il est nécessaire de se soumettre à l'autorité, non seulement par peur de la punition, mais surtout par motif de conscience.

La porte s'ouvre et le directeur entre dans la classe. Il tend le téléphone à la maîtresse : "Tiens, un appel urgent pour toi. Excuse-moi, il faut que j'aille au CP, il y a un problème." La maîtresse prend le téléphone et te demande de surveiller la classe. "Je reviens tout de suite ; écris au tableau le nom de tes camarades qui font du chahut." Puis elle sort pour téléphoner.

Te voilà investi d'une autorité.

Tout de suite, Justin te provoque : "Alors, on fait le flic ? Tu vas voir si j'ai peur de toi !" Et il se lève pour aller gribouiller au tableau. Andy, lui, se tient bien tranquille à sa place, l'air un peu paniqué : il n'a pas été gentil avec toi, ce matin, et il a peur tu te venges en le dénonçant au moindre mot. Heureusement, il y a Pierrette, Luc ou Vincent qui continuent leur travail comme si rien ne s'était passé. Ils aiment beaucoup la maîtresse et ne veulent pas lui faire de la peine en profitant de la situation.

Quel comportement te semble le meilleur ? Vaut-il mieux ne pas obéir, obéir par peur ou obéir par amour ?

Ma prière : Dieu et Père, aide-moi à obéir, non pas par crainte de me faire gronder, comme Andy, mais pour ton plaisir et le plaisir de ceux à qui je dois obéir.

28 mars

1 Samuel 13. 3-6

Jonathan abattit la stèle dressée par les Philistins. Alors, la nouvelle que les Hébreux s'étaient révoltés se répandit rapidement parmi les Philistins. Tout le peuple se rassembla donc pour aller combattre avec Saül. Les Philistins mobilisèrent leurs troupes pour combattre Israël. Ils avaient trois mille chars de guerre et six mille soldats sur char, ainsi qu'une multitude de fantassins, nombreux comme les grains de sable des mers. Les hommes d'Israël virent qu'ils étaient dans une situation extrêmement critique. Ils se cachèrent dans les grottes, les buissons, les cavernes, les souterrains et les citernes.

Dans notre vie aussi, il y a des Philistins ! Ils représentent le péché qui nous rend esclave du diable et nous empêche d'être heureux. Mais parfois, comme Jonathan qui a renversé l'idole, nous prenons la grande décision d'arrêter de pécher. C'est le premier pas, et il est très important, mais ce n'est pas cela qui va nous délivrer ! Au contraire : voyant que nous lui échappons, l'ennemi va sortir tous ses chars !

Ma prière : Seigneur Jésus, aide-moi à refuser le mal, même si Satan me dit que cela va me faire souffrir. Aide-moi à me confier en toi et délivre-moi de la peur.

1 Samuel 13. 7-13

29 mars

Saül était au milieu de son armée qui tremblait d'épouvante. Il attendit sept jours le rendez-vous fixé par Samuel. Celui-ci n'arrivant pas, les soldats commencèrent à abandonner Saül et à se disperser. Alors Saül dit : "Amenez-moi les bêtes de l'holocauste." Et il offrit lui-même l'holocauste. Au moment où il achevait de l'offrir, Samuel arriva et lui demanda : "Qu'as-tu fait ? [...] Tu as agi comme un insensé."

Plus les heures passent, plus les Philistins approchent et plus les Hébreux fuient... C'en est trop pour Saül : il offre lui-même le sacrifice. C'était formellement interdit par la loi ! De plus, Samuel arrive quelques minutes après ! Si Saül avait attendu encore un tout petit peu, il aurait réussi l'épreuve de patience et de confiance que Dieu lui envoyait. Mais non, il a tout raté.
C'est parfois très dur d'attendre... Alors n'oublie pas que l'épreuve du temps est souvent celle qui révèle le plus notre fidélité !

Ma prière : Dieu et Père, je reconnais que l'épreuve de Saül était très dure et que je n'aurais pas pu la gagner non plus, sans ton aide. Fortifie-moi et donne-moi la volonté de t'obéir à tout prix, même dans une épreuve qui dure aussi longtemps.

30 mars

1 Samuel 13. 19-22

A cette époque, il n'y avait pas de forgeron dans le pays d'Israël, car les Philistins voulaient empêcher les Hébreux de fabriquer des épées et des lances. Les Israélites devaient donc se rendre chez les Philistins pour faire affûter leurs socs de charrue, leurs pioches, leurs haches, leurs bêches. C'est pourquoi, le jour de la bataille, les hommes qui étaient avec Saül n'avaient ni épée ni lance ; seuls Saül et son fils Jonathan en possédaient.

Le métier de forgeron est dur. Il faut tenir le fer dans le feu, jusqu'à ce qu'il devienne rouge : il est alors plus mou et on peut le modifier en tapant dessus très fort, avec un marteau très lourd. Il faut avoir de bons muscles ! Mais cela demande aussi de l'adresse : un coup mal placé peut tout gâcher ! De plus, il faut de l'expérience pour plonger le fer rouge dans l'eau froide au bon moment, pour le durcir. Le fer trop dur devient cassant, mais il s'use trop vite s'il n'est pas assez durci.
L'épée, c'est la Parole de Dieu. Les forgerons sont ceux qui la lisent, qui cherchent, qui travaillent. Est-ce qu'un incroyant peut être un bon forgeron pour moi ? Qui peut le mieux me parler de Dieu : mon maître, les sages du monde ? Non, Dieu veut faire de moi un forgeron !

Ma prière : Père céleste, fais de moi un forgeron, quelqu'un qui aime ta Parole, qui la lit, qui la médite, pour savoir s'en servir contre le mal, le jour de la bataille.

31 mars

1 Samuel 14. 6

Jonathan dit au jeune homme qui portait ses armes : "Viens et attaquons le poste de ces incirconcis. Peut-être l'Éternel agira-t-il en notre faveur, car rien ne l'empêche de sauver par un petit nombre aussi bien que par un grand."

Le maître d'Aline est réputé pour la qualité de son travail. Par contre, il n'aime pas du tout que l'on se mêle de son programme ! Il n'y a rien qui le mette plus en colère que des parents d'élèves venant lui faire des remarques. Quand Aline a appris qu'il voulait leur faire étudier Harry Potter, elle a eu un moment de panique. Que faire ? Demander à ses parents d'intervenir ? Impossible ! En parler au directeur ? Catastrophique !
Aline réfléchit : "Mais après tout, pourquoi vouloir absolument en parler aux adultes ? C'est le Seigneur seul qui peut travailler dans le cœur de mon maître. Que ce soit un grand ou un petit qui le lui demande, toute la classe ou moi toute seule, cela ne change rien !"
Quand Aline est allée lui parler, le maître a été bien surpris. Mais il a répondu : "Ça t'ennuie ? Eh bien nous allons étudier autre chose, il y en a tant, des livres !"
Aline sait que ce n'est pas en vain que l'on se met à genoux pour supplier le Seigneur de délivrer.

Ma prière : Seigneur Jésus, aide-moi à bien comprendre que si tu veux délivrer, rien ne pourra t'arrêter, pas même ma faiblesse.

1 avril

1 Samuel 14. 13-15

Jonathan grimpa en s'aidant des mains et des pieds, et le jeune homme qui portait ses armes le suivait. Ils massacrèrent une vingtaine d'hommes sur quelques mètres. La panique se répandit dans le camp philistin, elle gagna toute l'armée. De plus, la terre se mit à trembler. Dieu lui-même sema la panique parmi eux.

Quelques copains ont appris que le père de Richard travaille dans les stocks d'un grand magasin. Alors ils font pression sur lui pour qu'il leur "récupère" des choses… Quelques boîtes de bonbons, des stylos ou des chaussures de sport en moins, ça ne se verra pas ! Quelle lutte dans le cœur de Richard ! Décevoir ses camarades et se faire rejeter… ou trahir son père et désobéir à Dieu ? Ah non, jamais de la vie ! Richard prend son courage à deux mains et dit bien fort à ses copains : "Jamais je ne ferai ça. C'est du vol et je ne veux pas devenir un voleur." Au lieu de se moquer de lui, les garçons prennent peur : cela pouvait donc être si grave ? Et Richard a parlé tellement fort… Pourvu que personne ne l'ait entendu !
Ils ne l'ont plus jamais ennuyé avec cette histoire. Richard a compris qu'il est important de résister fermement au mal, mais aussi que la délivrance vient de Dieu .

Ma prière : Dieu et Père, merci parce que tu veux me délivrer du mal. Donne-moi chaque jour la volonté de résister et la force pour y arriver.

2 avril

1 Samuel 14. 21, 22

Les Hébreux qui étaient au service des Philistins firent volte-face et passèrent du côté des Israélites qui étaient avec Saül et Jonathan. De même, tous les Israélites qui s'étaient cachés dans la région montagneuse apprirent la défaite des Philistins et se mirent à les talonner pour les combattre.

Tu te souviens de Richard, dont nous avons parlé hier ? Eh bien sa ferme décision de ne pas voler et la crainte de tous les garçons ont fait réfléchir Antony. Avant, ça ne le gênait pas de se servir dans le porte-monnaie de sa mère. Mais il s'est rendu compte que c'était du vol. Il est chrétien, comme Richard, et lui non plus ne devrait pas voler !
"Hélas, se dit-il, moi j'ai déjà bel et bien volé ! Je dois donc aller l'avouer et demander pardon..." Il y a une semaine, si tu avais dit à Antony qu'il était un voleur, il t'aurait tapé dessus ! Mais aujourd'hui, le voilà qui se met à genoux et qui demande pardon à Jésus... Puis, bien penaud, il va tout raconter à sa maman.

Ma prière : Seigneur Jésus, aide-moi à être un exemple pour les autres, comme Jonathan ou Richard. Aide-moi aussi à suivre sans honte les bons exemples que tu m'envoies.

3 avril

1 Samuel 14. 16, 18, 19

Les guetteurs postés par Saül virent les soldats du camp ennemi courir en tous sens et se disperser. Saül dit : "Apportez l'éphod !" Pendant que Saül parlait au prêtre, le désordre augmentait dans le camp des Philistins. Alors Saül dit au prêtre : "Cela suffit ! Retire ta main."

L'éphod était le vêtement du sacrificateur. Dans sa poche, il y avait deux objets qui permettaient de connaître la volonté de Dieu. Pour cela, il fallait s'approcher de Dieu avec prière et attendre qu'Il se révèle.
Cela prenait du temps… Saül veut bien interroger l'Éternel, car il ne sait pas trop que faire, mais il ne veut pas attendre. Au lieu de fermer les yeux pour se recueillir dans la prière, il observe ce qu'il se passe du côté des ennemis… Forcément, l'impatience le gagne : tant pis pour l'Éternel et pour sa volonté ! Saül fonce. Quel est le résultat ? Jonathan nous le dit quelques versets plus loin : "Mon père fait le malheur du pays."
Avoir le désir de rechercher la volonté de Dieu, c'est un bon début. Mais parfois, cette volonté est difficile à discerner… Dieu veut éprouver notre patience, notre foi… Allons-nous attendre ses directives avec confiance ?

Ma prière : Tendre père, merci parce que tu veux me guider dans le chemin de la vie. Aide-moi à rechercher ta volonté avec patience, et à ne rien faire sans avoir l'assurance que c'est selon ta volonté.

4 avril

Actes 11. 1-4

Les frères de Judée apprirent que les non-Juifs venaient d'accepter la Parole de Dieu. Dès que Pierre fut de retour à Jérusalem, les croyants d'origine juive lui firent des reproches : "Comment ! tu es entré chez des incirconcis et tu as mangé avec eux !" Mais Pierre se mit à leur exposer, point par point, ce qui s'était passé.

Souviens-toi : Pierre prenait tranquillement un peu de repos à Jaffa, quand le Seigneur est venu lui parler dans un songe. Il lui a donné l'ordre de suivre les hommes que Corneille avait envoyés pour le chercher. Puis, Dieu a envoyé son Esprit Saint de manière visible sur Corneille et sa famille, pour prouver à Pierre que des étrangers pouvaient faire partie de ses enfants, aussi bien que des Juifs. Dans toute cette histoire, c'est Dieu qui a dirigé les choses et on ne peut pas accuser Pierre d'avoir agi tout seul, sur un coup de tête ! Mais ce n'est pas aussi évident pour ses frères de Judée et ils lui font des reproches...
La Bible nous dit que "l'amour croit tout" : nous ne devrions jamais faire des reproches avant de savoir vraiment ce qui s'est passé.

Ma prière : Seigneur Jésus, remplis mon cœur de ton amour pour que je ne voie que du bien dans ce que font mes frères et sœurs, même si je ne comprends pas et si ça me paraît curieux. Aide-moi à leur faire confiance.

5 avril

Actes 11. 4, 18

Pierre se mit à leur exposer, point par point, ce qui s'était passé. Ce récit les apaisa. Ils louèrent Dieu et dirent : "Dieu a aussi donné aux non-Juifs de changer pour recevoir la vie."

Pour aller chez Corneille et le baptiser, Pierre s'est senti poussé par Dieu, obligé, même ! Et voilà que des frères l'accusent d'être entré chez un étranger, ce qui ne se faisait surtout pas ! Mais il n'avait fait qu'obéir à Dieu ! Alors, de quel droit l'accuse-t-on ? Non mais des fois, pour qui se prennent-ils, ceux-là ! Pierre aurait pu s'énerver et se fâcher, comme je le fais souvent quand je suis accusé à tort, quand je ne suis pas compris, quand je suis jugé avant d'avoir pu expliquer le fond des choses… Mais non, Pierre sait que Dieu est avec lui. Il n'essaie pas de se justifier, mais il dit simplement ce qui s'est passé, "point par point", calmement.
Le résultat est merveilleux : les tensions s'apaisent, la gloire et la louange sont rendues à Dieu et tous les frères vont pouvoir profiter de la révélation extraordinaire que Pierre a reçu, "Dieu a aussi donné aux non-Juifs de changer pour recevoir la vie."

Ma prière : Dieu et Père, aide-moi à ne pas me sentir blessé, à ne pas me mettre en colère et à ne pas mépriser les autres si je suis incompris. Au contraire, aide-moi à savoir tout raconter avec calme et sincérité.

Actes 11. 19-21

6 avril

Les disciples s'étaient dispersés lors de la persécution survenue après la mort d'Étienne, mais ils n'annonçaient la Parole qu'aux Juifs. Toutefois, quelques-uns d'entre eux se rendirent à Antioche et s'adressèrent aussi aux non-Juifs en leur annonçant la Bonne Nouvelle du Seigneur Jésus. Or le Seigneur était avec eux; un grand nombre de personnes crurent et se convertirent.

Avant d'être enlevé au ciel, le Seigneur avait dit à ses disciples : "Vous serez mes témoins jusqu'au bout du monde." Ce n'est pas facile de partir en mission… Mais quand la vie à Jérusalem devient dangereuse, les disciples sont obligés d'aller témoigner plus loin.
Le problème, c'est qu'ils ne parlent du Seigneur qu'à ceux de leur race ! Heureusement, quelques-uns semblent avoir compris que Dieu offre son salut à tous les hommes… "Le Seigneur est avec eux" et les encourage par des conversions en grand nombre.
Tout le monde a besoin d'entendre parler de Jésus, pas seulement notre meilleur(e) ami(e) ! Parfois, ceux qui sont le plus heureux d'entendre la Bonne Nouvelle ne sont pas ceux que l'on imagine…

Ma prière : Seigneur Jésus, aide-moi à parler de toi à tous ceux qui m'entourent, sans faire de choix, sans rejeter certaines personnes.

7 avril

Actes 11. 22-23

Bientôt l'Église de Jérusalem apprit la nouvelle. Elle envoya Barnabas à Antioche. À son arrivée, il constata ce que la grâce de Dieu avait accompli et il en fut rempli de joie.

Barnabas, c'est ce croyant qui avait vendu une terre et avait donné tout son argent aux apôtres... Il vit à Jérusalem, mais il est né à Chypre, comme ceux qui sont allés apporter l'évangile à Antioche. Alors, les frères de Jérusalem décident de l'envoyer vers eux.
Barnabas arrive à Antioche, une ville immense, remplie de gens d'origines différentes. Il observe ces nouveaux convertis :
• Il critique leur manière de s'habiller ? Non.
• Il leur fait remarquer que leurs prières ne sont pas présentées correctement ? Non.
• ... et qu'ils n'ont pas tout compris à l'évangile ? Non.
• Il se réjouit du bien que Dieu a fait à ces hommes qui, comme lui, ne méritaient rien ? Oui !
Dans son cœur, il n'y a pas de soupçons, pas de méfiance ni de jalousie, mais seulement de la joie.
Si le Seigneur se sert de mon frère ou de ma sœur pour faire un bon travail, quelle va être ma réaction ?

Ma prière : Dieu et Père, aide-moi à avoir toujours une attitude positive, comme Barnabas, et à me réjouir du travail d'amour que tu fais en moi et dans les autres.

8 avril

Actes 11. 23, 24

Barnabas encouragea les croyants à rester fidèles au Seigneur avec une ferme assurance. C'était en effet un homme bienveillant, rempli d'Esprit Saint et de foi. Et un grand nombre de personnes s'attachèrent au Seigneur.

Les parents d'Agnès sont pauvres et doivent travailler dur, mais ils sont heureux car ils aiment le Seigneur. Chaque année, l'oncle et la tante d'Agnès l'invitent à quitter sa grande ville pour venir dans leur ferme, profiter du bon air de la campagne. Agnès est contente d'y aller, car elle aime beaucoup jouer avec ses petites cousines et s'occuper d'elles. Elle leur raconte plein d'histoires de la Bible et leur parle de l'amour de Jésus. Mais elle fait aussi tout son possible pour lui ressembler. Ses efforts ne restent pas sans résultat : les petites filles ont toutes les deux donné leur cœur à Jésus.

Si tu veux être de ceux qui "attachent" les autres à Jésus, comme Barnabas ou Agnès, tu dois parler de lui, bien sûr, mais aussi être un exemple et prouver dans tes faits et gestes que son amour est réellement dans ton cœur.

Ma prière : Dieu tout puissant, aide-moi à encourager les autres par mes paroles et par une bonne conduite.

Actes 11. 25-26

9 avril

Barnabas se rendit alors à Tarse pour y chercher Saul. Quand il l'eut trouvé, il l'amena avec lui à Antioche. Ils passèrent toute une année à travailler ensemble dans l'Église et enseignèrent beaucoup de gens.

Renaud aime beaucoup sa Bible. Quand son moniteur d'école du Dimanche lui a proposé de présenter un sujet, il a sauté de joie. Mais après plusieurs jours de réflexion, il s'est dit que cela ferait aussi plaisir à Vincent. En plus, Vincent pourrait sûrement bien l'aider, car il connaît super-bien sa Bible, lui aussi. Comme il est un peu timide et qu'il reste très discret dans son coin, les autres ne le connaissent pas beaucoup et ça serait une bonne occasion pour le faire participer.
C'est très bien d'accomplir fidèlement un service que le Seigneur nous confie. Mais attention de ne pas le garder jalousement pour nous… Il veut peut-être que nous le partagions avec quelqu'un.

Ma prière : Père céleste, aide-moi à rechercher l'aide et la compagnie de tes enfants, comme l'ont fait Barnabas et Renaud, pour partager mes expériences avec eux et pour être plus fort.

10 avril

Actes 11. 26

C'est à Antioche que, pour la première fois, les disciples de Jésus furent appelés "chrétiens".

David aimait son Seigneur et désirait témoigner de son amour pour lui. Comme il n'était pas très courageux pour en parler, il avait acheté des autocollants avec des versets et les avait collés sur son cartable. Très vite, ce cartable devint un sujet de curiosité. Beaucoup d'élèves voulurent lire les versets… Certains firent leurs commentaires haut et fort, d'autres se moquèrent, quelques-unes posèrent des questions… Puis l'intérêt retomba aussi vite qu'il était venu. Mais à partir de ce jour-là, les élèves s'amusèrent à appeler David "Jésus". David en était très ennuyé. Il se rendait bien compte que ce n'était pas sa façon de vivre, si éloignée de celle de son Sauveur, qui lui valait ce surnom…
À Antioche, ceux qui croyaient en Jésus furent appelés "chrétiens", c'est-à-dire "qui suit les idées du Christ". Mais ils n'avaient pas d'autocollants, eux ! C'est donc bel et bien leur témoignage, très clair, qui leur a valu cette appellation. À leur contact, les gens apprenaient au moins une chose : le Christ est venu sur la terre. Et ils pouvaient constater que ceux qui le suivent sont différents des autres.

Ma prière : Seigneur Jésus, aide-moi à te ressembler pour que ceux qui me voient vivre aient envie de te connaître.

11 avril

Psaume 69. 2, 3, 5

O mon Dieu, sauve-moi, j'ai de l'eau jusqu'au cou. Dans la boue, je m'enlise, sans point d'appui. Me voici descendu au plus profond des eaux; le torrent me submerge. Car ceux qui me haïssent sans la moindre raison ont dépassé le nombre des cheveux de ma tête.

David, l'auteur de ce psaume, s'est parfois trouvé dans des situations vraiment désespérées. A-t-il été abandonné ? Non: il a été délivré à chaque fois. Il est mort très âgé, bien tranquillement dans son lit.
Parfois, comme David, il te semble peut-être que tout est contre toi. Tu as tant de problèmes ! Certains sont si méchants avec toi ! Il te semble que tu vas être écrasé, noyé...
Dans ces circonstances terribles, nous devons suivre l'exemple de David:

- *commencer par crier: "O mon Dieu, sauve-moi"*
- *ensuite, raconter à Dieu toute notre détresse.*

Comme pour David, il nous répondra, il nous délivrera, parce que le Seigneur Jésus, son Fils, a porté nos péchés, il a été "noyé" pour nous.

Ma prière: Dieu et Père, merci parce que tu m'aimes et que tu veux me délivrer de toutes mes peines. Que c'est merveilleux de pouvoir tout te dire, de faire appel à toi, de savoir que tu m'écoutes !

12 avril

Psaume 69. 5

Ils sont puissants, ces ennemis menteurs : ils veulent me détruire, me haïssant sans cause.

David avait toujours recherché le bien du roi Saül. Pourtant, celui-ci voulait le tuer, par jalousie. C'est parce qu'il a vécu cette injustice que David a écrit ce psaume.

Maintenant, Dieu s'en sert pour nous parler d'une autre injustice. Qui est celui qui a toujours fait le bien, guéri, nourri et encouragé tous les hommes ? Jésus, bien sûr ! Pourquoi alors a-t-il été mis à mort comme un esclave meurtrier ? Quelques heures avant de mourir, il a dit à ses disciples que le verset d'aujourd'hui s'appliquait bien à lui…

Il n'a jamais péché… mais il a dû porter nos péchés sur la croix.

Il nous a toujours aimés… mais nous, nous l'avons mis à mort.

Ma prière : Seigneur Jésus, jamais je ne pourrai imaginer une chose plus grande que cet amour que tu as eu pour moi en mourant à ma place. Je méritais la mort et tu m'as donné la vie. Toi qui es la vie, tu es mort pour moi.

13 avril

Psaume 69. 7, 8

Qu'ils ne soient pas honteux à mon sujet, ceux qui se sont tournés vers toi, Dieu d'Israël ! Car c'est pour te servir que je souffre la honte et que la confusion me couvre le visage.

Pour jeudi : rédaction ! "Décrivez votre héros préféré et dites pourquoi vous l'admirez." Le maître n'a pas été déçu ! Il a eu de tout : des grands sportifs, des acteurs de cinéma, des présentateurs télé, des chanteurs… et lui-même — son admirateur avait certainement besoin d'une bonne note pour remonter sa moyenne !

À part le maître, qu'ont-ils donc en commun tous ces héros idolâtrés par tant de monde ? Ils sont riches, jeunes, beaux et forts… Ils donnent une grande image de l'homme. D'ailleurs, ils dépensent beaucoup d'argent pour entretenir tous leurs avantages, afin d'être admirés le plus longtemps possible. Tout ce qu'ils font, ils le font pour eux, pour leur propre gloire.

C'est dommage qu'aucun élève n'ait décrit le Seigneur Jésus. Oh, bien sûr, personne n'aurait compris ! Un héros rejeté, injurié, fouetté et mis à mort comme un esclave, c'est un drôle de héros… Mais c'est un héros dont je puis être fier, car tout ce qu'il a fait, il l'a fait par amour pour Dieu et pour moi, pour me sauver.

Ma prière : Seigneur Jésus, merci parce que tu as enduré tant de souffrances à cause de ton grand amour. Remplis toujours mon cœur d'admiration et de reconnaissance envers toi.

Psaume 69. 17, 30, 31

14 avril

Réponds-moi, Éternel, ton amour est si bon ! Dans ta grande tendresse, occupe-toi de moi ! Je suis malheureux et je souffre, mais ton secours, ô Dieu, me mettra à l'abri. Alors je te louerai, ô Dieu, dans mes cantiques, et je proclamerai ta gloire par ma reconnaissance.

Uyanga avance dans le froid et le vent. La peau de mouton qu'elle a sur le dos est trempée et ne lui tient plus chaud. Cela fait cinq jours que la petite chevrière a été surprise par le froid glacial de l'hiver et qu'elle essaie de ramener au chef de la tribu le petit troupeau qu'il lui a confié. Claquant des dents, le corps secoué de frissons, elle pousse sans relâche les retardataires, ou court en avant pour guider le bouc de tête. Mais où trouve-t-elle donc cette énergie ? Pourtant, elle a tellement envie de se coucher là, par terre, et de dormir…

Mais elle se force à ne penser qu'à une chose : la maison. Cette pensée la réchauffe et lui donne le courage de continuer. Elle pense à l'accueil et aux soins qu'elle recevra, à la voix chaleureuse du chef qui la félicitera et qui la prendra dans sa propre hutte… Pour cela, elle serait prête à tout ! Le chef est si bon, si tendre…

Ma prière : Père céleste, merci parce que je connais ton amour, ta bonté et ta tendresse. Merci parce que tu veux m'avoir près de toi pour l'éternité. Aide-moi à ne jamais l'oublier, surtout dans les moments difficiles.

15 avril

Psaume 71. 5, 6

O Seigneur Éternel, en toi j'espère, car, depuis ma jeunesse, toi, tu es mon appui ! Oui, tu fus mon soutien dès ma naissance. Depuis que je suis né, tu me protèges. J'ai sans cesse un motif de te louer.

Quel âge as-tu ? Depuis quand connais-tu Jésus ? Depuis quand le pries-tu ? Depuis quand prend-il soin de toi ? Quel que soit l'âge auquel nous avons donné notre cœur à Jésus, chacun de nous peut être persuadé que lui nous aime depuis toujours. Il prend soin de nous depuis notre naissance.

Sachant cela, le vieillard qui a écrit ce psaume peut mettre toute son espérance en celui qui l'a gardé pendant tant d'années. Après ce qu'il a vécu, il a plein d'idées pour remercier le Seigneur !

Bien sûr, tu n'es pas un vieillard, mais il s'est quand même passé beaucoup de jours et beaucoup de choses depuis ta naissance… Dieu t'a gardé jusqu'à aujourd'hui, alors fais-lui confiance et n'oublie pas de te souvenir de tous ses bienfaits. Tu peux essayer de les compter et de les repasser devant tes yeux, le soir, avant de t'endormir… Et tu remercieras Dieu de tout ton cœur !

Ma prière : Tendre Père, merci parce que tu veux être mon appui, mon soutien, ma protection. Aide-moi à mettre toute mon espérance en toi et donne-moi un cœur reconnaissant.

Psaume 71. 7, 8, 20

16 avril

Pour beaucoup d'hommes, je suis un vrai prodige ; mon sûr abri, c'est toi. Ma bouche est pleine du chant de tes louanges et, chaque jour, elle publie ta gloire. Tu nous as fait passer par des détresses et des malheurs sans nombre. Tu nous feras revivre et, du fond des abîmes, tu me retireras.

Il y a plus de 120 ans, Charles et Priscilla ont tout quitté pour aller en Chine. À cette époque, les chinois étaient farouchement opposés à l'évangile. Ils rendaient les étrangers responsables de tous leurs malheurs.
Le Seigneur a donné cinq enfants à Charles et Priscilla, mais il leur en a repris un. Ils ont tous les deux été gravement malades et parfois même à deux doigts de la mort. Ils étaient souvent si pauvres qu'ils ne savaient pas comment ils allaient manger le lendemain. Et pourtant, jamais ils n'ont été abandonnés, jamais ils n'ont cessé de remercier leur Père céleste, jamais ils n'ont arrêté de prier. Pour les gens qui les regardaient vivre, ils étaient vraiment extraordinaires, des prodiges ! Ils avaient toujours des difficultés, mais semblaient n'être jamais écrasés : toujours vainqueurs, toujours heureux et joyeux.

Ma prière : Seigneur Jésus, aide-moi à triompher des difficultés en me confiant en toi. Aide-moi à être joyeux et reconnaissant même lorsque tout semble aller mal.

17 avril

Psaume 72. 1, 6, 13, 14

O Dieu, accorde au roi de juger comme toi, et donne au fils du roi ton esprit de justice! Le roi sera comme une pluie qui descend sur un pré fauché, et comme des ondées désaltérant la terre. Il aura compassion des faibles et il sauvera la vie des pauvres. Il les arrachera à la violence, à l'oppression, ils seront précieux à ses yeux.

Qui peut-on voir dans la cour des rois? Des princes, des nobles, des gens influents et riches. As-tu vu beaucoup de rois s'occuper des pauvres et des faibles? Non, car les rois du monde ne jugent pas à la manière de Dieu; quand ils jugent, ils font tout pour satisfaire ceux dont ils peuvent tirer profit, ceux qui pourront les remercier en leur apportant plus d'honneur, de puissance ou d'argent. Ce ne sont pas les faibles et les pauvres qui peuvent apporter quoi que ce soit ! Pourtant, si un roi était rempli de l'esprit de Dieu, combien il serait aimé! Son règne de justice et d'amour serait apprécié et ferait autant de bien que la pluie dans un jardin.
Même si nous ne sommes pas des rois, il peut arriver à chacun de nous d'avoir à juger, à prendre parti pour l'un ou pour l'autre. Quel choix allons-nous faire: celui qui nous arrange le plus, ou celui que Dieu approuve?

Ma prière: Dieu et Père, aide-moi à rechercher ce qui est juste à tes yeux et à faire du bien à tous ceux qui en ont besoin. Aide-moi à agir comme un bon petit roi.

18 avril

Deutéronome 16. 1

Spécial thème
"Les 7 fêtes"

Aie soin de célébrer la Pâque en l'honneur de l'Éternel ton Dieu au cours du mois des épis ; car c'est au cours d'une nuit de ce mois-là que l'Éternel votre Dieu vous a fait sortir d'Égypte.

Ce soir, le père d'Eliahou prend son petit garçon dans ses bras : "Écoute, Eliahou. Cette nuit, il te faudra être courageux. L'Éternel va nous libérer de l'esclavage et nous mener dans le pays qu'il a promis à nos pères. Mais pour que Pharaon nous laisse partir, Dieu va faire quelque chose de terrible : il va tuer le premier né dans chaque maison d'Égypte. Ici, c'est toi, le premier né. Si tu ne veux pas mourir, tu dois te soumettre à l'ordre de Dieu. Moïse nous a donné ses instructions : nous devons tuer Coton et mettre son sang sur la porte. Alors, tu seras sauvé." Eliahou pleure en serrant Coton dans ses bras. C'est un bel agneau tout blanc, dont Eliahou s'occupe tendrement depuis sa naissance, il y a un an. Mais il comprend qu'il n'a pas le choix. L'agneau doit mourir à sa place…
La Bible dit que "nous avons un agneau pascal qui a été sacrifié pour nous, le Christ lui-même". Si tu crois cela, c'est un peu comme si tu mettais le sang du Seigneur sur ta porte : il est mort à ta place et tu es sauvé pour l'éternité.

Ma prière : Seigneur Jésus, merci parce que tu m'as mis à l'abri de ton sang. Merci parce que tu es mort pour moi. Aide-moi à m'en souvenir, comme les Israélites lorsqu'ils fêtaient la Pâque.

19 avril

Deutéronome 16. 3, 4

Spécial thème
"Les 7 fêtes"

Pendant sept jours, tu mangeras du pain sans levain. Ce pain de misère te rappellera que c'est précipitamment que vous avez quitté l'Égypte. Durant ces sept jours, on ne devra trouver chez vous aucune trace de levain dans toute l'étendue de votre territoire.

Avant de fêter la Pâque, tous les Hébreux devaient nettoyer leur maison jusqu'à ce qu'il ne reste plus une seule miette de levain. Le soir de Pâque et toute la semaine qui suivait, ils mangeaient du pain sans levain : tout plat et un peu sec. C'était "la fête des pains sans levain".
Le Seigneur Jésus a expliqué à ses disciples ce que représente ce levain : c'est le mal, le péché. Il suffit de quelques grammes de levain pour faire gonfler tout un saladier de pâte à pain… Il suffit d'un "petit" péché pour empoisonner le cœur tout entier ! Une fois qu'il a accepté Jésus comme son Sauveur, le chrétien doit, lui aussi, nettoyer sa maison, son cœur, pour en chasser le péché. Mais cela ne se fait pas seulement pendant un jour, ni une semaine, mais pendant toute la vie.

Ma prière : Tendre père, toi qui vois jusqu'au fond de mon cœur, montre-moi ce qui ne va pas dans ma vie, ce qui m'éloigne de toi et qui ne te fait pas plaisir. Aide-moi à te le confesser et à le chasser de ma vie.

20 avril

Lévitique 23. 10, 11

Spécial thème
"Les 7 fêtes"

Quand vous ferez la moisson, vous apporterez au prêtre la première gerbe de votre récolte. Il fera devant moi le geste de présentation avec cette gerbe.

Cette troisième fête s'appelle "la fête des premiers fruits". Par cette fête, les Israélites montraient leur reconnaissance envers Dieu pour la nouvelle récolte. Après avoir enlevé tout le vieux levain de leurs maisons, ils pouvaient se réjouir de ce que Dieu leur donnait de nouveau.
Cette fête avait lieu pendant la semaine des pains sans levain, donc quelques jours après la Pâque. Or, c'est juste à ce moment-là que le Seigneur Jésus est sorti victorieux du tombeau et de la mort.
Dans sa lettre aux Corinthiens, l'apôtre Paul écrit que Jésus "est revenu à la vie et annonce la résurrection des morts, comme les premiers fruits de la moisson". Si Jésus est le "premier fruit" de cette nouvelle moisson, quels sont les autres ? Toi, moi, tous ceux qui ont cru en lui.
Penses-tu, à remercier Dieu pour le Seigneur Jésus, comme les Israélites le remerciaient pour leur récolte ?

Ma prière : Dieu et Père, merci parce que tu as ressuscité ton Fils d'entre les morts. Merci parce que tu as fait de moi une nouvelle création.

21 avril

Deutéronome 16. 9, 10

Spécial thème
"Les 7 fêtes"

À partir du jour du début de la moisson, vous compterez sept semaines, et vous célébrerez la fête des Semaines en l'honneur de l'Éternel votre Dieu. Vous lui offrirez des dons volontaires en fonction des bénédictions que votre Dieu vous aura accordées.

Le Seigneur Jésus est mort à la fête de Pâque et il est ressuscité à la fête des premiers fruits. Sept semaines après, les Juifs célèbrent la fête des Semaines (ou Pentecôte). C'est justement ce jour-là que Dieu a choisi pour envoyer son Esprit Saint sur ses disciples réunis. C'est pour eux la plus grande des bénédictions !
Lors de cette fête de Pentecôte, les Israélites devaient offrir à Dieu "des dons volontaires en fonction des bénédictions qu'il leur avait accordées". Que vont donc offrir les disciples, maintenant que Dieu leur a accordé son Esprit Saint ? Leur louange, leur joie, leur témoignage : ils vont se donner entièrement, se laisser remplir par lui.
Dieu t'a aussi donné son Esprit. Quel cadeau vas-tu lui donner en retour ?

Ma prière : Tendre Père, merci parce que tu m'as donné ton Esprit pour m'aider, me guider et m'encourager à te servir. Aide-moi à le laisser me remplir pour que je déborde de louange et de chants à ta gloire.

Lévitique 23. 24

22 avril

Le premier jour du septième mois sera pour vous un grand jour de repos et de sonnerie de trompettes, pour vous rappeler à mon souvenir.

Adeline baille et tortille son pyjama, Élodie rêve en mâchouillant une mèche de ses cheveux et Petit Paul dort déjà. C'est la lecture. Comme tous les soirs, papa lit quelques versets de la Bible, puis fait un commentaire. Tout le monde s'efforce de chanter le cantique et prie sans vraiment s'en rendre compte, en répétant les mêmes mots chaque soir. C'est la routine.
Mais voilà qu'un missionnaire doit passer une nuit à la maison. Il est tout heureux de participer à la lecture familiale et lit lui-même une parabole du Seigneur Jésus. Puis, il se lève d'un coup et dit à Paul : “Viens, nous allons mimer cette histoire pour que tu la comprennes mieux.” Il met aussi Adeline et Élodie à contribution. Les parents sont sidérés de voir avec quel plaisir leurs enfants participent à cette lecture. Ils ne dorment pas, ce soir !
Depuis la Pentecôte, sept mois se sont écoulés. Les Israélites ont-ils oublié Dieu ? Dieu, lui, ne les oublie pas et institue cette “fête des trompettes” pour les réveiller et se rappeler à leur souvenir.

Ma prière : Seigneur Jésus, aide-moi à ne pas m'endormir dans ma petite vie confortable et tranquille. Aide-moi à t'aimer de tout mon cœur, comme au premier jour. Merci parce que tu veux me réveiller, si je t'oublie.

23 avril

Lévitique 23. 27

Spécial thème
"Les 7 fêtes"

Le dixième jour de ce septième mois est le Jour des expiations. Vous vous humilierez et vous offrirez à l'Éternel des sacrifices.

Le missionnaire est reparti. Papa, maman, Adeline, Élodie et Paul se retrouvent à nouveau en famille pour la lecture. Il y a un silence, puis papa commence par se mettre à genoux et prier. Devant toute sa petite famille, il raconte simplement à Dieu tout ce qui s'est passé : cette visite du missionnaire lui a montré combien ses lectures manquaient de chaleur et d'intérêt et il a reconnu que cette tiédeur était un péché. Quand papa a fini de prier, on entend la voix de maman qui confesse à son tour qu'elle n'a pas fait beaucoup d'effort pour aider son mari et pour faire aimer la Bible à ses enfants. Puis, les enfants s'humilient aussi, chacun à leur tour, pour leur manque d'intérêt. À partir de ce soir-là, tout a changé !

Si nous nous laissons porter par la routine, l'Esprit de Dieu est obligé de nous secouer : c'est ce que signifie la fête des trompettes. Puis, 10 jours après, il y avait cette sixième fête : "le Jour des expiations" (ou "le Jour du grand pardon"). Une fois qu'il nous a réveillés, le Seigneur nous montre ce qui ne va pas dans nos vies et nous amène à le confesser.

Ma prière : Seigneur Jésus, donne-moi la volonté et le courage de rechercher régulièrement si quelque chose te déplaît dans ma vie et à te le confesser, pour garder une bonne relation avec toi.

24 avril

Lévitique 23. 34, 40, 42, 43

Spécial thème "Les 7 fêtes"

Le quinzième jour de ce septième mois, aura lieu la fête des Cabanes. Vous prendrez des branches de palmiers et d'arbres touffus. Pendant sept jours, vous vous réjouirez devant moi. Vous habiterez pendant sept jours dans des cabanes pour que vos descendants sachent que j'ai fait habiter les Israélites sous des tentes lorsque je les ai fait sortir d'Égypte.

C'est chouette de faire des cabanes! D'ailleurs c'était une fête où l'on ne devait être que joyeux!
Quel était le but de cette fête? Rappeler de génération en génération ce que Dieu avait fait.
Dans le Nouveau Testament, l'apôtre Paul compare notre corps à une tente car il est fragile, souvent malade et il vieillit vite. Mais comme pour la fête des cabanes, Dieu veut que l'on se souvienne du secours qu'il nous a donné jusque-là.
Ne perds jamais une occasion de regarder des photos de familles et de poser des questions sur le passé de tes parents ou de tes grands-parents: je suis sûr que tu y découvriras tout l'amour, la patience et la puissance de Dieu.

Ma prière: Seigneur Jésus, merci pour ta fidélité. Merci parce que tu prendras soin de moi, comme tu l'as fait jusque-là pour tous tes enfants.

25 avril

Matthieu 19. 27, 29

Pierre dit à Jésus : "Nous avons tout quitté pour te suivre : qu'en sera-t-il de nous ?" Jésus leur dit : "Tous ceux qui auront quitté, à cause de moi, leurs maisons, [...] ou leur terre, recevront cent fois plus et auront part à la vie éternelle."

La dernière éruption du volcan Terubilis n'a pas gêné les habitants de Moijeu. Au contraire, les coulées de laves ont fertilisé la plaine et ils en sont très satisfaits. Mais des savants préviennent Amourdetous, le roi du pays voisin, d'une nouvelle éruption imminente qui détruira tout le pays de Moijeu ! Ce roi fait avertir les princes de Moijeu, mais personne ne bouge. Inquiet de voir toute cette nation en péril, il se rend lui-même à Moijeu pour annoncer la catastrophe directement au peuple. Il invite tout le monde à le suivre dans son royaume, pour être en sécurité. Beaucoup refusent de le croire ou se trouvent trop bien à Moijeu. D'autres hésitent à faire un voyage si long et si pénible. Pourtant, quelques-uns sont impressionnés de voir que le roi Amourdetous est venu en personne pour les chercher et ils décident de le suivre. Mais ils doivent tout quitter, et le chemin est si long que le doute les assaille : "Que deviendrons-nous, dans ce pays inconnu ?" Le roi Amourdetous les rassure : "Vous m'avez fait confiance, n'ayez pas peur : je vais vous prendre avec moi, dans mon palais."

Ma prière : Seigneur Jésus, je veux te faire confiance. Aide-moi à être prêt à tout quitter pour te suivre.

Matthieu 20. 18, 19

26 avril

Voici, nous montons à Jérusalem. Le Fils de l'homme y sera livré aux chefs des prêtres et aux spécialistes de la Loi. Ils le condamneront à mort, et le remettront entre les mains des païens pour qu'ils se moquent de lui, le battent à coups de fouet et le clouent sur une croix. Puis, le troisième jour, il ressuscitera.

Il y a quelques mois, quand le dentiste a dit à Marie qu'elle devrait porter un appareil dentaire, elle en était tout excitée, presque joyeuse.
Aujourd'hui, l'appareil est posé et les cerceaux de métal qui lui écartent la mâchoire lui provoquent beaucoup de maux de tête et lui blessent la langue… Marie soupire : "Si j'avais su, je n'aurais jamais accepté ça !"
Que de fois nous disons ou pensons cela… Les difficultés, même si elles ne sont pas bien graves, nous font souvent regretter de nous être lancés dans telle ou telle aventure.
L'attitude du Seigneur est toute différente ! Il savait très exactement tous les évènements terribles qu'il devrait endurer et pourtant, il n'a pas renoncé !

Ma prière : Seigneur Jésus, merci pour l'amour sans limite que tu as eu pour moi : tu as accepté de venir sur la terre pour me racheter, alors que tu savais parfaitement tout ce que tu allais souffrir.

Matthieu 20. 25-28

27 avril

Jésus appela ses disciples auprès de lui et dit : “Vous savez ce qui se passe dans les nations : les chefs politiques dominent sur leurs peuples et les grands personnages font peser sur eux leur autorité. Qu’il n’en soit pas ainsi parmi vous. Au contraire : si quelqu’un veut être grand parmi vous, qu’il soit votre serviteur, si quelqu’un veut être le premier parmi vous, qu’il soit votre esclave. Car le Fils de l’homme n’est pas venu pour se faire servir, mais pour servir lui-même et donner sa vie en rançon pour beaucoup.”

Ces paroles du Seigneur Jésus sont une véritable révolution pour ceux qui suivent la logique du monde. Pour eux, c’est le roi qui se repose et les esclaves qui travaillent…
Mais pour Dieu, le plus grand, c’est bien son fils ! Alors, plus on lui ressemble, plus on devient “grand”… Pour cela, il faut accepter d’être l’esclave des autres.

Ma prière : Seigneur Jésus, aide-moi à te ressembler et à devenir avec joie le serviteur de ceux qui m’entourent.

28 avril

Matthieu 20. 30, 31

Deux aveugles étaient assis au bord du chemin. Quand ils entendirent que Jésus passait, ils se mirent à crier : "Seigneur, Fils de David, aie pitié de nous !" La foule les rabroua pour les faire taire, mais ils se mirent à crier de plus belle : "Seigneur, Fils de David, aie pitié de nous !"

Tony et ses copains ont une cachette dans une haie. Ils aiment bien se retrouver là, à la sortie de l'école, juste histoire de passer un moment ensemble, dans leur petit coin secret. Mais voilà qu'aujourd'hui, ils y découvrent un sac à main ! Ils l'ont à peine ouvert qu'un agent de police les attrape, les force à monter dans sa voiture et les emmène au poste. Une fois arrivés là, ils comprennent qu'ils sont accusés de vol ! L'un des amis de Tony se met à pleurer. L'autre, au contraire, se met dans une rage folle ! Pourtant, quand Tony leur dit que tout va bien se passer parce qu'il prie le Seigneur Jésus, ils se moquent de lui tous les deux. Cela ne décourage pas Tony qui continue de prier. Quelques minutes après, un autre agent amène le vrai coupable, qui s'est fait prendre sur le fait, avec la carte bleue de la propriétaire du sac !

Ma prière : Seigneur Jésus, aide-moi à être comme ces aveugles et comme Tony, qui ne se sont pas laissé décourager par les autres. Donne-moi une foi solide.

29 avril

Matthieu 20. 30a, 32-34

Jésus appela les aveugles et leur demanda :
“- Que voulez-vous que je fasse pour vous ?”
“- Seigneur, que nos yeux s'ouvrent !”
Pris de pitié pour eux, Jésus leur toucha les yeux.
Aussitôt, ils recouvrèrent la vue et le suivirent.

Vivane a toujours aimé le violon. Depuis l'âge de cinq ans, elle en joue chaque jour. Récemment, elle a appris que sa tante de Paris habite le même immeuble que sa violoniste préférée ! Grâce à son site internet, Viviane a réussi à connaître le planning des concerts de cette grande artiste, et en a déduit qu'elle devrait être chez elle, à Paris, lors des prochaines vacances de Pâque. Elle a réussi à convaincre ses parents de passer ces vacances chez sa tante... Aujourd'hui, le moment dont elle rêve depuis des mois est arrivé. Elle a sonné à la porte et l'artiste est là, devant elle, lui souriant gentiment. Mais quand elle lui demande ce qu'elle veut, Viviane bafouille juste un petit “bonjour”, trop intimidée pour oser demander quoi que ce soit, et s'enfuit ! Pas de petite audition privée, pas même un autographe !
Pour recevoir, il faut demander ! Si ces aveugles avaient demandé de l'argent, crois-tu qu'ils auraient été guéris ?

Ma prière : Dieu et Père, aide-moi à te faire confiance et à ne pas avoir peur de te demander tout ce dont j'ai besoin. Merci parce que je peux être assuré de ton amour et de tes réponses.

30 avril

Matthieu 21. 2, 5

Jésus dit à deux de ses disciples “Allez dans le village, vous trouverez une ânesse attachée et, près d’elle, son petit. Détachez-les et amenez-les moi.” Tout cela arriva pour que se réalise la prédiction du prophète : “Dites à la communauté de Sion : Voici ton Roi qui vient à toi ; humble, il vient monté sur une ânesse, sur un ânon, le petit d’une bête de somme.”

Quand un roi doit se faire couronner dans une ville, il arrive sur un cheval, pas sur un petit ânon ! Et puis il est fier : il est le roi, le plus grand, le plus puissant…
Notre Seigneur était humble, il n’est pas venu pour écraser les autres, mais pour les sauver.
Le livre de l’Apocalypse nous dit qu’il reviendra un jour, monté sur un cheval blanc, avec plusieurs couronnes et une épée aiguisée pour frapper les nations.
Il y a un temps pour l’amour, la grâce et le pardon… Ce temps dure depuis le jour où Jésus est venu sur la terre, humblement, pour mourir pour nos péchés. Mais ce temps finira bientôt, quand il reviendra nous chercher pour nous prendre avec lui dans le ciel. Une autre période commencera alors : le temps des jugements…

Ma prière : Seigneur Jésus, merci parce que tu as travaillé dans mon cœur pour que je croie en toi. Merci parce que je te connais comme un roi humble, plein de grâce et de pardon.

1 mai

Matthieu 21. 9-11

Toute la foule criait : "Hosanna au Fils de David ! Béni soit celui qui vient de la part du Seigneur ! Hosanna à Dieu au plus haut des cieux !" Quand Jésus entra dans Jérusalem, toute la ville fut en émoi. Partout on demandait : "Qui est-ce ?" Et la foule répondait : "C'est Jésus le prophète, de Nazareth en Galilée."

Dans quelques jours, c'est Noël. Charly accompagne sa tante au supermarché. Devant eux, à la caisse, un petit enfant interroge sa maman :
- Pourquoi c'est Noël, maman ?
- He bien, parce que c'est la fin de l'année.
- Pourquoi on fait la fête à Noël, dis, maman ?
- Parce que c'est la naissance du petit Jésus. Mais tais-toi, maintenant : je finis de payer et on s'en va.
Charly a un pincement au cœur : son Sauveur et Seigneur n'a-t-il pas plus d'importance que cela ?
Pour ceux qui venaient célébrer la Pâque à Jérusalem, Jésus n'était qu'un prophète, venu d'une région méprisée… Et si on me demandait à moi : "Qui est donc ce Jésus dont tu parles ?" Quelle serait ma réponse ?

Ma prière : Seigneur Jésus, merci parce que tu es le Fils de Dieu, venu dans le monde pour sauver les hommes. Merci parce que j'ai accepté cela et que je le crois. Oui, tu es mon Sauveur, mon Seigneur.

Proverbes 21. 1

2 mai

Le cœur du roi est comme un cours d'eau entre les mains de l'Éternel : il le dirige à son gré.

Tu t'es déjà certainement amusé à faire des barrages sur un petit cours d'eau… Ce n'est pas compliqué : tu mets des pierres les unes contre les autres, et hop ! l'eau passe bientôt où tu veux.
La Bible nous dit que Dieu peut diriger la volonté d'un roi aussi facilement que tu peux dévier le cours d'un ruisseau. Pourtant, les rois sont souvent capricieux, inflexibles, et tellement fiers qu'ils refusent souvent de revenir sur leurs décisions, de peur d'avoir l'air bête…
Tu n'auras peut-être jamais affaire à un roi, mais par contre, tu dois obéir à des enseignants, puis ce seront des patrons… Souviens-toi que Dieu peut diriger leur cœur comme un cours d'eau et n'hésite pas à faire appel à lui !
Au mois de Mars, tu as lu l'histoire d'Aline, qui a supplié le Seigneur de travailler dans le cœur de son maître pour qu'il accepte d'étudier un autre livre que "Harry Potter"… Le Seigneur peut faire cela aussi pour toi.

Ma prière : Dieu et Père, merci parce que c'est toi qui diriges tout. Tu es le Roi des rois et personne n'est trop grand pour toi. Aide-moi à m'en souvenir, s'il te plaît.

3 mai

Proverbes 21. 3

Lorsqu'un homme fait ce qui est juste et droit, cela fait plaisir à l'Éternel, plus que s'il lui offrait des sacrifices.

Parmi ses voisins, Didier a plusieurs copains de son âge. C'est chouette de pouvoir jouer ensemble !
Le plus proche s'appelle Richard. Oh, avec lui, ce n'est pas toujours facile… Il se met souvent dans des colères terribles pour pas-grand-chose. Il peut crier, t'insulter et même te taper dessus si tu n'es pas d'accord d'être l'Indien quand il veut être le cow-boy. Bien sûr, dès qu'il est calmé, il essaie de se faire pardonner, et comme ses parents sont assez riches, ça se termine toujours au rayon "bonbons" de la boulangerie du coin…
Thomas, lui, c'est tout le contraire. Il est toujours content, toujours d'accord pour tous les jeux. On peut vraiment conter sur lui, c'est pas un lâcheur.
Lequel des deux préférerais-tu avoir comme ami ?
Dieu ne se laisse acheter ni par quelques bonbons, ni par tout l'or du monde. N'est-il pas le Créateur ?
Par contre, lui obéir, faire ce qui est juste et droit, cela peut vraiment lui faire plaisir.

Ma prière : Dieu et Père, change mon cœur : remplis-le de ce qui est juste et droit pour que je puisse vivre d'une manière qui te fasse plaisir.

Proverbes 21. 11

4 mai

Quand le châtiment atteint le moqueur, même le stupide en devient sage, et quand on instruit le sage, il acquiert de la connaissance.

Pierrot a presque deux ans. Ses frères et sœurs aiment bien lui faire des câlins. Seulement, voilà : dès qu'il le peut, Pierrot se met à mordre. Planter ses petites dents dans un bras bien dodu, c'est plus fort que lui, il n'y résiste jamais. Maman a bien essayé de lui expliquer plusieurs fois que ce n'est vraiment pas bien, pas gentil, que ça fait mal… rien n'y fait. Alors, l'autre jour, Maman l'a regardé droit dans les yeux et lui a dit : "Je vais te faire la même chose et tu verras alors combien cela fait mal." Oh, bien sûr, Maman n'a pas mordu très fort… mais quand même un peu, pour lui faire comprendre. Quand elle a vu les grands yeux étonnés se remplir silencieusement de larmes, elle a su que Pierre avait compris. D'ailleurs, il n'a plus recommencé !
Dieu est amour et il voudrait que nous lui ressemblions. Comment vais-je apprendre cet amour : à contrecœur, en faisant la dure expérience de la vie, ou en écoutant ce que me dit la Bible et en essayant de lui obéir, avec l'aide du Seigneur ?

Ma prière : Père tout puissant, ouvre mon cœur afin que je comprenne, retienne et applique les enseignements de ta Parole, sans t'obliger à me les apprendre par des circonstances difficiles.

5 mai

Proverbes 21. 13

Celui qui fait la sourde oreille quand le malheureux appelle à l'aide, appellera lui-même à l'aide sans obtenir de réponse.

Ce verset est un avertissement sérieux : il nous dit quelque chose d'important. D'ailleurs, le Seigneur Jésus l'a repris plusieurs fois dans son enseignement.

Solange devait faire un exposé sur les arbres. Elle envisage de demander l'aide de Claire, dont le père travaille dans les forêts. Or, voilà justement Claire qui s'approche et qui lui demande de l'aider pour le devoir de Maths… Oh non ! Claire est nulle, en Maths ! C'est tellement long de lui expliquer ! Solange va-t-elle refuser ? Non, car elle sait qu'elle a aussi besoin de Claire.

Mais alors, ne doit-on aider que ceux qui pourront nous aider à leur tour ?

Surtout pas ! Si, pour l'amour de Jésus, nous aidons quelqu'un qui ne pourra pas nous le rendre, c'est comme si nous aidions Jésus lui-même, et il nous a promis que lui, il nous le rendra !

Ma prière : Seigneur Jésus, aide-moi à ne pas faire la sourde oreille quand les autres me parlent de leurs soucis, mais à les écouter et à m'intéresser à eux. Donne-moi ton amour et ta sagesse pour leur venir en aide.

Proverbes 21. 22, 30

6 mai

Le sage attaque la cité défendue par de vaillants guerriers et fait tomber le rempart dans lequel elle mettait sa confiance. Face à l'Éternel, il n'y a ni intelligence, ni conseil qui tienne.

Dans son évangile, Jean raconte l'histoire d'un aveugle guéri par Jésus.
À cette époque, les chefs du peuple étaient des savants qui connaissaient la loi et qui étaient très forts pour tromper les autres par de belles paroles. Ces gens intelligents rejetaient Jésus et cherchaient des prétextes pour ne pas croire en lui et pour empêcher les autres de croire.
L'aveugle, lui, est quelqu'un de simple. Il n'a pas pu étudier, puisqu'il ne peut pas lire ! Mais son cœur est sage, parce qu'il respecte Dieu. Quand les chefs l'interrogent, il répond : "Tout le monde sait que Dieu n'exauce pas les pécheurs ; mais si quelqu'un est attaché à Dieu et fait sa volonté, il l'exauce. Si cet homme-là ne venait pas de Dieu, il n'aurait rien pu faire." C'est logique ! Et toute la fausse sagesse des chefs s'écroule. Ils ne peuvent plus répondre que par la violence et le jettent à la porte.
La vraie sagesse, c'est le respect de Dieu. Même si tu te trouves devant des gens très intelligents, forts comme de vaillants guerriers, ta confiance en Dieu, simple mais forte, fera s'écrouler leurs défenses.

Ma prière : Père céleste, aide-moi à te respecter toujours plus et remplis-moi de ta sagesse. Merci parce que tu me promets ton secours et ta puissance.

Proverbes 21. 31

7 mai

Vous pouvez harnacher le cheval pour le jour du combat, mais la victoire dépend de l'Éternel.

Antoine aime bien lire des histoires de batailles. D'ailleurs, il y en a beaucoup dans la Bible. Mais certaines sont vraiment étranges… Il est toujours perplexe en pensant aux armes que Josué ou Gédéon ont employées : des trompettes, des cruches, des torches ! Quant à Josaphat, c'est le comble ! Il prend tout le peuple avec lui pour aller au combat… en chantant ! Et ils se contentent tous de regarder leurs ennemis s'entre-tuer… Qu'est-ce qui a donc bien pu pousser tous ces chefs d'armées à agir de manière aussi folle ? C'est la conscience que ce n'étaient pas leurs propres forces qui pouvaient leur donner la victoire, mais seulement l'Éternel, leur Dieu.
Tu as aussi des combats à mener : contre la tentation, la peur, ou encore la maladie. Quel que soit ce combat, de quelque manière qu'il se déroule, n'oublie jamais que la victoire dépend du Seigneur.

Ma prière : Seigneur Jésus, aide-moi à me confier en toi de tout mon cœur. Merci parce que je connais ta puissance et ton amour pour moi.

8 mai

Proverbes 22. 2

Riche et pauvre ont ceci en commun : c'est l'Éternel qui les a faits l'un et l'autre.

Tu peux être riche ou pauvre de différentes manières. Certains sont beaux, d'autres moins ; certains sont hardis, d'autres timides ; certains parlent facilement, d'autres ont de la peine à s'exprimer ; certains sont doués pour le dessin, la musique, le bricolage, les maths, la poésie, d'autres pas. Certains sont toujours contents, d'autres ont plus de difficultés. Certains ont beaucoup d'imagination, d'autres s'ennuient vite…
Si le Seigneur t'a donné une richesse, ne méprise pas ceux qui ne l'ont pas, car tu mépriserais Dieu : c'est lui qui les a créés, comme il t'a créé, mais avec peut-être d'autres richesses. Et toi, qui envies la richesse d'un autre, regarde plutôt à celles que tu as et ne méprises pas ce que tu as reçu, car tu mépriserais celui qui te les a données, le Créateur…
Fais attention aussi à ne pas faire de différences entre les richesses, comme le monde le fait. Hélas, pour bien réussir en classe, il faut surtout être "riche" en Maths… Mais ne crois-tu pas que le seul moyen de vraiment bien réussir sa vie, c'est d'être riche de la connaissance de Jésus ?

Ma prière : Père céleste, merci parce que je suis l'enfant le plus riche du monde !

Romains 13. 8

9 mai

Ne restez redevables de rien à personne, sinon de vous aimer les uns les autres.

Bertrand arrive toujours à l'école avec un cartable rempli d'objets les plus divers : des brioches, du chocolat, des bonbons ou encore des petits jus de fruits… D'autres fois, ce seront des balles, des figurines ou des élastiques. Il est bien sympa, car il partage toujours avec les autres. Seulement, maintenant, tout le monde lui est redevable : tout le monde lui doit quelque chose. Alors il peut demander n'importe quel service à n'importe qui, personne ne peut rien lui refuser ! C'est cela, être redevable.

Pourquoi Dieu nous a-t-il sauvés ? Est-ce parce qu'il nous devait quelque chose ? Non, au contraire, c'est nous qui lui devons tout ! S'il nous a aimés, c'est parce qu'il est comme ça : plein d'amour. Il nous l'a montré en donnant son fils Jésus, sans autre raison que son amour.

Et moi, quand donc puis-je faire plaisir aux autres ? Seulement quand j'y suis obligé, parce que je leur suis redevable de quelque chose, ou bien à toute occasion, laissant seulement agir l'amour que Dieu a versé dans mon cœur ?

Ma prière : Seigneur Jésus, aide-moi à n'être redevable à personne. Aide-moi aussi à savoir donner et recevoir un amour sincère.

10 mai

Romains 13. 10

Celui qui aime ne cause aucun mal à son prochain. Aimer son prochain, c'est donc accomplir toute la Loi.

La "loi" de ce verset, c'est la loi de Dieu donnée par Moïse au peuple d'Israël. Bien sûr, il y a les dix commandements, mais aussi des centaines d'autres versets qui décrivent de manière très stricte et très précise tout ce qu'un homme devrait faire et ne pas faire pour plaire à Dieu. C'était très difficile d'obéir à "toute la Loi"; tellement difficile que personne ne pouvait y arriver. En fait, personne n'avait vraiment compris la Loi. Alors, Dieu a envoyé son Fils… pour annuler la Loi? Non, pour la vivre parfaitement afin de nous la faire mieux comprendre. Par sa vie, Jésus a démontré qu'il ne fallait qu'une chose pour "accomplir toute la Loi": l'AMOUR.
Si tu veux ressembler à Jésus et "accomplir toute la Loi", relis le verset, apprends-le par cœur et supplie chaque matin le Seigneur de t'aider à le vivre.

Ma prière: Seigneur Jésus, aide-moi à te ressembler en aimant tous ceux qui m'entourent et en le leur montrant un peu plus aujourd'hui. Aide-moi à ne rechercher le mal de personne, mais le bien de chacun.

Romains 13. 14

Revêtez-vous du Seigneur Jésus-Christ et ne vous préoccupez pas de satisfaire les désirs de l'homme livré à lui-même.

Robert apprend le métier de pompier. Une nuit, alors qu'il est de garde avec son capitaine, l'alarme retentit dans une usine. Sans plus attendre, ils foncent sur les lieux du sinistre. Un gaz extrêmement toxique est en train de se répandre dans l'usine et trois gardiens sont coincés au milieu. Robert voit son capitaine enfiler une combinaison de protection et s'engouffrer par une porte pour aller à leur aide. Encouragé par son exemple, Robert prend les mêmes précautions et le même chemin. Dans l'usine, à la lumière des flammes, Robert reste sidéré : des caisses entières d'objets précieux sont entreposées là ! "Et dire que tout cela va être détruit, pense Robert… Je pourrais bien en profiter un peu !" Il s'apprête à remplir ses poches quand il pense à son capitaine : lui aussi est passé ici et a vu toutes ces choses. Mais il ne s'est pas attardé, lui ! Il a couru au secours des gardes en détresse ! Alors Robert décide de ne "pas satisfaire ses désirs" et fonce en avant, à la suite de son modèle.

Ma prière : Seigneur Jésus, aide-moi à faire avec toi comme Robert avec son capitaine : à penser à ton exemple, à rechercher à t'imiter et à foncer après toi.

12 mai

Romains 14.1, 4

Accueillez celui qui est mal affermi dans la foi, sans vous ériger en juges de ses opinions. Qui es-tu, toi, pour juger le serviteur d'un autre ? Qu'il tienne bon ou qu'il tombe, c'est l'affaire de son maître. Mais il tiendra bon car le Seigneur, son maître, a le pouvoir de le faire tenir.

Autour de toi, il y a peut-être des gens qui croient au Seigneur Jésus, mais qui ne pensent pas tout à fait la même chose que toi. S'ils croient que
• Jésus est le Fils de Dieu,
• qu'il est venu sur la terre comme un homme pour souffrir et mourir afin de les racheter de leurs péchés
• qu'il les a délivrés de la mort éternelle,
alors ils sont des enfants de Dieu, comme toi : ce sont tes frères et sœurs en Jésus.
Mais après, s'ils n'ont pas le même avis que toi sur certains points, quelle doit être ta réaction ? Ce verset est clair : on ne doit pas juger ceux qui vivent leur vie chrétienne autrement que nous, ceux qui ont peut-être compris la Bible de manière un peu différente.

Ma prière : Dieu et Père, j'ai compris que je ne devais pas juger la façon dont vivent tes enfants. S'il te plaît, aide-moi à bien y faire attention chaque jour.

13 mai

Romains 14. 6, 12

Celui qui mange le fait pour le Seigneur, puisqu'il remercie Dieu pour sa nourriture. Et celui qui s'abstient de certains aliments le fait encore pour le Seigneur, car lui aussi remercie Dieu. Ainsi chacun de nous rendra compte à Dieu pour lui-même.

Dans certaines églises de Hollande, à côté des porte-manteaux, se trouve un râtelier où les frères peuvent déposer leur pipe en arrivant. Cette habitude a longtemps contrarié les étrangers, qui considéraient le fait de fumer comme un péché… Mais qu'auraient pensé nos frères hollandais en voyant notre papa déboucher une bonne bouteille de vin pour honorer un invité !
Dans ce verset, l'apôtre Paul parle de viande : les croyants issus du peuple juif, encore influencés par la Loi de Moïse, refusaient d'en manger. Qu'il s'agisse de manger, de boire, de fumer ou d'autre chose, les problèmes sont souvent liés aux habitudes, à l'éducation…
Si j'ai été élevé d'une certaine manière, avec certains principes, ai-je le droit de mépriser ce que font mes frères en Jésus, quand ils le font honnêtement devant le Seigneur ? Non : je dois tout faire pour le Seigneur, en acceptant que d'autres fassent différemment

Ma prière : Dieu et Père, aide-moi à chercher toujours plus à te plaire, mais sans m'imaginer que c'est la seule bonne manière.

14 mai

Romains 14. 17, 18

Le règne de Dieu ne consiste pas à réglementer le manger et le boire, mais, par l'Esprit Saint, à nous rendre justes et à nous donner la paix et la joie. Celui qui sert le Christ de cette manière est agréable à Dieu et estimé des hommes.

Thomas et Sylvestre sont inscrits dans un club de foot. Thomas a un super-équipement de "pro". Il arrive même avec plusieurs ballons spécialement homologués par la fédération française… C'est un bon copain, mais si tu n'as pas l'équipement adapté, ou si les crampons de tes chaussures ne sont pas réglementaires, il t'en fait toute une histoire !
Pour Sylvestre, ce qui compte, c'est le jeu ! Avec lui, il faut suivre exactement les règles, mais le but, c'est de bien s'amuser, de passer un bon moment ensemble.
La vie chrétienne, c'est un peu comme cela. Soit tu pinailles sur les détails et tu n'avances pas, soit tu te laisses guider par l'Esprit Saint. Dans ce cas, tu verras qu'il te donnera tout ce que l'on peut attendre de la vie : la joie et la paix. En plus, tu feras plaisir à Dieu et aux autres.

Ma prière : Père céleste, remplis-moi de ton Esprit Saint pour qu'il me guide vers ce qui est essentiel, pour mon bonheur et pour ton plaisir.

15 mai

Romains 14. 19

Cherchons toujours ce qui contribue à favoriser la paix et à nous faire grandir les uns les autres dans la foi.

Lydie a invité quelques amis de son église pour fêter son anniversaire. Elle prépare cette fête depuis deux bonnes semaines. Elle a prévu plusieurs activités, dont un jeu de piste de son invention : chacun devra trouver cinq cartes à jouer cachées dans le jardin et le vainqueur sera celui qui aura le plus d'as, de rois et de reines. Toute contente, elle fait part de son projet à sa tante. Un peu inquiète, celle-ci lui explique que les jeux de cartes ne sont pas appréciés par certaines familles de l'église, qui estiment que c'est quelque chose de mauvais, lié à l'occultisme.

Tout de suite, Lydie réagit : "Tant pis ! maintenant, c'est trop tard. Je ne veux pas avoir fait tout cela pour rien." Mais en y réfléchissant, elle se rend compte que cela risque de mettre un peu de gêne entre ses copines et elle, et de ne pas favoriser la paix. Cela pourrait même gâcher la fête ! Alors elle décide de tout refaire. Elle garde son idée de jeu de piste, mais elle remplace les cartes par des illustrations des paraboles. Le vainqueur sera… eh bien… le Seigneur !

Ma prière : Père céleste, aide-moi à toujours rechercher la paix et le bien des autres, même si cela peut sembler difficile.

16 mai

1 Samuel 15. 1-3, 7, 8, 9

Samuel dit à Saül: "Voici ce que dit l'Éternel: J'ai décidé de punir les Amalécites pour ce qu'ils ont fait au peuple d'Israël. Va les attaquer et extermine-les totalement avec tout ce qui leur appartient." Saül battit Amalec. Mais Saül et ses soldats épargnèrent le roi Agag ainsi que les meilleurs animaux du butin.

Antoine aime beaucoup les jeux vidéos. Pour Noël, il a commandé toute une série de jeux d'aventure sur la Grèce Antique. Ces jeux sont très bien faits. Il y a du suspens et on apprend plein de choses sur la mythologie grecque. Mais petit à petit, ces jeux commencent à inquiéter Antoine. Il fait de plus en plus de cauchemars, au point qu'il a peur d'aller se coucher. Il a de la peine à s'endormir. Ses jeux le passionnent chaque jour davantage, mais il devient irritable et nerveux…
Quand il se décide d'en parler à ses parents, ceux-ci l'aident à comprendre qu'il ne devrait plus jouer à ces jeux. Antoine prend la résolution de ne plus y toucher. Mais il ne va quand même pas les jeter! Les documentaires sont si beaux… Alors il les garde et, de temps en temps, il y jette un coup d'œil… Et les cauchemars reviennent…

Ma prière: Dieu et Père, montre-moi ce qui est mauvais et donne-moi la force de m'en débarrasser, pour te plaire et pour en être délivré.

1 Samuel 15. 10-12

17 mai

L'Éternel parla à Samuel et lui dit : "Je décide d'annuler ce que j'ai fait en établissant Saül roi, car il s'est détourné de moi et il n'a pas tenu compte de mes ordres." Samuel en fut bouleversé et il implora l'Éternel toute la nuit. Le lendemain matin, il partit trouver Saül.

Avant que Saül devienne roi, Samuel était le personnage le plus important d'Israël. En demandant un roi, le peuple avait rejeté Dieu, mais aussi Samuel. Dieu lui avait alors demandé de désigner Saül comme roi en lui versant de l'huile sur la tête. Cela avait dû être difficile pour Samuel, d'accepter de se faire mettre de côté… Mais il l'avait fait, pour obéir à Dieu.
Et voilà que Dieu lui annonce qu'il rejette Saül, parce qu'il a désobéi ! Qu'aurais-tu pensé, à la place de Samuel ? Moi, je crois que j'aurais été bien content : "J'en étais sûr ! Il ne valait rien, ce type ! Ah, si le peuple avait voulu me faire confiance… Tu sais comme je t'obéis bien, moi ! Lui, il ne fait que des bêtises ; c'est bien fait pour lui." Non… Samuel est "bouleversé" : il prie toute la nuit, sûrement pour Saül, mais aussi pour tout le peuple. Mais le matin, il obéit.

Ma prière : Dieu et Père, enlève de mon cœur toute jalousie, tout esprit de vengeance ou de mépris. Aide-moi aussi à savoir prier pour les autres.

18 mai

1 Samuel 15. 13-15

Saül dit à Samuel : “Que l’Éternel te bénisse ! J’ai exécuté l’ordre de l’Éternel.” Samuel lui demanda : “D’où viennent donc ces bêlements et ces mugissements que j’entends ?” Saül répondit : “Les soldats les ont ramenés de chez les Amalécites : ils ont épargné les meilleures bêtes pour les offrir en sacrifice à l’Éternel.”

À la fête de l’école, Sylvette gagne tout un tas de figurines en bois. Toute contente, elle les montre à son papa. Mais au lieu de se réjouir avec elle, il lui apprend que ces figurines représentent les idoles de différentes civilisations. Il lui montre dans l’encyclopédie tout ce qui concerne ces idoles. Ensuite, il lui explique que Satan utilise ces morceaux de bois pour détourner les hommes de Dieu et qu’ils n’ont pas leur place chez un chrétien. Enfin, papa demande à Sylvette de jeter les figurines.
Mais, un jour de grand nettoyage, maman découvre quelques figurines, cachées derrière une pile de livres ! Lorsqu’elle interroge Sylvette sur les raisons de sa désobéissance, celle-ci répond qu’elle pensait les montrer au club biblique, pour expliquer ce que c’est qu’une idole… Crois-tu que le Seigneur apprécie qu’on lui fasse un cadeau pour lequel on a été obligé de désobéir ?

Ma prière : Dieu et Père, donne-moi la force de t’obéir entièrement, jusqu’au bout.

19 mai

1 Samuel 15. 22

Samuel dit alors à Saül : "Les holocaustes et les sacrifices font-ils autant plaisir à l'Éternel que l'obéissance ? Non ! Car l'obéissance est préférable aux sacrifices, la soumission vaut mieux que la graisse des béliers."

"- Renaud, je dois aller immédiatement chez la vieille Mme Riva : elle est tombée et n'arrive plus à se relever. Surveille tes petites sœurs, je reviens dès que possible.
- Promis, maman, je serai sage."
Renaud se sent tout fier de la confiance que lui accorde sa maman. D'ailleurs, il va lui montrer qu'il en est vraiment digne… Le garçon va à la cuisine et entreprend de vider le lave-vaisselle. Puis, il dispose le couvert pour le repas. Comme maman va être contente ! Renaud entend justement la clé qui tourne dans la serrure… et le cri d'horreur de maman ! Pendant que Renaud s'affairait à la cuisine, les petites sœurs étaient montées sur le bureau, avaient trouvé les ciseaux et joué au coiffeur ! Crois-tu que la maman a apprécié que la vaisselle soit rangée et la table mise ? Ne crois-tu pas qu'elle aurait préféré que les petites gardent leurs belles boucles ? Eh oui, mais pour cela, il aurait fallu obéir !

Ma prière : Seigneur Jésus, toi qui as été toujours parfaitement obéissant, aide-moi à comprendre qu'obéir est la chose la plus importante que tu me demandes.

1 Samuel 15. 23

20 mai

Samuel dit à Saül : "L'insoumission est aussi coupable que le péché de divination et la désobéissance aussi grave que l'idolâtrie. Puisque tu as rejeté les ordres de l'Éternel, lui aussi te rejette et te retire la royauté."

Cachés au fond de la cour, plusieurs garçons éblouis entourent Patrice qui sort de son cartable un ancien couteau, héritage de son oncle. "Tu parles ! Il est nul, ton couteau, dit Luc ! Demain, j'amènerai celui de mon père et tu verras..." Le lendemain, au même endroit, la petite bande compare les couteaux. Les dangereux instruments passent de main en main, jusqu'au moment où l'un d'eux leur échappe et vient se planter dans le pied de Paul ! Patrice et Luc sont alors convoqués par le directeur, ainsi que leurs parents. La sentence tombe : ils sont exclus de l'école pendant trois jours ! S'ils avaient juste été pris "le couteau dans le sac", ils n'auraient eu qu'un avertissement. Mais là, il y a eu un accident...
La justice du monde juge une faute selon ses conséquences. Dieu, lui, juge les intentions du cœur. Désobéir, c'est s'opposer à Dieu, c'est refuser qu'il est Dieu et qu'il a tous les droits. Même si notre désobéissance ne nous paraît pas grave ou si elle n'a pas de conséquences directes, c'est le plus grave des péchés pour Dieu.

Ma prière : Dieu et Père, aide-moi à t'obéir dans tous les détails de ma vie, pas seulement quand ça se voit.

21 mai

1 Samuel 15. 24-26, 30

Saül répondit à Samuel : "J'ai péché, car j'ai transgressé l'ordre de l'Éternel, parce que j'ai eu peur de mécontenter mes soldats, et j'ai cédé à leurs demandes. Je t'en prie, pardonne ma faute ; et reviens avec moi pour que je me prosterne devant l'Éternel." "Non, répliqua Samuel. Je n'irai pas avec toi, car tu as rejeté les ordres de l'Éternel, c'est pourquoi l'Éternel te rejette aussi et te retire la royauté sur Israël."

Saül ne sera pas pardonné. Il a bien reconnu sa faute, mais du bout des lèvres, en rejetant la responsabilité sur ses soldats. Son attitude n'a pas changé, il ne s'est pas vraiment repenti de son péché. S'il veut être pardonné tout de suite, ce n'est pas pour retrouver une bonne relation avec Dieu, mais pour être bien vu des hommes…
Pour être pardonné, il faut vraiment VOULOIR ce pardon. Qu'est-ce que ça veut dire ?

- Il faut d'abord comprendre la gravité de son péché.
- Il faut ensuite regretter ce qu'on a fait…
- Il faut être prêt à changer d'attitude.

Si on demande pardon à Dieu ou à quelqu'un d'autre, c'est pour pouvoir se réconcilier avec lui. Si c'est pour une autre raison, c'est du mensonge.

Ma prière : Père céleste, aide-moi à savoir reconnaître mes fautes et donne-moi la force de vouloir changer, par amour pour toi et non pas pour être bien vu.

22 mai

1 Samuel 15. 32-33

Samuel ordonna : “Amenez-moi Agag, roi d’Amalec !” Samuel lui déclara : “Ton épée a privé bien des femmes de leurs enfants, à présent c’est ta mère qui sera privée de son fils !” Et Samuel exécuta Agag devant l’Éternel.

Nous sommes à Éphèse, en l’an 56 après Jésus-Christ. En se promenant, le petit Julius aperçoit un immense feu sur la grande place. Curieux, il s’approche… et voit des gens brûler des livres magnifiques ! Parmi eux, il reconnaît son voisin, mage redouté et savant respecté, qu’il a toujours vu le nez dans ses livres. Et maintenant, le voilà qui les jette au beau milieu du brasier ! Julius est de plus en plus étonné. Son voisin a l’air très heureux… Serait-il devenu fou ? Non : il a simplement cru en Jésus et il se débarrasse de tout ce qui s’oppose à sa foi.

Et Samuel ? Comment se fait-il qu’un prophète de l’Éternel puisse tuer un homme de ses propres mains ? Est-il devenu méchant ? Non : il fait ce que l’on doit faire aux ennemis de Dieu.

Au fil du temps, les ennemis de Dieu ont changé, mais notre détermination à nous en débarrasser ne devrait pas changer !

Ma prière : Père céleste, donne-moi la force et la détermination pour rejeter le mal et me débarrasser de ce qui ne te fait pas plaisir.

23 mai

Actes 12. 4-11

Pierre fut mis en prison, sous la garde de quatre escouades de quatre soldats chacune.
Mais l'Église priait ardemment Dieu en sa faveur. Or, la nuit, Pierre dormait entre deux soldats, et des sentinelles montaient la garde devant la porte. Tout à coup, un ange apparut, et toucha Pierre pour le réveiller. Au même instant, les chaînes tombèrent de ses poignets. "Allons, mets ta ceinture et tes sandales !" Pierre obéit. "Maintenant, mets ton manteau et suis-moi." Pierre le suivit et sortit, sans se rendre compte que ce que l'ange faisait était réel : il croyait avoir une vision. Ils passèrent devant les deux postes de garde et arrivèrent devant la porte de fer qui donnait sur la ville. Celle-ci s'ouvrit toute seule. Ils sortirent. Et soudain, l'ange le quitta. Alors Pierre reprit ses esprits et se dit : "Le Seigneur a envoyé son ange et m'a délivré."

Dieu écoute les prières d'une église ! Grâce à ces prières, Pierre a pu garder une telle confiance en Dieu qu'il dormait dans sa prison. En réponse à ces prières, Dieu a envoyé son ange pour le délivrer miraculeusement.

Ma prière : Seigneur Jésus, aide-moi à écouter les prières de mon église et à y participer en disant "amen".

Actes 12. 12-17

24 mai

Pierre se rendit à la maison de Marie, la mère de Jean-Marc. Un assez grand nombre de frères s'y étaient réunis pour prier. Il frappa à la porte. Une jeune servante s'approcha et demanda qui était là. Elle reconnut la voix de Pierre et, dans sa joie, au lieu d'ouvrir, elle se précipita pour annoncer : "C'est Pierre ! Il est là, dehors, devant la porte." "Tu es folle", lui dirent-ils. Mais elle n'en démordait pas. "Alors, c'est son ange", dirent-ils. Pendant ce temps, Pierre continuait à frapper. Ils ouvrirent, le virent et en restèrent tout étonnés. D'un geste de la main, Pierre leur fit signe de se taire, et il leur raconta comment le Seigneur l'avait fait sortir de prison.

Quand on prie, Dieu répond. Toujours. Parfois, on voudrait voir la réponse tout de suite alors qu'il faut attendre... D'autre fois, Dieu répond si vite et de façon si extraordinaire, que l'on n'y croit pas !
La foi, ce n'est pas croire très fort que Dieu va faire ce qu'on lui demande. La foi, c'est être profondément persuadé de l'amour et de la puissance de Dieu, qui répondra exactement, non pas à ce que nous lui avons demandé, mais à nos vrais besoins.

Ma prière : Dieu et Père, donne-moi toujours plus de foi.

25 mai

Actes 12. 21-23

Hérode, revêtu de ses vêtements royaux, prit place sur son trône et fit un discours. Le peuple se mit à crier : “Ce n’est plus un homme qui parle. C’est la voix d’un dieu.” Au même instant, un ange du Seigneur le frappa parce qu’il n’avait pas rendu à Dieu l’honneur qui lui est dû. Dévoré par les vers, il expira.

Hérode venait de faire tuer Jacques et s’apprêtait à faire de même avec Pierre lorsque celui-ci a été délivré par l’ange. Devant un tel miracle, Hérode va-t-il se repentir et chercher à connaître le Dieu de Pierre, si puissant et plein d’amour pour ses serviteurs ? Au contraire ! Il méprise cet appel de Dieu et se gonfle d’orgueil au point d’accepter d’être appelé “un dieu” ! Aujourd’hui, les Grands de ce monde n’ont pas changé : ils se font appeler “idoles” et cherchent toujours à se faire “adorer”. Si Dieu ne les juge pas aussi rapidement qu’Hérode, c’est peut-être parce qu’ils n’ont encore jamais vu de miracle qui leur révèle de manière aussi évidente l’amour et la puissance de Dieu… Quant à nous, nous devons être prudents et ne pas nous laisser entraîner à admirer un homme qui rejette Dieu.

Ma prière : Dieu et Père, aide-moi à ne mépriser personne, mais garde-moi d’être attiré par ce qui se voit, comme les beaux habits ou les belles paroles.

Actes 13. 1

26 mai

Dans l'Église d'Antioche, il y avait des prophètes et des enseignants : Barnabas, Siméon surnommé le Noir, Manaën, qui avait été élevé avec Hérode le gouverneur, et Saul.

Dieu a voulu conserver dans la Bible le nom des frères qui enseignaient à Antioche. On a déjà fait connaissance avec Barnabas, plein de grâce et si généreux qu'il a vendu son terrain pour aider les pauvres. On peut aussi se représenter Paul, avec sa grande connaissance, donner de passionnants sermons… Mais qui sont les autres ? Siméon est noir ; c'est donc quelqu'un de différent, mais Dieu lui a aussi donné sa sagesse et l'église l'écoute autant que les autres. Manaën est issu d'une grande famille noble, mais son nom est cité sans prétention au milieu des autres. Il fait partie de ces prophètes et de ces enseignants, mais ce n'est certainement pas pour son rang de noblesse que l'église l'écoute…
Tu fais peut-être partie d'une église dans laquelle il y a des frères bien différents. C'est Dieu qui les a placés là. C'est Dieu seul qui peut leur donner la sagesse pour parler de sa part. Bien sûr, tu préfères peut-être en écouter certains plutôt que d'autres… Mais ce qui importe, ce n'est pas celui qui parle, noir ou blanc, savant ou non, riche ou pauvre, mais c'est ce que Dieu veut te dire.

Ma prière : Seigneur Jésus, aide-moi à écouter ceux qui me parlent de ta part, sans faire de préférence.

27 mai

Actes 13. 7-12

Le proconsul invita Barnabas et Saul pour entendre la Parole de Dieu. Mais Elymas le magicien voulait le détourner de la foi. Alors Saul, rempli du Saint-Esprit, le regarda droit dans les yeux : “Charlatan plein de ruse et de méchanceté, fils du diable, ennemi de tout ce qui est bien, quand cesseras-tu de fausser les plans du Seigneur ? La main du Seigneur va te frapper, tu vas devenir aveugle et, pendant un temps, tu ne verras plus la lumière du soleil.” Au même instant, les yeux d’Elymas s’obscurcirent ; il se trouva plongé dans une nuit noire et cherchait quelqu’un pour le guider. Quand le proconsul vit ce qui venait de se passer, il crut ; car il avait été vivement impressionné par l’enseignement qui lui avait été donné au sujet du Seigneur.

Comment ce romain s’est-il converti ? En voyant un miracle ou en entendant parler de Jésus ? Le miracle l’a convaincu que tout ce que Paul disait était vrai ; mais c’est surtout l’enseignement qu’il avait entendu avant qui l’avait “vivement impressionné”.

Ma prière : Seigneur Jésus, que ta vie ici-bas est merveilleuse ! Permets que beaucoup d’hommes puissent encore lire l’évangile et croire en toi.

28 mai

Actes 13. 23, 38, 39

Dieu vient d'accorder à Israël un Sauveur, comme il l'avait promis, et ce Sauveur, c'est Jésus. Sachez-le, mes frères, c'est grâce à lui que le pardon des péchés vous est annoncé ; c'est par lui que tout homme qui croit est acquitté de toutes les fautes dont vous ne pouviez pas être acquittés par la Loi de Moïse.

Dieu a demandé à l'église d'Antioche d'envoyer Paul et Barnabas, afin qu'ils annoncent l'évangile dans d'autres villes.
Quel est donc cet évangile, cette Bonne Nouvelle, qu'ils doivent annoncer ? C'est Jésus. Jésus le Sauveur, Jésus qui, seul, peut pardonner les péchés.
Pour qui sont cet évangile et ce pardon ? Pour Israël, pour ceux qui suivent la Loi de Moïse ? Non, ils sont pour "TOUT HOMME QUI CROIT".
Paul était un savant, un apôtre, il avait reçu des révélations extraordinaires… Pourtant, ce qu'il enseigne en premier, le plus important, c'est… Jésus. Alors, toi qui connais Jésus, toi qui as été sauvé par son sacrifice à la croix, tu peux aussi "annoncer la bonne nouvelle".

Ma prière : Seigneur Jésus, merci de tout mon cœur pour ce grand amour dont tu m'as aimé en mourant sur la croix pour me sauver. Aide-moi à ne pas avoir peur d'en parler si tu me le demandes.

29 mai

Actes 14. 3

Paul et Barnabas parlaient avec assurance, car ils étaient confiants dans le Seigneur et celui-ci confirmait la vérité du message de sa grâce, en leur donnant d'accomplir des signes miraculeux.

Émilie est super-gentille, mais pas très rigolote. Avec elle, pas moyen de copier ou de faire des farces aux garçons et quand on discute télé, elle n'est jamais au courant... Il faut dire que, le dimanche, quand nous regardons tranquillement nos émissions préférées, elle va à l'église, elle ! Le pire, c'est que ça compte, pour elle ! Elle a fait un exposé sur la Bible et nous a dit que Jésus avait rempli son cœur de bonheur et de paix... Elle y croit vraiment, mais pour nous, ce n'étaient que des mots... Pourtant, hier, après une longue absence, elle est revenue en fauteuil roulant... Elle s'est brisé les jambes dans un accident de voiture ! Sportive comme elle est, nous pensions qu'elle serait vraiment fâchée, mais non, pas du tout ! Elle est même reconnaissante à son Dieu de ce que l'accident n'a pas été plus grave ! Là, pour le coup, on a compris que sa foi, c'est pas du "pipo" !

• Tu ne peux peut-être pas faire des miracles comme les apôtres, mais si Jésus remplit ton cœur, ton attitude peut avoir un résultat extraordinaire.

Ma prière : Seigneur Jésus, aide-moi à me confier entièrement en toi et à vivre pour toi, afin que les autres puissent te voir vivre en moi, tout naturellement.

30 mai

Psaume 73. 3, 13, 16-17

J'étais jaloux en voyant la prospérité des méchants : c'est donc en vain que je suis resté pur, que j'ai lavé mes mains dans l'innocence ! Je trouvais tout cela bien trop injuste, jusqu'au jour où je suis entré dans la maison de Dieu et où j'ai réfléchi au sort qui les attend.

En rentrant de l'école, Tristan jette furieusement son cartable au beau milieu du salon. "J'en ai marre, marre, marre ! C'est trop injuste ! Loïc a encore triché au dernier contrôle et il a eu une super-note !" Maman lève les yeux de son tricot : "Tu sais, mon grand, je préfère que tu aies des mauvaises notes et que tu sois honnête." Tristan se fâche encore plus : "On voit bien que ce n'est pas toi qui les as, les mauvaises notes ! C'est pas toi qui reçois les moqueries des copains !" Sans attendre la réponse, le garçon s'enferme dans sa chambre et boude.

Le soir, quand Tristan a fini de prier, maman lui demande : "Dis-moi, si tu avais triché aujourd'hui, crois-tu que tu aurais pu parler au Seigneur comme tu viens de le faire ?" Tristan réfléchit : "Non, je ne pense pas..." Maman sourit : "Alors, qui est le plus heureux, à ton avis : Loïc qui sait tricher sans se faire prendre, ou toi qui peux entrer dans la présence de Dieu ?"

Ma prière : Dieu et Père, merci parce que je suis en paix avec toi grâce au sacrifice de Jésus. Aide-moi à ne pas être jaloux de ceux qui réussissent en faisant le mal.

31 mai

Psaume 73. 23-24

Je suis toujours avec toi, et tu m'as saisi la main droite. Selon ton plan, tu me conduis, puis tu me prendras dans la gloire.

Plantée au milieu du champ de foire, Lola pleure à chaudes larmes. Elle a perdu ses parents dans la foule. Soudain, quelqu'un saisit sa main toute collante de barbe-à-papa. C'est un gardien qui lui fait un doux sourire : "Tu es perdue ? Viens, nous allons retrouver ta maman." Soulagée, Lola ne se fait pas prier pour suivre le gardien. Celui-ci la conduit par la main, au milieu du dédale des stands, jusqu'à l'accueil où sa maman attend, bien en soucis.
Si le Seigneur a saisi ta main, tu n'as plus rien à craindre : il la tiendra fermement. Parfois, il nous fait prendre un chemin que nous aurions préféré éviter, car il nous conduit selon son plan, et non selon le nôtre... heureusement ! Lui ne se trompe jamais. Et qu'y a-t-il, au bout de ce chemin ? La gloire : SA gloire, qu'il veut partager avec nous.

Ma prière : Seigneur Jésus, merci pour la gloire que tu veux me donner. Merci parce qu'en attendant, tu es avec moi tous les jours, comme tu l'as promis. S'il te plaît, prends-moi par la main pour que je ne suive pas un autre chemin que celui que tu veux que je suive.

Psaume 74. 1, 11, 12

1 juin

Pourquoi, ô Dieu, nous délaisser sans cesse ? Pourquoi te retiens-tu d'intervenir ? Pourtant, ô Dieu, tu es mon Roi, tu l'es depuis les temps anciens ! Tu es l'auteur des délivrances en tous lieux sur la terre !

Jérémy ne comprend plus. Sa petite sœur est malade depuis plusieurs mois, il accumule les mauvaises notes et en plus, ils doivent déménager ! Pourtant, il supplie le Seigneur tous les jours… Son grand-père lui a appris que Dieu est tout-puissant et qu'il peut faire ce qu'il veut. Il croit aussi que ce Dieu est plein d'amour et qu'il répond aux prières. Alors, pourquoi se retient-il d'intervenir ? Même ses parents se mettent à prier maintenant : Jérémy est certain de les avoir entendus, l'autre soir. D'ailleurs, ils ne se disputent plus et sont même allés à l'église, dimanche… Mais au fait, est-ce que ce ne serait pas justement pour cela que Dieu permet ces malheurs, pour faire du bien à ses parents ? Quand tu as l'impression que Dieu te délaisse et qu'il se retient d'intervenir, tu peux rechercher avec lui la raison de son silence.

Ma prière : Dieu et Père, aide-moi à ne jamais douter de ton amour et de ta puissance. Aide-moi aussi à rechercher le bien que tu veux me faire quand tu ne réponds pas tout de suite.

Psaume 75. 8, 10, 11

2 juin

C'est Dieu seul qui juge : il abaisse l'un, il élève l'autre. Moi, je chanterai sans cesse, je célébrerai le Dieu de Jacob. Il brisera l'arrogance de tous les méchants tandis que le juste pourra marcher le front haut.

Tu as déjà sûrement souffert du mépris des autres : un copain qui fait le fier parce qu'il est riche et que tu ne peux pas te payer comme lui des habits de marque ou la meilleure console de jeux… Une copine qui fait l'importante parce qu'elle a une super-moyenne et qui te dit sur un ton hautain : "Et encore, si j'avais travaillé autant que toi, qu'est-ce que ça serait !" Oh, que ça fait mal… Comme on a envie de se venger ! Dans ces cas-là, il faut savoir donner leur vraie valeur aux choses, la valeur que leur donne le seul vrai juge : Dieu. Peut-on emporter des vêtements ou des jeux au ciel ? A-t-on besoin d'avoir une bonne moyenne pour entrer au ciel ? Non : nous y serons accueillis parce que nous sommes enfants de Dieu. C'est cela, notre gloire !

Ma prière : Tendre Père, merci parce que je suis ton enfant. Aide-moi à m'en souvenir lorsque je suis méprisé, et à m'en réjouir.

Psaume 78. 3-8

3 juin

Nous avons entendu ce que nos pères nous ont raconté, nous n'allons pas le cacher à nos fils. Nous redirons à ceux qui nous suivent les œuvres glorieuses de l'Éternel, sa puissance et ses nombreux prodiges, afin qu'ils puissent l'enseigner à leurs propres enfants, afin qu'ils placent leur confiance en Dieu, qu'ils n'oublient pas ses hauts faits et qu'ils observent ses commandements, qu'ils ne ressemblent pas à leurs ancêtres, indociles et rebelles, dont l'esprit n'était pas fidèle à Dieu.

Les Israélites devaient-ils enseigner à leurs enfants leurs exploits guerriers, le nombre des chevaux de Salomon ou les villes conquises par David ? Non, la seule chose nécessaire à transmettre était la connaissance de Dieu, de sa puissance et de son amour. En racontant cela, le papa ne passait pas pour un héros, au contraire ! Il devait avouer qu'il n'avait pas écouté Dieu et pouvait témoigner que l'on subit toujours les conséquences de ses désobéissances : passer 38 ans de trop dans le désert, par exemple… Que vont alors faire les enfants : écouter Dieu ou imiter leurs pères ? Et toi, qui peux lire les expériences du peuple d'Israël, que vas-tu faire ?

Ma prière : Dieu puissant, aide-moi à ne jamais oublier tout ce que tu as fait pour moi et à te rester fidèle.

4 juin

Psaume 78. 36-39

Si nos ancêtres priaient, c'était pour tromper Dieu : ils lui offraient des hommages menteurs, car leur cœur n'était pas droit envers lui. Lui, cependant, dans sa grande pitié, leur pardonnait au lieu de les détruire, et, bien souvent, détournait sa colère, ne voulant pas déchaîner son courroux. Il se souvenait qu'ils étaient fragiles : un souffle qui passe et ne revient plus.

Bouh ! Que ces Israélites étaient vilains ! Pensez donc : ils osaient s'imaginer qu'ils pouvaient tromper Dieu !
C'est vrai que leur attitude a souvent été bien mauvaise... mais au fond, la mienne est-elle meilleure ? Quand je réfléchis bien, je dois reconnaître que mes prières sont plus ferventes quand j'ai des problèmes que lorsque tout va bien... Je serais prêt à promettre n'importe quoi à Dieu pour qu'il me délivre dans les grandes difficultés, mais une fois sorti d'affaire, j'oublie trop souvent de lui dire merci... S'est-il déjà mis en colère pour cela ? M'a-t-il détruit ? Non... son amour et son pardon sont sans limite, il sait combien je suis fragile et il prend soin de moi.

Ma prière : Mon Dieu, mon Père céleste, que ton amour et ta patience envers moi sont merveilleux... Remplis mon cœur d'un amour pour toi profond, vrai et pur.

Psaume 79. 9

5 juin

Accorde-nous ton aide, ô Dieu, notre Sauveur, pour l'honneur de ton nom ! Délivre-nous, pardonne nos péchés à cause de ce que tu es !

Henri de la Tournière se laisse tomber sur une chaise et passe une nouvelle fois son mouchoir déjà trempé de sueur sur son front ruisselant. Forcément : opérer plus de dix personnes par jour dans ce mauvais hôpital de brousse, par une telle chaleur, c'est épuisant ! Il repense un instant au service qu'il dirigeait dans une grande et belle clinique parisienne, climatisée, avec tout le personnel compétent qui exécutait ses moindres consignes… Soudain, il sent qu'on le regarde. Il ouvre les yeux et croise ceux d'un gamin ébahi : "Dis, Monsieur, pourquoi tu fais tout ça ? Pourquoi tu ne demandes jamais d'argent ?" Henri regarde ce garçonnet à moitié nu et réfléchit : en fait, personne ne l'a forcé à quitter le confort et le luxe pour venir "galérer" ici… Il attire l'enfant à lui et l'embrasse : "Tu vois, petit, si je fais ça, c'est pour moi, à cause de moi et de l'amour que j'ai dans mon cœur, ce n'est pas pour tes cadeaux. Mais si tu me fais encore un joli sourire et que tu me dis merci, ça me fera quand même très plaisir…"

Ma prière : Ô Dieu, mon Sauveur, merci parce que tout ce que tu as fait pour moi, tu l'as fait à cause de toi, de ton amour, et que tu n'attends pas de moi un autre cadeau que ma reconnaissance et mon amour.

Matthieu 21. 12-13

6 juin

Jésus entra dans la cour du Temple. Il en chassa tous les marchands, avec leurs clients. Il renversa les comptoirs des changeurs d'argent, et les chaises des marchands de pigeons, et il leur dit: "Il est écrit: On appellera ma maison une maison de prière, mais vous, vous en faites un repaire de brigands."

Après l'entrée du péché dans le monde, lors de la désobéissance d'Adam, les hommes avaient perdu leur relation avec Dieu. Mais Dieu avait quand même prévu un moyen pour que ceux qui le désiraient puissent s'approcher de lui: des sacrifices d'animaux. Petit à petit, les chefs du temple avaient mis en place tout un trafic afin de gagner de l'argent grâce aux fidèles qui voulaient obéir à Dieu! Alors, Jésus remet les choses en ordre avec éclat: le but des sacrifices n'est pas de voler les gens, mais de leur permettre de venir à lui, de le prier!
Où est le temple de Dieu, aujourd'hui? Dans ton cœur, dans ton corps! C'est vrai: la Bible dit que ton corps est le temple du Saint-Esprit. Alors, s'il y a des choses, dans mes pensées ou dans mes habitudes, qui gênent ma relation avec Dieu et qui m'empêchent de prier, qui peut m'aider à faire le ménage?

Ma prière: Seigneur Jésus, chasse de ma vie tout ce qui m'empêche de prier librement, de me tenir près de ton Père, de mon Père.

Matthieu 21. 15-16

7 juin

Quand les chefs des prêtres virent les miracles extraordinaires que Jésus accomplissait et entendirent les cris des enfants dans la cour du Temple : "Hosanna au Fils de David !", ils se mirent en colère et dirent à Jésus :
"- Tu entends ce qu'ils crient ?
- Parfaitement. Et vous, n'avez-vous jamais lu cette parole : De la bouche des tout petits et de celle des nourrissons, tu as su tirer ta louange ?"

Assez ! Les chefs du peuple en ont assez ! Non seulement Jésus dénonce leur ignoble trafic d'animaux pour les sacrifices, non seulement il guérit un grand nombre de handicapés de façon miraculeuse et extraordinaire, mais en plus, il tolère que les enfants crient dans l'enceinte si solennelle et si sérieuse du temple ! Quel scandale ! Mais ce qu'ils n'avaient pas compris, c'est que Dieu avait en horreur leurs longues prières aux mots savamment choisis et prononcées avec emphase, parce qu'elles ne venaient pas du cœur. Alors que ces cris d'enfants montraient tout simplement leur joie de voir quelqu'un de si puissant les aimer tendrement… et cela plaisait à Dieu.

Ma prière : Dieu tout puissant, merci parce que tu n'attends pas de moi de belles prières bien dites, mais juste ce dont mon cœur est rempli, tout simplement.

8 juin

Matthieu 21. 22

Si vous priez avec foi, tout ce que vous demanderez, vous l'obtiendrez.

Crois-tu ce verset ? Quand le Seigneur dit "tout", veux-tu croire que c'est vraiment "tout" ? La meilleure manière de savoir, c'est d'essayer ! Mais attention, pas pour tenter Dieu, pas pour tester si ça marche… Ce serait le contraire de la foi ! Mais si tu te trouves devant une difficulté, quelle qu'elle soit, c'est le moment de penser au "tout" de ce verset :

Tout est calme dans la petite pension de famille où la famille de David passe ses vacances : c'est l'heure de la sieste. Mais tout le monde n'est pas couché : David préfère jouer dans le garage. Ici, personne ne vient le déranger. Mais en voulant déplier une table de ping-pong, le garçon se coince le bras dans le mécanisme ! La table est trop lourde, David ne peut pas se dégager seul. Il crie à son Seigneur pour qu'il lui envoie du secours… À l'instant même, un vieux monsieur, venu se chercher une chaise longue, entre dans le garage et le tire d'embarras.

Depuis ce jour, David sait que, quand son Seigneur dit "tout", c'est "tout".

Ma prière : Seigneur Jésus, donne-moi de la foi pour croire en tes promesses. Donne-moi de la foi pour te confier "tous" mes soucis.

Matthieu 21. 28-32

9 juin

Que pensez-vous de cette histoire ? dit Jésus. Un homme avait deux fils. Il alla trouver le premier et lui dit : "Mon fils, va aujourd'hui travailler dans notre vigne.
- Je n'en ai pas envie", lui répondit celui-ci. Mais, plus tard, il regretta d'avoir répondu ainsi et se rendit dans la vigne. Le père alla trouver le second fils et lui fit la même demande. Celui-ci lui répondit : "Oui, mon Seigneur, j'y vais !" Mais il n'y alla pas. Lequel des deux a fait la volonté de son père ? "C'est le premier," répondirent-ils. Et Jésus ajouta : "Vraiment, je vous l'assure : les collecteurs d'impôts et les prostituées vous précéderont dans le royaume de Dieu. Jean vous a montré ce qu'est une vie juste, et vous n'avez pas cru en lui, tandis que les collecteurs d'impôts et les prostituées ont cru en lui.

Cela ne sert à rien de paraître bon, de lire la Bible et d'aller à l'église si ce n'est pas pour obéir ! Nous devons faire attention à ne pas nous déguiser en bon petit chrétien, mais à savoir regretter et obéir.

Ma prière : Dieu et Père, remplis toujours plus mon cœur du désir de t'écouter et de t'obéir.

10 juin

Matthieu 21. 33-41

Écoutez encore une parabole : Un homme planta une vigne. Il la loua à des vignerons et partit en voyage. Lors des vendanges, il envoya ses serviteurs pour recevoir sa part de récolte. Mais les vignerons se précipitèrent sur ces serviteurs : l'un d'eux fut roué de coups, un autre fut tué, un troisième assommé à coups de pierres.
Le propriétaire envoya alors d'autres serviteurs, qui furent reçus de la même manière. Alors, il leur envoya son propre fils en se disant : "Pour mon fils au moins, ils auront du respect !" Mais dès que les vignerons l'aperçurent, ils se dirent entre eux : "Voilà l'héritier ! Venez ! Tuons-le ! Et nous récupérerons son héritage." Ils se jetèrent sur lui et le tuèrent. Quand le propriétaire de la vigne viendra, comment agira-t-il envers ces vignerons ? Ils lui répondirent : "Il les fera exécuter sans pitié, puis il confiera le soin de sa vigne à d'autres.

L'homme de cette parabole, c'est Dieu, bien sûr. Dieu a envoyé bien des prophètes pour parler à son peuple, pour avoir une relation avec lui. Il a même fini par envoyer son Fils ! Quelle patience il a envers nous !

Ma prière : Dieu et Père, merci pour ton amour et ta patience infinis.

Matthieu 22. 1-10

Jésus leur dit encore cette parabole : Il en est du royaume des cieux comme d'un roi qui célèbre les noces de son fils. Il envoie ses serviteurs chercher les invités. Mais ceux-ci refusent de venir. Alors il envoie d'autres serviteurs : "Portez-leur ce message : J'ai préparé mon banquet, j'ai fait tuer mes jeunes taureaux et mes plus belles bêtes, et tout est prêt. Venez donc aux noces." Mais les invités restent indifférents. Certains s'emparent des serviteurs, les maltraitent et les tuent. Alors le roi se met en colère. Il envoie ses troupes exterminer ces assassins. Ensuite, il dit à ses serviteurs : "Le repas de noces est prêt, mais les invités n'en étaient pas dignes. Allez aux carrefours des chemins et invitez au festin tous ceux que vous trouverez." Les serviteurs s'en vont par les routes et rassemblent tous ceux qu'ils rencontrent, méchants et bons, de sorte que la salle des noces se remplit de monde.

Veux-tu faire partie de ceux qui méprisent ce que Dieu offre, ou de ceux qui acceptent son invitation ?

Ma prière : Seigneur Jésus, merci parce que tu m'as trouvé et que tu m'as invité pour être avec toi pour toujours dans le ciel.

12 juin

Matthieu 22. 10-14

Alors les serviteurs s'en vont par les routes et rassemblent tous ceux qu'ils rencontrent, méchants et bons, de sorte que la salle des noces se remplit de monde.
Le roi entre et aperçoit là un homme qui n'a pas d'habit de noces. "Mon ami, lui demande-t-il, comment as-tu pu entrer ici sans être habillé comme il convient pour un mariage ?" L'autre ne trouve rien à répondre. Alors le roi dit aux serviteurs : "Prenez-le et jetez-le, pieds et poings liés, dans les ténèbres du dehors où il y a des pleurs et d'amers regrets." Car, beaucoup sont invités, mais les élus sont peu nombreux.

En Orient, le marié devait fournir une robe à tous ses invités. Imagine qu'un invité n'aime pas cette robe et préfère mettre la sienne pour aller au mariage… Quel affront ! Cet homme mépriserait le cadeau du marié et n'aurait rien à faire à la noce ! Pour entrer au ciel, il faut être juste, parfait. Cette justice et cette perfection, c'est comme la robe de noce : si on croit pouvoir prendre les nôtres, on se moque de Dieu et on se fera jeter dehors.

Ma prière : Seigneur Jésus, merci parce que tu m'as revêtu de la robe de la justice et de la perfection par ton sacrifice à la croix. Merci parce que, grâce à toi, je peux être accepté au ciel, dans la présence de Dieu.

13 juin

Job 22. 12
Matthieu 6. 9

Où c'est ?

Spécial thème "Le ciel"

Dieu n'habite-t-il pas tout là-haut dans le ciel ? Vois la voûte étoilée, comme elle est élevée ! Priez donc ainsi : "Notre Père, toi qui es dans les cieux, que tu sois reconnu pour Dieu."

CHARLOTTE : *Où vas-tu pendant les grandes vacances ?*
LOLA : *Chez ma grand-mère. C'est génial, on fait plein de super-balades. Et toi ?*
CHARLOTTE : *Moi, je vais chez mon oncle et ma tante. Il y a aussi mes cousines, on s'éclate trop !*

Quand tu regardes bien, pour Charlotte et Lola, peu importe l'endroit exact où elles vont. De toute façon, Charlotte ne connaît pas la ville où habite la grand-mère de Lola, ni celle-ci, la ville où vivent les cousines de Charlotte. Par contre, ce qui est important, ce sont les personnes qui habitent là. Ce sont elles qui rendent cet endroit agréable ou non.

Pour le ciel, c'est un peu la même chose. C'est tellement différent de notre terre, que nous ne pouvons pas comprendre "où" c'est. Par contre, nous savons "qui" nous y invite : celui qui nous a tant aimés qu'il a sacrifié son Fils pour nous chercher, pour nous avoir avec lui… Cela devrait nous suffire, non ?

Ma prière : Mon Dieu et mon Père, merci parce que tu as voulu faire de moi ton enfant. Merci parce que, bientôt, je connaîtrai ton ciel.

14 juin

2 Corinthiens 5. 1, 2

Qu'est ce que c'est?

Spécial thème "Le ciel"

Si notre corps, cette tente que nous habitons sur la terre, vient à être détruit, nous avons au ciel une maison que Dieu nous a préparée, une habitation éternelle qui n'est pas l'œuvre de l'homme. Car, dans cette tente, nous gémissons parce que nous attendons, avec un ardent désir, de revêtir notre domicile qui est de nature céleste.

Les chaussures et les chaussettes sont mouillées, les pantalons et les pulls sont humides, la toile de tente est distendue et les visages sont tristes. La pluie a effacé la bonne humeur. Pourtant, le jour du départ, il faisait beau et chacun se réjouissait de cette semaine de camping! Mais rapidement, il s'est mis à pleuvoir. Oh, bien sûr, il y a eu quelques éclaircies, qui ont fait croire à un retour du beau temps, mais pas pour longtemps… Ce soir, la seule chose dont rêvent les campeurs, c'est d'une maison, où l'on puisse être au sec, au chaud, bien à l'abri.
Notre vie sur la terre ressemble à une partie de camping. Quand il fait beau, ce n'est pas mal et on pourrait presque oublier le confort d'une maison… Mais quand les difficultés arrivent, on commence à désirer une vraie maison, bien solide…

Ma prière: Tendre père, merci parce que tu m'as préparé une maison, au ciel, où je serai à l'abri, dans la chaleur de ton amour… pour toujours.

15 juin

Jean 14. 2-3

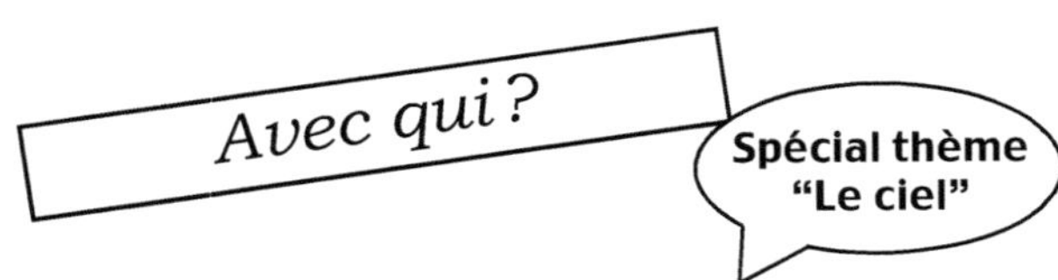

Jésus dit: "Dans la maison de mon Père, il y a beaucoup de demeures. Lorsque je vous aurai préparé une place, je reviendrai et je vous prendrai avec moi, afin que vous soyez, vous aussi, là où je suis."

François, le fils d'un riche seigneur, décide de faire la tournée des fermiers de son père. Il s'habille en simple colporteur et va d'une ferme à l'autre pour voir comment le travail avance. Chez un fermier cruel, il trouve deux jeunes filles réduites en esclavage. Il les fait aussitôt libérer. Pris de pitié, il donne à la première une jolie petite chaumière et assez d'argent pour être à l'abri du besoin tout le reste de sa vie. Mais pour la seconde, il éprouve plus que de la pitié… Elle croit rêver lorsqu'il lui annonce: "Quant à toi, je ne veux plus te quitter. Je veux être avec toi pour toujours. Tu seras ma femme et tu verras combien je suis riche et puissant."
Donner confort et sécurité à une esclave, c'est faire preuve d'une très grande bonté. Mais vouloir passer sa vie avec quelqu'un, c'est une grande preuve d'amour!
Le ciel, ce n'est pas seulement une "super-nouvelle-terre-sans-problème"… Le ciel, c'est être avec Jésus, avec celui qui a donné sa vie pour nous et qui nous veut avec lui.

Ma prière: Seigneur Jésus, merci parce que tu m'aimes tellement que tu veux m'avoir avec toi dans ton ciel de gloire.

16 juin

Jean 3. 36
2 Corinthiens 5.

Pour qui ?

Spécial thème "Le ciel"

Qui place sa confiance dans le Fils possède la vie éternelle.
Nous avons au ciel une maison que Dieu nous a préparée, une habitation éternelle.

Le propriétaire de la plantation a décidé de vendre au marché une partie de son "personnel". Attaché aux autres esclaves, Bouba suit son maître au milieu de la foule, quand soudain, un homme s'approche de lui et lui parle tout en marchant: "Si tu me fais confiance, si tu acceptes que je te rachète, je t'emmènerai dans une région où l'esclavage est interdit et où tu seras libre. J'y ai préparé une maison pour accueillir tous les esclaves que je peux libérer. Avertis les autres!" Quand Bouba leur annonce la nouvelle, la plupart des esclaves refusent. Ils ont peur d'un piège, c'est trop beau pour être vrai. Ils ne veulent pas partir trop loin, ils espèrent être achetés par un bon maître… Mais Bouba, lui, veut être libre. Avec quelques amis, il décide de faire confiance à l'étranger… et il ne l'a jamais regretté! L'homme l'a acheté, l'a libéré, et la vie qu'il lui offre dans sa maison dépasse tout ce que Bouba aurait pu imaginer!

Ma prière: Seigneur Jésus, merci parce que tu as travaillé dans mon cœur pour que je te fasse confiance et que je croie en toi. C'est pour cela que tu veux me donner la vie éternelle et m'accueillir pour toujours dans la maison de Dieu.

17 juin

1 Thessaloniciens 4. 15-17

Comment y va-t-on ?

Spécial thème "Le ciel"

Nous qui serons restés en vie au moment où le Seigneur viendra, nous ne précéderons pas ceux qui sont morts. En effet, au signal donné, sitôt que la voix de l'archange et le son de la trompette divine retentiront, le Seigneur lui-même descendra du ciel, et ceux qui sont morts unis au Christ ressusciteront les premiers. Ensuite, nous qui serons restés en vie à ce moment-là, nous serons enlevés ensemble avec eux, dans les nuées, pour rencontrer le Seigneur dans les airs. Ainsi nous serons pour toujours avec le Seigneur.

Cela fait trois mois que Jacky attend ce jour, trois mois qu'il est à l'hôpital, dans une grande ville, à plusieurs centaines de kilomètres de la ferme de ses parents... Cela fait trois mois qu'il serre les dents en se disant qu'un jour, ce sera fini, qu'ils viendront le chercher et qu'il sera de nouveau avec eux.
Ce jour est enfin arrivé ! Crois-tu que les parents de Jacky ont envoyé des amis, pour aller le chercher et le ramener à la maison ? Non, ils sont venus eux-mêmes ! Ils n'auraient jamais laissé cette joie à personne d'autre !

Ma prière : Seigneur Jésus, merci parce que tu m'aimes et que tu veux venir toi-même me chercher pour m'emmener au ciel.

18 juin

Apocalypse 3. 11
2 Pierre 3. 9, 10, 13

Quand y va-t-on ?

Spécial thème "Le ciel"

Jésus dit : "Je viens bientôt."
Le Seigneur n'est pas en retard dans l'accomplissement de sa promesse, comme certains se l'imaginent, il fait simplement preuve de patience à votre égard, car il ne veut pas qu'un seul périsse. Il voudrait, au contraire, que tous se convertissent. Mais nous attendons, comme Dieu l'a promis, un nouveau ciel et une nouvelle terre où la justice habitera.

Voilà bien vingt minutes que Paul et sa famille sont à bord de l'avion. Vingt minutes, c'est long, surtout quand il fait si chaud ! Il n'y a pas d'air : à l'arrêt, la climatisation ne souffle presque pas. Paul a l'impression d'étouffer et il lui tarde tant de décoller ! Il a demandé à l'hôtesse quand ils allaient enfin partir et elle a juste répondu : "Bientôt !". Mais ce "bientôt" dure des siècles ! Bien sûr, Paul ne sait pas que le pilote a reçu l'ordre d'attendre des voyageurs retardataires… Mais si c'était lui, le retardataire, n'aurait-il pas été content qu'on l'ait attendu ? En Chine, près de 15 000 personnes reconnaissent Jésus comme leur Sauveur chaque jour. Cela ne vaut-il pas la peine d'attendre encore un peu ?

Ma prière : Seigneur Jésus, merci parce que tu reviens bientôt. Oui, je veux le croire et t'attendre avec patience, mais aussi avec vigilance.

19 juin

Apocalypse 21. 1-5

Puis-je le voir ?

Spécial thème "Le ciel"

Je vis un ciel nouveau et une terre nouvelle, car le premier ciel et la première terre avaient disparu. Et j'entendis une forte voix qui disait : "Voici, Dieu habitera avec les hommes ; ils seront ses peuples et lui sera leur Dieu. Il essuiera toute larme de leurs yeux. La mort ne sera plus et il n'y aura plus ni deuil, ni plainte, ni souffrance. Car ce qui était autrefois a définitivement disparu." Alors celui qui siège sur le trône déclara : "Voici : je renouvelle toutes choses."

Rachel est née handicapée : elle n'a pas d'odorat. Elle n'a jamais senti aucune odeur. Pourrais-tu lui expliquer ce que c'est, lui décrire la bonne odeur de la pizza de maman, par exemple ? Non, ce n'est pas possible : si on n'a jamais rien senti, on ne peut pas comprendre.
Pour le ciel, c'est un peu la même chose : tant qu'on est encore dans la première création, on ne peut pas comprendre tout ce que Dieu veut faire pour la nouvelle. Mais par contre, ce que nous savons, c'est ce qu'il n'y aura plus ! C'est l'essentiel : savoir que, là-haut, il n'y aura plus rien de mauvais... Pour le reste, si Dieu a créé de si belles choses sur notre terre alors qu'il savait qu'elle allait disparaître, nous pouvons être sûrs que ce qu'il créera pour l'éternité sera encore plus beau !

Ma prière : Père céleste, merci parce que je peux être assuré que le ciel, c'est "trop bien" !

Proverbes 22. 3

20 juin

L'homme avisé voit venir le malheur et se met à l'abri, l'homme stupide poursuit son chemin et en subira les conséquences.

"Eh, Nicole ! Tu viens avec nous ? On va goûter chez Gaëlle !" Nicole se joint volontiers au groupe de filles qui prend le chemin de l'appartement de Gaëlle Roux. Lorsqu'elle s'inquiète au sujet de la réaction de Mme Roux devant une telle invasion, Gaëlle répond que sa maman travaille et qu'il n'y a personne chez elle. "C'est justement ça qui est chouette : on a deux bonnes heures devant nous, on va bien pouvoir s'éclater !" Laure approuve : "Tu vas voir ! Avec internet, les vidéos et les B.D. de son frère, on va pas s'ennuyer..." Nicole fronce les sourcils : elle s'inquiète encore, mais pour d'autres raisons ! Elle ne va peut-être pas s'ennuyer, mais est-ce qu'elle fera plaisir au Seigneur Jésus ? "Il ne faut pas que j'y aille. Je dois me sortir de ce piège tout de suite : une fois là-bas, ce sera trop tard." Prenant son courage à deux mains, elle lance : "Merci, les filles, c'est sympa, mais moi, finalement, je préfère rentrer chez moi."
Si tu sens venir un piège qui risque de t'entraîner dans un mauvais chemin, fais comme Nicole : mets-toi à l'abri avant qu'il ne soit trop tard.

Ma prière : Seigneur Jésus, garde mon cœur bien près de toi pour que je puisse voir venir le "malheur" et que j'aie la force de ne pas continuer.

21 juin

Proverbes 22. 13

Le paresseux dit : “Il y a un lion là-dehors, je risque d’être déchiré en pleine rue !”

“Quoi ? Tu voudrais que je lise ‘Sur la Montagne’ le matin ? Mais pourquoi ? Ah, pour avoir un moment avec Dieu avant de commencer la journée… Mais tu sais, ce n’est pas possible, vraiment : j’ai peur de ne pas être assez réveillé, j’ai peur de lire sans rien retenir, j’ai peur de prier sans réfléchir… Non, ce serait trop dommage.”
“Quoi ? Tu voudrais que je fasse un exposé sur la Bible ? Mais pourquoi ? Ah, pour que chacun de mes camarades sache que ta Parole est un livre passionnant et merveilleux… Mais tu vois, ce n’est pas possible, vraiment : j’ai trop peur que ça ne plaise pas et qu’on se moque de toi… Non, ce serait trop dommage.”
Combien nous trouvons facilement des excuses quand il s’agit de “se bouger un peu” pour faire plaisir au Seigneur ! Ce sont comme les lions que le paresseux de ce proverbe imagine.

Ma prière : Seigneur Jésus, je t’en prie, délivre-moi de toute paresse et garde-moi de ces fausses excuses que je m’invente pour me donner une bonne conscience.

22 juin

Proverbes 22. 15

La tendance à faire des actions déraisonnables est ancrée dans le cœur de l'enfant, le bâton de la correction l'en extirpera.

Hou là ! Il n'est pas très "chouette", ce verset ! Il encourage les parents à faire de la discipline… Tu espères peut-être qu'ils ne liront pas les Proverbes jusqu'au chapitre 22…

Et puis, d'abord, c'est quoi cette histoire "d'action déraisonnable" accrochée dans mon cœur ?

Ce n'est pas compliqué : un enfant a besoin de construire sa pensée. Il a besoin de savoir ce qui est bien et ce qui est mal. Ce qui est bien, pour lui, c'est ce que font ses parents ; facile ! Mais c'est plus difficile de savoir où commence le mal. C'est pour cela qu'un enfant essaye plein de choses dont la plupart sont appelées "déraisonnables" (ce sont les "bêtises") pour savoir si elles sont bonnes ou pas. Si tu n'avais jamais été grondé et puni, tu ne pourrais pas construire cette frontière. Une fois adulte, tu risquerais alors d'avoir beaucoup de problèmes dans tes relations avec les autres.

Dieu est notre créateur : il sait de quoi nous avons besoin. C'est pour cela qu'il donne ce conseil aux parents. Alors, si tu reçois une correction, "merci papa, merci maman !", ils le font pour ton bien et par obéissance à Dieu !

Ma prière : Dieu et Père, je veux croire que tu veux toujours mon bien, même quand je ne comprends pas, même si cela ne me paraît pas toujours agréable.

Proverbes 22. 24

23 juin

Ne te lie pas d'amitié avec un homme coléreux et ne fréquente pas celui qui s'emporte pour un rien.

Aujourd'hui, le Seigneur veut peut-être que nous fassions un petit bilan de nos relations avec nos amis…

1. Dans ta tête, fais rapidement la liste de ceux avec qui tu passes du temps.
2. Pour chacun d'eux, essaye de te rendre compte si tu changes d'attitude et de langage quand tu es avec eux.
3. Tout au long de cette journée, essaye de penser à cela pour voir si l'un d'eux n'a pas une mauvaise influence sur toi.

Écoute la Bible : on se croit toujours plus fort que l'on est en réalité. On s'imagine toujours pouvoir résister… Mais en fait, nous sommes tous très influençables !

Ma prière : Seigneur Jésus, oui, c'est vrai, je suis influençable. Donne-moi la force de me détacher de ceux qui pourraient avoir une mauvaise influence sur moi. Oui, pour toi, je veux obéir à cet avertissement et faire désormais plus attention à mes amis.

Proverbes 23. 4-5

24 juin

Ne te tourmente pas pour t'enrichir, refuse même d'y penser ! À peine as-tu fixé tes regards sur la fortune que, déjà, elle s'est évanouie ; elle se fait des ailes et s'envole comme l'aigle en plein ciel.

Ils sont des milliers, en France, à acheter chaque semaine un ticket de loto, à tenter leur chance au grattage, ou à répondre aux offres des divers tirages au sort qui remplissent nos boîtes aux lettres.
Qu'espèrent-ils ? Devenir riches ! Qui ne voudrait pas devenir riche... et pouvoir enfin se payer tous ses caprices ? Imagine : pour ton anniversaire, au lieu de choisir un cadeau dans le catalogue de jouets, tu dis simplement : "Je prends tout !"... Wahouu, quelle chance !
FAUX ! La richesse est en fait un véritable esclavage ! Quand on a TOUT, on n'apprécie plus RIEN. Ce désir de richesse ne fait naître que de l'amertume et des déceptions. Allez, avoue-le : n'es-tu pas beaucoup plus grognon lorsque tu viens de feuilleter un catalogue et de rêver sur chaque jouet, que lorsque tu viens de t'amuser avec les jouets que tu as déjà, ou de faire une cabane de branchages ?

Ma prière : Dieu et Père, délivre mon cœur du désir d'être riche. Garde mes pensées et aide-moi à résister à la publicité. Donne-moi un cœur toujours content et reconnaissant, car c'est la clé du bonheur.

25 juin

Proverbes 23. 29-35

Pour qui les querelles sans raison et les coups sans cause ? Pour qui les yeux rouges ? Pour ceux qui restent tard à boire du vin, pour ceux qui cherchent le vin parfumé. Ne couve pas du regard le vin vermeil qui brille dans la coupe : il descend aisément, mais finit par mordre comme un serpent et te piquer comme une vipère. Tes yeux verront alors des choses étranges et tu laisseras échapper des paroles incohérentes, tu auras l'impression d'être ballotté comme un matelot en haut d'un mât. "On me frappe, diras-tu, mais je n'ai pas mal, on me roue de coups, je n'ai rien senti. Quand me réveillerai-je ? Il faudra que je trouve encore quelque chose à boire."

Dans les films ou les romans, ce sont les gens forts qui boivent des choses fortes. Boire de l'alcool, ça fait bien, ça fait adulte… Mais la Parole de Dieu compare l'alcool à un serpent ; or c'est aussi le symbole du diable ! Ce proverbe nous rappelle que l'alcool est une drogue : quand on en a plus, on en veut encore… jusqu'au jour où on ne peut plus s'en passer.

Ma prière : Seigneur Jésus, merci parce que je trouve en toi la force, l'assurance et la joie dont j'ai besoin. Aide-moi à ne jamais essayer de boire ou de me droguer pour paraître fort ou avoir un semblant de joie.

26 juin

Proverbes 24. 28-29

Ne témoigne pas sans raison contre ton prochain, et ne trompe pas par tes paroles. Ne dis pas : "Je le traiterai comme il m'a traité, je rendrai à cet homme selon ce qu'il a fait."

Bien au chaud sous sa couette, Paula respire un grand coup. Elle se sent bien. Elle a l'impression d'avoir grandi… Elle repasse dans sa tête les évènements des derniers jours : hier, Morgan a jeté dans la boue la belle carte que Paula avait confectionnée pour la fête des pères. Paula en a éprouvé une grande colère. En rentrant de l'école, elle imaginait mille façons de se venger. Mais elle savait que ce ne serait pas bien et avait demandé à Jésus de l'aider à pardonner. La carte était toujours tâchée de boue, mais la haine était partie.

Paula se souvient maintenant de ce matin : suite aux plaintes répétées de ses élèves au sujet de Morgan, la maîtresse a décidé de mettre les choses au point et a invité chacun à dire ce qui n'allait pas. Paula n'a rien dit. Pour elle, c'était fini, pardonné. À la récré, Morgan lui a demandé pourquoi elle n'avait pas parlé de la carte. "Ce n'était pas la peine : je ne suis plus fâchée, parce que je t'ai pardonné." Morgan en est restée stupéfaite. Paula a fait pour Morgan ce que son Seigneur a fait pour elle… Oh ! comme elle se sent bien, ce soir !

Ma prière : Seigneur Jésus, aide-moi à être de ceux qui pardonnent et non pas de ceux qui accusent. Merci parce que toi, tu m'as tout pardonné.

Romains 14. 23

27 juin

Tout ce qui ne découle pas de la foi est péché.

Marthe accompagne son frère chez Mamie. Elle est fière d'être chargée de cette mission. Ses parents lui ont bien expliqué le trajet : en train d'abord, avec un changement à la gare de Lyon, puis en car jusqu'au village de Mamie. Ils lui ont donné un peu d'argent, au cas où. Sa maman lui a fait plein de recommandations et son papa lui a noté sur un carnet plusieurs numéros de téléphone utiles. Au départ, rien ne semble bien compliqué. Il suffit de suivre les indications. Mais à Lyon, le train que Marthe devait prendre avec son frère est annulé ! Que faire ? Attendre le suivant ? Accepter l'offre de ce monsieur qui propose à plusieurs voyageurs de partager un taxi ? Marthe réfléchit. Ses parents ne lui ont pas dit que faire dans ce cas-là et il n'y a rien d'inscrit à ce sujet sur son carnet. Est-ce qu'ils lui diraient : "Oui, va avec ces inconnus. Ce n'est pas grave si tu ne suis pas le parcours prévu : l'essentiel, c'est d'arriver." ? Non, certainement pas ! Elle ne veut pas prendre une décision qui serait contraire à leurs instructions. Après tout, si elle rate le car, ce ne sera pas de sa faute, puisqu'elle fait ce que ses parents attendent d'elle ! Alors que si elle se met elle-même dans une mauvaise situation, elle serait responsable !

Ma prière : Dieu et Père, aide-moi à comprendre ce que tu attends de moi et à le faire.

28 juin

Romains 15. 4

Tout ce qui a été consigné autrefois dans l'Écriture l'a été pour nous instruire, afin que la patience et l'encouragement qu'apporte l'Écriture produisent en nous l'espérance.

Quand on part en voyage à l'étranger, on se munit généralement d'un guide touristique. Un bon guide comporte une description du pays, de ses habitants et de leurs habitudes. C'est très utile pour comprendre les gens que l'on va rencontrer, pour ne pas être trop surpris par leurs coutumes, énervé ou déçu. Ensuite, le guide nous avertit des dangers. Mais surtout, il nous parle de tout ce que l'on va pouvoir découvrir de beau au cours de ce voyage.
Notre guide, c'est la Bible. Dans ce verset, Paul parle surtout de l'Ancien Testament, parce que toutes les histoires qu'il contient peuvent nous apprendre beaucoup de choses sur le monde, sur les gens qui y vivent, croyants ou non et sur les dangers de la vie… Et surtout, surtout, il nous aide à découvrir le Dieu qui nous aime et qui veut nous bénir.

Ma prière : Père céleste, merci pour la Bible, merci pour toutes ses histoires, merci parce que c'est un livre merveilleux et passionnant. Que sa lecture remplisse mon cœur et m'aide à penser à toi.

Romains 15. 7

29 juin

Accueillez-vous donc les uns les autres, tout comme le Christ vous a accueillis, pour la gloire de Dieu.

Un roi désirait construire des orphelinats pour les enfants abandonnés de son pays. Il avait confié cette mission à son fils. Le prince avait fait construire de grandes maisons confortables, puis il avait parcouru le pays pour y inviter les orphelins. Dès qu'il rencontrait un enfant abandonné dans la rue, il l'envoyait dans un orphelinat. La plupart de ces maisons ouvraient toutes grandes leurs portes pour accueillir les enfants, quel que soit leur état. Mais hélas ! ce n'était pas le cas de tous les orphelinats. Il arrivait que les petits soient mal accueillis. On les chassait s'ils étaient sales, malades ou trop maigres... alors que c'est justement pour cela que le prince les envoyait là !

Un jour, le prince entendit un voyageur décrire l'un de ses orphelinats : "Il y a une ambiance épouvantable dans cette maison ! Tout le monde s'y dispute. Je ne sais pas à qui appartient cet orphelinat, mais c'est une honte !" Quelle tristesse et quelle colère ont rempli le cœur du prince en entendant cela !

Jésus nous a tous aimés et accueillis comme ses frères. Nous aussi, nous devons accueillir dans notre cœur et dans nos églises tous ceux que Dieu appelle ses enfants.

Ma prière : Dieu et Père, aide-moi à aimer tous tes enfants comme mes frères et à le montrer de manière pratique.

Romains 15. 13

30 juin

Que Dieu, qui est l'auteur de l'espérance, vous comble de toute joie et de sa paix par votre confiance en lui. Ainsi votre cœur débordera d'espérance par la puissance du Saint-Esprit.

Pierrot vit avec sa maman dans un misérable petit chalet de montagne. Ils n'ont pas d'autre lumière que celle d'une fumeuse lampe à alcool et pas d'autre chaleur que celle d'un misérable fourneau à bois. Mais Pierrot a entendu le maire du village promettre l'électricité pour chacun. Avec confiance, il va le trouver et lui demande de tenir sa promesse. Celui-ci fait alors détourner un ruisseau vers la maisonnette et installer un petit barrage. Grâce à une puissante dynamo, l'eau du barrage fournit de l'électricité qui remplit le petit chalet de lumière et de chaleur. Depuis, Pierrot trouve que sa maison n'est plus du tout misérable.
L'électricité de notre cœur, c'est cette espérance qui nous fait vivre. Si nous faisons confiance à Dieu, il nous donnera son Esprit qui nous remplira de la lumière de la joie et de la chaleur de la paix.

Ma prière : Père céleste, merci pour tous les gros travaux que tu fais dans ma vie afin de la remplir de joie et de paix. Aide-moi à te faire confiance et à te laisser travailler.

Romains 15. 17, 18

1 juillet

Grâce à Jésus-Christ, je suis fier de mon travail pour Dieu. Car si j'ose parler, c'est seulement de ce que le Christ a accompli par mon moyen pour amener les non-Juifs à obéir à Dieu.

Si tu cherches le mot "fier" dans le dictionnaire, tu verras qu'il a deux définitions différentes.
Dans la première, il est synonyme d'orgueil. C'est donc le sentiment d'être supérieur aux autres et l'impression de n'avoir besoin de personne.
Dans la deuxième, il est lié à la satisfaction : c'est le contraire de la honte.
QUESTION : Un enfant de Dieu peut-il être fier ?
• Non, s'il s'agit de la première définition de la fierté : l'orgueil est le plus grand péché, celui qui pousse l'homme à se faire l'égal de Dieu, à se passer de lui et à refuser d'avoir des comptes à lui rendre.
• Oui, s'il s'agit de la deuxième définition de la fierté. Dans ce verset, Paul est conscient que tout ce dont il peut être fier vient de Dieu. Si je comprends, comme lui, que tout ce que je fais de bien dans ma vie, je le fais grâce à Dieu et que c'est un cadeau que je ne mérite pas, alors je ne suis plus fier de mes capacités, mais de ce que Jésus a fait pour moi et en moi.

Ma prière : Seigneur Jésus aide-moi à obéir à ta Parole et à te laisser diriger mon cœur afin de ne pas avoir honte de ma vie, mais d'en être fier et reconnaissant.

Romains 15. 30

2 juillet

Je vous le demande, frères, par notre Seigneur Jésus-Christ et par l'amour que donne l'Esprit : combattez avec moi, en priant Dieu pour moi.

Entends-tu cette supplication, ce cri de l'apôtre Paul ? Aujourd'hui, il retentit encore, par la bouche de tous ceux qui "se battent" pour annoncer la Bonne Nouvelle de Jésus : les missionnaires, les évangélistes, les aumôniers qui s'occupent des prisonniers ou des malades…

Mais Paul était apôtre, il avait la puissance de l'Esprit de Dieu… Avait-il vraiment besoin des prières des autres ?

Oui. Et si lui, Paul, en avait besoin, alors les autres en ont encore plus besoin !
On ne doit pas se demander si nos prières sont utiles ou non. Dieu nous dit qu'il les écoute et qu'il y répond. Puisque c'est Dieu qui le dit, nous devons le croire !
Alors, ne veux-tu pas, toi aussi, participer au grand combat de l'évangile ? Tu peux demander à tes parents de te prêter un journal missionnaire, et te faire une petite liste : un missionnaire pour chaque jour de la semaine, par exemple. Grâce à cette arme qu'est la prière, tu peux te battre à genoux !

Ma prière : Tendre Père, merci parce que tu me fais l'honneur de pouvoir combattre avec les missionnaires. Aide-moi à croire de tout mon cœur que tu écoutes mes prières et que tu y réponds.

3 juillet

Romains 15. 33

Que le Dieu qui donne la paix soit avec vous tous. Amen.

Si tu es né dans une famille chrétienne, tu ne peux pas t'imaginer la peur que le diable met dans le cœur de tous ceux qui adorent les idoles.
La tribu des "Kachins", dans le nord de la Birmanie, offrait beaucoup de sacrifices à plusieurs dieux, mais jamais à celui qu'on appelait "Hpan Wa Ningsong", c'est-à-dire : "le glorieux qui crée" A un visiteur qui s'en étonnait, les Kachins répondirent : "Ce n'est pas la peine de lui faire des sacrifices : il ne nous a jamais fait de mal !"
C'est vrai : le grand Dieu Créateur du ciel et de la terre n'a jamais fait de mal à l'homme. Mais il ne s'est pas arrêté là : il a voulu faire plus ! Il a voulu lui donner la paix et le délivrer de toutes ses craintes.

Ma prière : O mon Dieu, merci parce que je te connais comme un Dieu de paix. Tu m'aimes tellement que tu as voulu devenir mon Père en m'adoptant comme ton enfant. Merci aussi parce que tu veux être avec moi chaque jour de ma vie.

1 Samuel 16. 1

4 juillet

L'Éternel dit à Samuel : "Combien de temps encore vas-tu pleurer sur Saül, alors que moi, je l'ai rejeté pour lui retirer la royauté sur Israël ? Remplis ta corne d'huile et va à Bethléhem, je t'envoie chez Isaï, car je me suis choisi pour moi un roi parmi ses fils."

Qui était Saül ? Le roi que le peuple avait réclamé. Il était grand, beau et fort. Mais au lieu de conduire le peuple dans l'obéissance à l'Éternel, il a méprisé Dieu et Dieu l'a rejeté. Maintenant, Dieu désire placer à la tête de son peuple un nouveau roi, qu'il a choisi pour lui, selon ses critères divins et non plus selon les critères des hommes. Mais Samuel regrette que la royauté de Saül se termine ainsi. C'est dommage : un si beau roi… Parfois, dans notre vie chrétienne, il y a des églises, des missions ou des organisations humanitaires qui nous paraissent grandes et belles, mais qui ne laissent plus de place au Seigneur Jésus. Alors cela nous rend tristes, nous regrettons… Mais nous n'avons aucun souci à nous faire : le Seigneur a toujours autre chose en vue pour le bien de son peuple.

Ma prière : Dieu et Père, aide-moi à ne pas me laisser impressionner par ce qui est grand, beau ou puissant sur la terre. Aide-moi à toujours rechercher ce que tu choisis toi.

5 juillet

1 Samuel 16. 1-3

*L'Éternel dit à Samuel : Je t'envoie chez Isaï, car je me suis choisi un roi parmi ses fils.
- Comment puis-je faire cela ? répondit Samuel. Saül l'apprendra et me fera mourir !
- Tu emmèneras une génisse et tu diras que tu vas m'offrir un sacrifice. Tu inviteras Isaï et je t'indiquerai alors ce que tu devras faire. Tu oindras de ma part celui que je te désignerai.*

Chaque fois qu'il prie pour son copain Yanis, Paul sent qu'il devrait lui-même lui parler de Jésus. Cette pensée devient si forte qu'il est persuadé que c'est le Seigneur qui lui parle. “Mais comment puis-je faire cela, Seigneur ? Si j'en parle à l'école, les autres vont rire et il ne voudra plus m'écouter !” Le dimanche suivant, Paul a la réponse à sa question : il va inviter Yanis au club biblique du mercredi. C'est sympa, et là il entendra parler de Jésus.
Quand le Seigneur nous demande de faire quelque chose pour lui, il sait que ce sera difficile d'obéir, car il connaît les difficultés. Mais nous n'avons pas à nous faire de souci : il a aussi prévu le moyen d'y arriver. Pour connaître ce moyen, il suffit de le lui demander…

Ma prière : Seigneur Jésus, je reconnais que je ne peux pas t'obéir sans ton aide. Aide-moi à te faire confiance du début à la fin.

1 Samuel 16. 4-7

6 juillet

Samuel fit ce que l'Éternel lui avait ordonné. Lorsqu'il arriva à Bethléhem, il demanda à Isaï et à ses fils de se purifier pour prendre part au repas du sacrifice. À leur arrivée, il remarqua Eliab et se dit : "Certainement, c'est celui-ci que l'Éternel a choisi pour lui donner l'onction." Mais l'Éternel lui dit : "Ne te laisse pas impressionner par son apparence physique et sa taille imposante, car ce n'est pas lui que j'ai choisi. Je ne juge pas de la même manière que les hommes. L'homme ne voit que ce qui frappe les yeux, mais l'Éternel regarde au cœur."

Décidément, Samuel aimerait avoir un roi plein de charme et de muscles ! Mais il doit apprendre cette chose si belle :

L'homme ne voit que ce qui frappe les yeux,
mais l'Éternel regarde au cœur.

Et moi, quels sont mes critères ? Ceux que m'impose la société, par les magazines et la télé, ou bien ceux de l'Éternel ?

Ma prière : Seigneur Jésus, merci parce que tu n'es pas venu pour sauver seulement ceux qui sont beaux ou costauds, mais tous ceux qui veulent croire en toi de tout leur cœur. Aide-moi à ne pas juger les gens sur leur apparence.

1 Samuel 16. 13

7 juillet

Samuel prit la corne pleine d'huile et il en oignit David en présence de sa famille. L'Esprit de l'Éternel tomba sur David et demeura sur lui à partir de ce jour-là et dans la suite.

La Bible ne nous rapporte aucune parole de David, ni sa réaction lors de cette scène. Pourquoi ? Parce que tout revient à Dieu. C'est lui qui a choisi David, c'est lui aussi qui lui donne son Esprit.
Comme David, Dieu t'a choisi. Tu ne t'es pas enfui, tu ne t'es pas caché dans les bagages comme Saül, tu as accepté ce choix, alors Dieu t'a donné son Esprit. Il veut être avec toi et te guider "à partir de ce jour-là et dans la suite."
Veux-tu le laisser agir en toi, comme David l'a laissé agir en lui ? Souviens-toi de toutes les victoires que ce petit berger a pu remporter par la suite, contre un lion, un ours, un géant... Souviens-toi de tous les beaux chants qu'il a pu composer pour Dieu, grâce à cet Esprit qui demeurait en lui...

Ma prière : Père céleste, merci parce que tu m'as choisi. Merci parce que tu m'as donné ton Esprit. Aide-moi à le laisser porter des fruits dans ma vie, pour te faire plaisir.

8 juillet

1 Samuel 17. 1, 2, 4, 8, 10, 11

Les Philistins se mobilisèrent pour une expédition guerrière. Saül, de son côté, rassembla les hommes d'Israël. Alors un champion sortit du camp des Philistins et s'avança vers Israël. C'était un géant mesurant près de trois mètres, nommé Goliath. Il se campa face aux troupes israélites, et leur cria : "Je lance un défi à l'armée d'Israël. Envoyez-moi un homme et nous nous affronterons en combat singulier." Quand Saül et toute son armée entendirent ces paroles, ils furent démoralisés et une grande peur s'empara d'eux.

Voici Goliath, le colosse, le champion des Philistins. Il est si terrifiant que les vaillants guerriers de Saül n'ont plus du tout envie de se battre. Saül a beau être grand et fort, on dirait un enfant à côté de ce géant… Le champion d'Israël ne fait pas le poids face à celui des ennemis. Notre ennemi, c'est Satan. Il nous est impossible de nous battre contre lui par nos propres forces : il est beaucoup plus puissant que nous et surtout beaucoup plus malin ! Si nous comparons ses forces aux nôtres, nous risquons bien d'être complètement découragés, comme le peuple !

Ma prière : Seigneur Jésus, je reconnais que je ne suis pas de taille à lutter contre le diable. Merci parce que tu es avec moi pour me garder et me délivrer. Aide-moi à ne pas me démoraliser, ni me décourager.

1 Samuel 17. 26, 32, 37

9 juillet

David entendit Goliath lancer son défi. “Qu’est donc cet incirconcis de Philistin, pour oser insulter les bataillons du Dieu vivant ? Que personne ne perde courage à cause de ce Philistin ! J’irai et je le combattrai. L’Éternel qui m’a délivré de la griffe du lion et de l’ours me délivrera aussi de ce Philistin.”

Saül regarde Goliath. Il voit un géant, un ennemi invincible. Il a bien raison : s’il essayait de se battre contre lui, il serait vaincu.
David regarde Goliath. Il voit un incirconcis, c’est-à-dire quelqu’un qui n’appartient pas à Dieu. Or lui, David, appartient à Dieu, au Dieu vivant ! Et Dieu l’a rempli de son Esprit, en plus ! Ce géant n’a donc aucune puissance face à lui… David ne regarde pas aux apparences, mais aux choses profondes. Il connaît la puissance de Dieu.
Certaines difficultés peuvent te paraître aussi insurmontables qu’un géant de trois mètres. Mais regarde-les avec d’autres yeux : non pas comme un homme les voit, mais comme Dieu les voit. Mets les “lunettes” de ton Père céleste, le puissant créateur du ciel et de la terre… Alors ? Elles sont où, ces difficultés ?

Ma prière : Père céleste, merci parce qu’il n’existe aucune difficulté pour toi. Aide-moi à toujours regarder la vie comme toi, en pensant à toi.

10 juillet

1 Samuel 17. 34-37

David dit à Saül: "Quand je gardais les moutons de mon père et qu'un lion ou un ours survenait pour emporter une bête du troupeau, je l'attaquais et j'arrachais la bête de sa gueule; si le fauve se dressait contre moi, je le frappais jusqu'à ce qu'il soit mort. Puisque j'ai tué des lions et des ours, j'abattrai bien cet incirconcis, car il a insulté les bataillons du Dieu vivant. L'Éternel qui m'a délivré de la griffe du lion et de l'ours me délivrera aussi de ce Philistin."

David connaissait bien la puissance de Dieu en délivrance. Il en avait souvent fait l'expérience et pouvait citer plusieurs occasions où Dieu lui avait donné la force de surmonter des difficultés incroyables.
La foi, cela se construit:
• avec les exemples des autres, que l'on trouve dans la Bible ou dans les biographies d'hommes de Dieu;
• à partir de nos expériences personnelles. Si nous nous souvenons des délivrances que le Seigneur nous accorde, nous pourrons lui en être reconnaissants, mais cela nous aidera aussi à affronter les nouvelles difficultés en lui faisant toujours plus confiance.

Ma prière: Dieu et Père, merci parce que tu veux me donner la force de triompher de toutes les difficultés. Aide-moi à ne pas oublier ce que tu fais pour moi et à construire ma foi.

11 juillet

Actes 14. 4-6

La population se partagea en deux camps : les uns prenaient parti pour les Juifs, les autres pour les apôtres. Les non-Juifs et les Juifs s'apprêtaient à maltraiter les apôtres et à les tuer à coups de pierres, mais ceux-ci cherchèrent refuge dans les villes des environs.

Kevin et Luc passent leurs vacances en famille, dans un camping de bord de mer. Comme d'habitude, ils font la prière avant de manger, lisent la Bible tous les soirs et chantent des cantiques. Cette attitude n'a pas échappé aux campeurs voisins. Rapidement, les garçons doivent subir moqueries et taquineries lors des jeux organisés. Kevin, toujours plein d'ardeur, a l'intention de montrer qu'il n'a pas honte d'être chrétien ! Mais Luc, plus prudent, le raisonne : "Que vas-tu y gagner ? Même si tu parviens à garder ton calme, ils se sont tellement excités les uns les autres que personne ne fera attention à ton témoignage. Et tel que je te connais, tu risques fort de perdre ton sang-froid et de témoigner avec tes poings… Allons plutôt jouer tout seuls sur la plage."
Nous devons toujours essayer de rechercher la paix. Comme Luc, les apôtres ont préféré s'en aller plutôt que de provoquer un affrontement inutile.

Ma prière : Seigneur Jésus, donne-moi de la sagesse dans mes relations avec les autres. Aide-moi à toujours rechercher la paix, si c'est possible.

12 juillet

Actes 14. 8-10

A Lystre se trouvait un homme paralysé des pieds : infirme de naissance, il n'avait jamais pu marcher. Il écoutait les paroles de Paul. L'apôtre fixa les yeux sur lui et, voyant qu'il avait la foi pour être sauvé, il lui commanda d'une voix forte : "Lève-toi et tiens-toi droit sur tes pieds !" D'un bond, il fut debout et se mit à marcher.

L'apôtre fait un discourt. On peut facilement imaginer ce savant, ce grand érudit, parler avec fougue et passion de celui qui remplit sa vie : Jésus-Christ. Mais ce passage ne nous dit rien de son discours. Tout ce que l'on sait, c'est que Paul regarde ses auditeurs pendant qu'il parle. Tous ces hommes, toutes ces femmes qui l'écoutent, il les aime, il fait attention à eux et veut les amener à la connaissance de Jésus.
La force de cet amour, de ce regard et de ce message est telle que, par la puissance de l'Esprit de Dieu, l'infirme auquel Paul s'adresse ne se lève pas seulement : il bondit !
Parler de Jésus aux autres, c'est bien. Mais pour que le message soit compris, il faut que nous aimions ceux à qui nous parlons, et il faut qu'ils le sentent.

Ma prière : Seigneur Jésus, remplis-moi de ton amour pour tous les hommes. Aide-moi à leur parler de toi.

Actes 14. 19-20

13 juillet

Des Juifs d'Antioche et d'Iconium arrivèrent à Lystre et ils parvinrent à retourner le peuple contre les apôtres : ils lancèrent des pierres contre Paul pour le tuer, puis ils le traînèrent hors de la ville, croyant qu'il était mort. Mais quand les disciples se rassemblèrent autour de lui, il se releva et rentra dans la ville.

Nous avons vu hier que le témoignage d'un chrétien ne doit pas être pris pour de la provocation. C'est pourquoi Paul était parti d'Iconium avant que les Juifs puissent lui faire tout ce que la jalousie de leur cœur leur suggérait. Mais les voilà qui rattrapent les apôtres et qui donnent libre cours à leur méchanceté !
Dieu nous permet parfois d'échapper aux difficultés, mais il peut aussi permettre que nous les traversions. Quoi qu'il en soit, nous pouvons être sûrs qu'en restant près de lui, nous ne serons pas anéantis par ces difficultés. Paul a sûrement eu très mal, mais par la puissance de Dieu, il a pu se relever et continuer son service.

Ma prière : Dieu et Père, merci parce que je peux être assuré que tu me relèveras, même si tu permets des difficultés dans ma vie.

14 juillet

Actes 14. 21-22

Après avoir annoncé la Bonne Nouvelle à Derbe et y avoir fait de nombreux disciples, Paul et Barnabas retournèrent à Iconium et à Antioche. Ils fortifiaient les disciples et les encourageaient à demeurer fermes dans la foi : "Car c'est au travers de beaucoup de souffrances qu'il nous faut entrer dans le royaume de Dieu."

Léa a à peu près ton âge, mais elle a une maladie qui entraîne une surcharge pondérale importante : elle est grosse. Pas seulement rondelette, mais vraiment grosse. L'an dernier, elle a accepté de participer à une colonie de vacances. Comme c'était un camp chrétien, elle pensait que tout se passerait bien. Hélas, deux filles de son groupe ont été vraiment désagréables avec elle. Oh, si elles avaient pu voir, chaque soir, l'oreiller de Léa trempé de larmes... Heureusement, sa monitrice était super et Léa a beaucoup apprécié les promenades. Cette semaine, les fiches d'inscriptions pour les camps de cet été sont arrivées. La maman de Léa n'ose pas lui proposer d'y retourner... Mais Léa ne veut pas se laisser arrêter par sa peur ou ses mauvais souvenirs. Le Seigneur Jésus sera avec elle et elle sait que cela lui fera plaisir de la voir s'engager dans un tel camp.

Ma prière : Seigneur Jésus, donne-moi la force de passer par-dessus mes expériences difficiles. Donne-moi la volonté d'aller de l'avant.

15 juillet

Actes 14. 26-27

Paul et Barnabas s'embarquèrent pour Antioche d'où ils étaient partis et où on les avait confiés à la grâce de Dieu pour l'œuvre qu'ils venaient d'accomplir. Là, ils racontèrent aux membres de l'Église tout ce que Dieu avait fait avec eux.

Les conversations vont bon train, autour de la table, ce dimanche. Mais soudain, tout le monde se tait. On écoute Benoît résumer l'histoire que la petite Lucette a racontée ce matin à l'école du dimanche.
"Des voleurs ont essayé d'entrer chez elle alors qu'elle était seule avec sa grand-mère. Sans s'affoler, la mamie a simplement prié : 'Seigneur, nous avons tout particulièrement besoin de ton aide. Protège-nous et aide-nous à ne pas paniquer. Amen.' Puis elles ont continué tranquillement leur jeu de société. Quand les parents sont rentrés, la serrure avait bel et bien été forcée, mais les voleurs n'avaient même pas ouvert la porte !"
Pendant la suite du repas, les convives se sont entretenus de la confiance en Dieu, de la nécessité de prier et des réponses d'amour que Dieu nous donne.
Lorsque nous vivons des expériences heureuses avec Dieu, c'est bien de les partager. Non pas pour nous vanter, bien sûr, mais au contraire pour dire "ce que Dieu a fait avec nous."

Ma prière : Dieu et Père, aide-moi à témoigner simplement de ce que tu fais dans ma vie.

16 juillet

Actes 15. 36-39

Après quelque temps, Paul dit à Barnabas : “Partons refaire le tour de toutes les villes où nous avons annoncé la Parole du Seigneur et rendons visite aux frères pour voir ce qu'ils deviennent.” Mais Barnabas voulait emmener avec lui Jean, appelé aussi Marc, et Paul estimait qu'il ne convenait pas de prendre avec eux celui qui les avait abandonnés en Pamphylie et qui ne les avait pas accompagnés dans leur œuvre. Leur désaccord fut si profond qu'ils se séparèrent.

Que c'est triste ! Paul et Barnabas, deux frères qui avaient tant travaillé ensemble, ne sont plus d'accord et se séparent…
Même les plus grands hommes de Dieu ne sont pas parfaits. Alors, si des hommes comme Paul et Barnabas peuvent se fâcher, combien plus nous devons veiller, nous qui avons moins de foi, pour ne jamais avoir de désaccord avec nos frères et sœurs en Jésus !

Ma prière : Seigneur Jésus, aide-moi à toujours rechercher à vivre en bonne entente avec ceux qui m'entourent.

17 juillet

Actes 16. 1-3

Paul se rendit ensuite à Derbe, puis à Lystre. Il y trouva un disciple nommé Timothée ; sa mère était une croyante d'origine juive et son père était Grec. Les frères de Lystre et d'Iconium disaient beaucoup de bien de lui. Paul désira le prendre avec lui.

Quand Paul parle de Timothée, il l'appelle "son enfant dans la foi". As-tu remarqué le nom de la ville dans laquelle ce garçon vivait ? Lystre ! C'est la ville où Paul a été lapidé jusqu'à ce qu'on le croie mort ! Dieu avait permis que Paul y souffre, mais c'est grâce à ce témoignage que Timothée est né de nouveau. Paul a trouvé là son "fruit" le plus rafraîchissant et le plus encourageant.
*Quelques années après la mort de Paul, Tertullien a écrit (en latin) : "*Sanguis martyrum semen christianorum *— Le sang des martyrs est semence de chrétiens"*

Souviens-toi bien de cela : c'est peut-être dans les épreuves les plus dures par lesquelles Dieu te fera passer que tu trouveras les plus belles choses de ta vie.

Ma prière : Père céleste, apprends-moi à te faire confiance, toi qui sais pourquoi tu permets les difficultés.

18 juillet

Psaume 79. 11

Que les plaintes des prisonniers parviennent jusqu'à toi ! Et que les condamnés à mort soient sauvés par ton bras puissant !

À minuit, le 18 juin 1981, l'organisation "Portes Ouvertes" débarquait clandestinement un million de bibles sur une plage chinoise. Des chrétiens des environs sont venus les chercher et les ont cachées pour les distribuer petit à petit dans les églises de maisons. Le pasteur John, qui en avait caché 10 000 dans une vieille grange, fut arrêté et torturé par la police. Le Seigneur lui ayant donné la force de ne révéler aucun secret, les policiers décidèrent de se venger et de le pendre. Ils le mirent debout sur une caisse, avec une corde autour du cou. S'il tombait de la caisse, il mourrait pendu… John a résisté pendant 13 jours, sans manger ni boire, toujours debout sur la caisse ! Il a profité de ces longues heures pour parler de Jésus aux policiers. À la fin du treizième jour, alors qu'un violent orage secouait la région, John remit son esprit entre les mains de son Sauveur et se laissa tomber, à bout de forces. Juste à ce moment-là, la foudre tomba sur la corde et la coupa net : John ne fut pas pendu ! Stupéfaits par ce miracle, les policiers crurent au Seigneur Jésus et relâchèrent John. Celui-ci put alors distribuer les 10 000 bibles qui étaient restées bien cachées.

Ma prière : Dieu et Père, merci parce que ton bras est toujours puissant pour délivrer. Protège tous tes enfants qui vivent dangereusement pour toi, et protège-moi.

Psaume 81. 8

19 juillet

Tu étais dans la détresse : tu m'as appelé, et je suis venu pour te délivrer du sein de l'orage, et je t'ai mis à l'épreuve près des eaux de Mériba.

Phil rêve de devenir journaliste. Sa maîtresse lui a demandé de faire un reportage sur la pièce de théâtre que sa classe doit jouer lors du tricentenaire de la ville.
Malgré tout le mal qu'il s'est donné, Phil n'a pas réussi à se procurer le matériel vidéo nécessaire. Il se décide donc à faire appel à Greg, le fiancé de sa sœur : il travaille dans une agence de publicité. Gentiment, Greg accepte de venir l'aider. Mais Phil lui dit qu'il a juste besoin du matériel et qu'il peut très bien se débrouiller tout seul. Le jour de la représentation, Greg amène son matériel et se retire à l'écart, dans les coulisses. Phil essaie de mettre en marche la caméra vidéo… Mais c'est un modèle professionnel très compliqué et il commence à paniquer. Puis il se rend compte avec horreur qu'il a complètement oublié d'amener une cassette pour enregistrer ! Furieux et déçu, le garçon s'approche de Greg : "C'est fichu ! On n'a pas de cassette !" Greg soupire. Avec un sourire, il sort trois cassettes de son blouson…
Comme autrefois avec le peuple d'Israël, Dieu veut te délivrer de tous tes problèmes. Mais parfois, il permet aussi des épreuves pour nous apprendre à lui faire confiance.

Ma prière : Tendre Père, merci parce que tu veux m'aider. Apprends-moi à te faire confiance de A à Z.

20 juillet

Psaume 81. 14, 15, 17

Si mon peuple m'écoutait, si Israël marchait sur les voies que j'ai prescrites, je ferais plier tous ses ennemis, et ma main se tournerait contre ceux qui les oppriment. Et le bonheur d'Israël durerait toujours. Je les nourrirais de fleur de froment, et je les rassasierais de miel.

Oscar est au CP. Chaque jour, il rentre à la maison avec de nouveaux bleus, de nouvelles bosses et de nouvelles déchirures à ses habits. Un soir, il rentre avec un avertissement du directeur… Maman va voir son fils aîné, Loïc et lui demande une nouvelle fois de surveiller son petit frère dans la cour de récréation. "Écoute, maman, répond Loïc, j'ai tout essayé. Je lui ai dit de ne pas jouer avec les bagarreurs, j'ai essayé de l'éloigner, de l'emmener avec moi sur le stade, j'ai organisé des super-jeux pour lui ! Rien n'y fait : il aime traîner au fond de la cour et se battre avec les autres !"
Tu peux imaginer la déception de Loïc qui voit son petit frère préférer la bagarre aux jeux qu'il organise pour lui… Alors, peux-tu aussi imaginer la peine que ressent le Seigneur Jésus lorsqu'on préfère lui désobéir, pécher et en souffrir les conséquences, plutôt que lui obéir et recevoir les bénédictions qu'il a en réserve pour nous ?

Ma prière : Seigneur Jésus, aide-moi à ne pas te faire de la peine en te désobéissant, mais au contraire, à te laisser me bénir.

Psaume 83. 3, 4, 10-13

21 juillet

Voici, tes ennemis s'agitent, ceux qui te haïssent ont relevé la tête. Contre ton peuple, ils se concertent, ils trament des complots contre les tiens, que tu protèges. Traite-les comme Madian, comme Sisera ou Yabîn : ils furent détruits et laissés comme du fumier par terre. Que tous leurs princes soient pareils à Oreb et à Zeeb, et que leurs chefs deviennent comme Zébah et Tsalmounna, eux qui disaient : "Emparons-nous du domaine de Dieu !"

Devant la terrible menace des ennemis d'Israël, Asaph ne panique pas. Il a un recours : prier Dieu. Il le fait avec confiance dans ce psaume, en rappelant les délivrances que Dieu a déjà opérées dans le passé. Les exemples qu'il cite ici sont tirés du livre des Juges. S'il n'avait pas lu ce livre, penses-tu qu'il aurait prié avec autant de foi ?
Tes ennemis sont toutes ces tentations que le diable place sur ton chemin pour t'éloigner du Seigneur Jésus. Ils sont nombreux et terribles ! Comment les reconnaître lorsqu'ils se déguisent ? Comment ne pas en être effrayé quand ils menacent ? En lisant la Bible !

Ma prière : Seigneur Jésus, aide-moi à retenir tout ce que tu me dis dans ta parole, afin d'être encouragé à marcher en te faisant confiance, pour te faire plaisir.

Psaume 84. 2-3

22 juillet

Oh ! que j'aime tes demeures, Éternel, Seigneur des armées célestes ! Je languis et je soupire, Éternel, après tes parvis, mon être entier crie sa joie vers le Dieu vivant.

La petite Rachel habite avec ses parents et ses trois frères dans un petit appartement, tout en haut d'une tour HLM d'une cité de Marseille. Heureusement, chaque dimanche, la famille peut quitter ce petit appartement surchauffé pour se rendre dans la propriété du patron de papa. Toute la semaine, Rachel attend ce moment. Quand le bus s'arrête devant la grande grille de la propriété et que le si gentil monsieur vient leur ouvrir, elle crie de joie et d'excitation.

Pourquoi Rachel est-elle si excitée ? Parce qu'elle va passer une super-journée à s'amuser sur une belle pelouse, dans l'ombre des grands arbres ? Parce qu'elle va se baigner dans une belle piscine ? Sûrement. Mais imagine qu'au lieu d'être accueillie à bras ouverts, elle vienne là clandestinement… Imagine qu'elle risque d'être chassée à tout instant… Crois-tu qu'elle serait si joyeuse ? Non, bien sûr ! Sa joie est surtout liée à la joie de celui qui la reçoit.

Et toi, penses-tu chaque jour à la joie que Dieu éprouvera en t'accueillant dans le ciel ?

Ma prière : Seigneur Jésus, aide-moi à penser souvent au ciel et à t'attendre de tout mon cœur.

Psaume 84. 6, 7

23 juillet

Bienheureux les hommes dont tu es la force : dans leur cœur, ils trouvent des chemins tracés. Car lorsqu'ils traversent la vallée des Larmes, ils en font une oasis, et la pluie d'automne vient la recouvrir de bénédictions.

Quelles sont les deux plus grandes difficultés que rencontre celui qui veut traverser un désert ? Le manque d'eau, bien sûr, mais aussi le manque de repères, de route : dans un désert, tout se ressemble.
La vie sur la terre, c'est comme une traversée du désert. Comment savoir ce que tu dois faire ? Comment trouver la bonne route parmi toutes celles qui s'ouvrent devant toi ? Peux-tu puiser assez de force en toi-même ? Peux-tu t'appuyer sur les conseils des autres ? Non, mais tu peux puiser ta force en Dieu. Lui seul peut te faire avancer.

Alors, ce chemin sera toujours facile et doux !

He bien non, car le désert reste le désert ! Par contre, Dieu veut être pour toi comme une oasis. Sa présence peut transformer les pires difficultés – la vallée des Larmes – en véritables bénédictions.

Ma prière : Père céleste, je veux croire que tu veux être mon oasis, la source de tout mon bien, parce que tu m'aimes. Aide-moi à ne rechercher la force qu'en toi.

24 juillet

Psaume 84. 11

Un jour dans tes parvis vaut bien mieux que mille ailleurs. Plutôt rester sur le seuil de la maison de mon Dieu, que de demeurer sous les tentes des méchants.

Le poète anglais John Milton a écrit : "Mieux vaut régner en enfer que de servir au ciel."
Et toi ? Quel choix veux-tu faire ? Oh, bien sûr, quand on vient de lire la Bible, on répond généralement de tout son cœur : "Je préfère servir mon Seigneur ! Il m'a tant aimé..." Mais attention : le diable est très fort et nous sommes si facilement tentés par l'argent, la facilité de vie, la puissance... Que choisirais-tu s'il t'offrait 20 de moyenne dans toutes les matières, un super-ordinateur pour toi tout seul et 100 euros d'argent de poche chaque semaine ? C'est ça que le psalmiste appelle "les tentes des méchants". Si Dieu le lui permettait, le diable serait heureux de t'offrir tout cela... pour être sûr de mieux t'entraîner avec lui, le plus loin possible de Dieu !

Ma prière : Dieu et Père, je veux croire que tu veux mon bien et je te supplie de travailler dans mon cœur pour que ma relation avec toi soit plus précieuse pour moi que tout ce que le diable peut offrir.

25 juillet

Matthieu 22. 15-16

Les pharisiens discutèrent entre eux pour trouver une question à poser à Jésus, afin de le prendre au piège par ses propres paroles. Ils lui envoyèrent donc quelques-uns de leurs disciples qui lui dirent : “Maître, nous savons que tu dis la vérité et que tu enseignes en toute vérité comment Dieu nous demande de vivre. Tu ne te laisses influencer par personne, car tu ne regardes pas à la position sociale des gens.”

Bon, d'accord, j'ai coupé l'histoire en deux, au beau milieu de la question piège posée par les disciples de ces méchants pharisiens... Mais avoue que si on s'arrêtait là, on pourrait se laisser tromper par ces beaux compliments, qui sont très justes, d'ailleurs !
Cela nous donne un avertissement : quand une personne nous parle de Dieu ou du Seigneur Jésus, il ne faut jamais juger trop rapidement, ni dans un sens, ni dans l'autre. Il faut aussi faire bien attention jusqu'au bout à ce qui nous est dit. De belles paroles peuvent cacher de grands pièges.

Ma prière : Seigneur Jésus, aide-moi à ne pas me laisser tromper par de beaux compliments à ton égard ou envers Dieu. Aide-moi à rester vigilant jusqu'au bout.

Matthieu 22. 17-22

26 juillet

Ces émissaires lui dirent: "Dis-nous donc ce que tu penses de ceci: A-t-on, oui ou non, le droit de payer des impôts à César?" Jésus, connaissant leurs mauvaises intentions, leur répondit: "Hypocrites! Pourquoi me tendez-vous un piège? Montrez-moi une pièce qui sert à payer l'impôt. Cette effigie, cette inscription, de qui sont-elles?
- De César.
- Rendez donc à César ce qui revient à César, et à Dieu ce qui revient à Dieu."
En entendant cette réponse, ils en restèrent tout déconcertés. Ils le laissèrent et se retirèrent.

Si Jésus avait répondu : "Oui, il faut payer l'impôt à César", le peuple se serait détourné de lui en pensant qu'il était favorable aux Romains. Les chefs des Juifs auraient alors pu le faire mourir sans craindre la foule.
Si Jésus avait répondu : "Non", ils auraient pu le dénoncer aux Romains, qui l'auraient emprisonné.
Quelle que soit sa réponse, ils pensaient pouvoir ruiner le témoignage de Jésus et se débarrasser de lui.
Mais Jésus est Dieu et sa sagesse est infinie…

Ma prière: Seigneur Jésus, merci parce que la méchanceté des hommes n'aura jamais le dessus devant ta sagesse et ta puissance. Que tu es grand et merveilleux !

Matthieu 21. 22

27 juillet

Des sadducéens, qui prétendent que les morts ne ressuscitent pas, posèrent à Jésus cette question : "Maître, Moïse a donné cet ordre : 'Si quelqu'un meurt sans avoir d'enfant, son frère épousera sa veuve, pour donner une descendance au défunt.' Or, il y avait sept frères. L'aîné s'est marié, et il est mort sans avoir d'enfants. Il a donc laissé sa veuve à son frère. Il est arrivé la même chose au deuxième frère, puis au troisième, et ainsi de suite jusqu'au septième. En fin de compte, la femme est décédée elle aussi. À la résurrection, duquel des sept frères sera-t-elle la femme ? Car ils l'ont tous eue pour épouse." Jésus leur répondit : "Vous êtes dans l'erreur, parce que vous ne connaissez pas les Écritures, ni quelle est la puissance de Dieu. En effet, une fois ressuscités, les hommes et les femmes ne se marieront plus ; ils vivront comme les anges qui sont dans le ciel. Dieu n'est pas le Dieu des morts, mais le Dieu des vivants."

Il y a des choses que l'on ne peut pas comprendre. Et le fait d'imaginer tout un tas d'histoires ne nous aidera pas !

Ma prière : Dieu et Père, aide-moi à accepter que ce que ton amour a prévu pour moi est trop grand et trop merveilleux pour que je puisse tout comprendre.

Matthieu 22. 36-40

28 juillet

- Maître, quel est, dans la Loi, le commandement le plus grand ?
- Tu aimeras le Seigneur, ton Dieu, de tout ton cœur, de toute ton âme et de toute ta pensée. C'est là le commandement le plus grand et le plus important. Et il y en a un second qui lui est semblable : Tu aimeras ton prochain comme toi-même. Tout ce qu'enseignent la Loi et les prophètes est contenu dans ces deux commandements.

Crois-tu que les enfants du patron de Addidas vont à l'école avec des chaussures toutes abîmées ? Et ceux de Lance Armstrong ont-ils un vieux vélo tout rouillé ? Bien sûr que non !
Notre Père céleste, lui, ne s'intéresse ni aux chaussures, ni aux vélos, mais aux cœurs. Il est amour. Il nous l'a prouvé en envoyant son Fils Jésus pour nous sauver. Pour lui, le plus important, c'est que nous répondions à cet amour en l'aimant en retour de tout notre cœur. Il désire aussi que nous lui ressemblions en aimant les autres "comme nous-même".

Ma prière : Père céleste, merci parce que la chose la plus importante pour toi est la plus belle et la plus agréable pour moi : AIMER.

Matthieu 23. 1-3

29 juillet

Alors Jésus, s'adressant à la foule et à ses disciples, dit : "Les spécialistes de la Loi et les pharisiens sont chargés d'enseigner la Loi transmise par Moïse. Faites donc tout ce qu'ils vous disent, et réglez votre conduite sur leur enseignement. Mais gardez-vous de prendre modèle sur leurs actes, car ils parlent d'une manière et agissent d'une autre."

Sur le parking de l'église, Antoine a le regard attiré par une grosse Mercedes. Il n'en avait encore jamais vu de pareille… Il colle son nez à la vitre pour regarder le tableau de bord. Soudain, une voix le fait tressaillir : "Pousse-toi, petit, je dois partir, maintenant." Imagine la surprise d'Antoine lorsqu'il voit monter dans la voiture ce même monsieur qui vient de faire tout un discours dans l'église… au sujet des priorités du chrétien ! Déçu et furieux, Antoine se dit que plus jamais il n'écoutera ce genre de personnes. Mais en y réfléchissant, il avait apprécié ce discours sur l'amour et le don de soi… Eh bien, si cet homme ne veut pas montrer l'exemple, ce n'est pas une raison pour faire comme lui !

Ma prière : Seigneur Jésus, aide-moi à ne pas me laisser décourager par un mauvais exemple.

30 juillet

Matthieu 23. 7-10

Les pharisiens aiment qu'on les salue sur les places publiques et qu'on les appelle "Maître". Mais vous, ne vous faites pas appeler "Maître", car pour vous, il n'y a qu'un seul Maître, et vous êtes tous frères. Ne donnez pas non plus à quelqu'un, ici-bas, le titre de "Père", car pour vous, il n'y a qu'un seul Père : le Père céleste. Ne vous faites pas non plus appeler chefs, car un seul est votre Chef: le Christ.

La plupart des grandes églises chrétiennes (catholique romaine, orthodoxe, anglicane...) ont un clergé. C'est une organisation, comme dans l'armée, l'état ou une entreprise. Tout en haut, il y a un grand patron, puis des chefs qui ont eux-mêmes des sous-chefs sous leurs ordres, et ainsi de suite. Tout en bas, il y a "le fidèle" : c'est moi, c'est toi. Peut-être que tous ces chefs, abbés, curés, évêques, prêtres, pasteurs, cardinaux ou papes n'osent pas s'appeler "fidèles" parce qu'ils désobéissent de manière si évidente au verset d'aujourd'hui...
Quoi qu'il en soit, ce verset nous encourage beaucoup, car il nous dit que nous sommes tous frères et qu'il n'y a personne entre Dieu, ou Jésus, et nous.
Ma prière : Seigneur Jésus, merci parce que tu n'as pas voulu faire des tiens une armée mais une famille. Merci parce que nous avons tous la même place dans ton cœur.

Matthieu 23. 11-12

31 juillet

Le plus grand parmi vous sera votre serviteur. Car celui qui s'élève sera abaissé ; et celui qui s'abaisse lui-même sera élevé.

Mia a réussi le concours d'entrée de l'école d'hôtellerie la plus renommée du monde. Cette école prépare ceux qui vont servir dans les palaces les plus luxueux. À son arrivée, Mia va voir la petite chambre dans laquelle elle va loger pendant ses études. À l'entrée du bâtiment, elle est toute surprise de voir un élève de deuxième année lui ouvrir la porte en disant : "Je vous souhaite la bienvenue, Mademoiselle. Donnez-vous la peine d'entrer, je vous prie. Permettez que je prenne vos bagages et vous conduise jusqu'à vos appartements." Elle comprit assez rapidement que, dans cette école, les notes ne se donnaient pas sur une copie double rendue chaque mois, mais sur l'attitude de chacun au quotidien. Il fallait veiller constamment à être polis et serviables avec les autres, si on voulait être bien noté.

Pour Dieu, il ne s'agit pas d'évaluer la politesse ou même la serviablilté comme on peut les apprendre dans une école. Il s'agit d'amour vrai. Pour ressembler à Jésus qui était roi et qui est pourtant venu comme un serviteur, nous devons vivre "pour de vrai" l'amour que Dieu a versé dans nos cœurs.

Ma prière : Seigneur Jésus, aide-moi à montrer l'amour que Dieu met dans mon cœur en servant les autres, comme toi.

1 août

Proverbes 24. 30-34

J'ai passé près du champ d'un paresseux et le long du vignoble d'un homme sans courage, et voici, les orties avaient tout envahi, les ronces recouvraient le sol et le muret de pierres était en ruines. Je me suis mis à réfléchir et j'ai tiré une leçon de ce que j'ai observé : "Je vais juste faire un petit somme, dis-tu, juste un peu m'assoupir, rien qu'un peu croiser les mains et rester couché un instant", mais pendant ce temps, la pauvreté s'introduit chez toi comme un rôdeur, et la misère comme un pillard.

Ben… Pourquoi ils m'ont mis ce verset ici ? Je n'ai pas de champ, moi !

Non, mais tu as un cœur. Et ce cœur, tu dois l'entretenir en enlevant les mauvaises herbes : les mauvaises pensées, l'orgueil, le refus de pardonner… bref, tous ces péchés que l'on doit confesser à Dieu. Tu dois aussi bien l'arroser, avec l'eau de la vie : la lecture de la Bible. Pour protéger son cœur, on doit aussi construire un muret de pierres en prenant cette décision, solide comme la pierre : refuser de laisser entrer le mal.

Ma prière : Seigneur Jésus, délivre-moi de toute paresse dans mon corps, mais surtout dans mes pensées, même pendant les vacances.

2 août

Proverbes 25. 1

Voici encore des proverbes de Salomon. Ils ont été recueillis par les fonctionnaires d'Ezéchias, roi de Juda.

Ezechias a vécu plus de 200 ans après Salomon. Or, Salomon n'avait pas fait de conférences enregistrées sur DVD… Imagine le travail difficile de ces "fonctionnaires" : recueillir tous ces proverbes parmi les rouleaux des bibliothèques royales de Jérusalem ! Avec beaucoup d'attention, ils trient chaque écrit : ici, le gros tas des traités de guerre ; là, le tout petit tas des traités de paix ; dans ce coin, les édits concernant les taxes… Et bien sûr, ceux qui contiennent des proverbes. Un jour, enfin, le tri est fini. Ils emportent précieusement leurs trésors et commencent à lire. Imagine alors qu'un proverbe leur paraisse ne pas être à sa place. Ils s'aperçoivent alors qu'il existe de faux proverbes, écrits par des hommes qui ont voulu imiter la sagesse de Salomon ! Et les voilà qui doivent à nouveau trier…
Nous aussi, nous devons "recueillir" la Parole de Dieu. Bien sûr, c'est plus simple car nous l'avons tout entière dans un seul livre : la Bible. Mais nous devons faire attention à ne pas "oublier" des passages et à ne pas rajouter des pensées humaines, des règles ou des traditions…

Ma prière : Tendre Père, aide-moi à recueillir ta Parole dans mon cœur avec autant de soins que le plus consciencieux des fonctionnaires d'Ezechias.

3 août

Proverbes 25. 16

Si tu trouves du miel, n'en mange que ce qui te suffit, car si tu en prends trop, tu le rejetteras.

Du temps de tes arrières grands-parents, la plupart des enfants recevaient à Noël… une orange ! Pour eux, c'était un cadeau merveilleux. Bien sûr, maintenant, on peut en acheter autant que l'on veut, sans compter les bananes ou les kiwis, venus par avion de l'autre bout du monde et que l'on trouve normal de manger à chaque dessert…
Qu'avons-nous gagné par rapport à nos ancêtres ? Un bon apport de vitamines, ça, c'est sûr ! Mais après tout, ne crois-tu pas que nous y avons perdu en joie, en plaisir, en émerveillement… et en reconnaissance ?
Dans ce proverbe, Salomon parle de nourriture pour que tout le monde puisse comprendre : le miel, qui était le bonbon de l'époque, finit par écœurer si on en mange trop. Mais cette leçon est valable pour toutes les choses de la vie. Si on en use sans mesure, on s'en dégoûte, on ne les apprécie plus à leur juste valeur… et on n'est plus reconnaissant envers notre Père céleste qui voulait nous bénir.

Ma prière : Dieu et Père, aide-moi à avoir de la mesure en tout pour rester toujours reconnaissant, que ce soit pour la nourriture, les jeux, la lecture ou le sport…

4 août

Proverbes 25. 17

Ne va pas trop souvent chez ton ami, de peur qu'il ne se lasse de toi et ne te prenne en haine.

L'appartement de Catherine n'est vraiment pas génial. Comme il est orienté à l'ouest, il se transforme en four tous les soirs d'été. Alors Naomi invite souvent Catherine chez elle. Là, on peut jouer à l'abri des grands arbres, ou même se baigner dans la piscine ! Catherine s'y plaît d'autant plus que ses parents sont rarement à la maison, trop occupés par leur commerce. Ils partent tôt et rentrent tard. Par contre, chez Naomi, les horaires sont bien respectés et on invite souvent Catherine à partager le repas familial. Au début, elle ne venait que deux ou trois après-midi par semaine, mais bien vite, elle est venue tous les jours. Depuis que les vacances ont commencé, elle vient même le matin et reste toute la journée ! Ce qui était un plaisir pour Naomi et ses parents devient un service de plus en plus lourd. Heureusement que le papa a décidé de mettre une limite aux visites de Catherine, sinon, ce serait rapidement devenu un cauchemar ! Hélas, le papa de Naomi a beau avoir expliqué cela très gentiment à Catherine, celle-ci s'est sentie blessée et n'a plus voulu revenir…

C'est dommage qu'elle n'ait pas connu et suivi le sage conseil de Salomon : elle se serait baignée moins souvent, mais plus longtemps, peut-être même tout l'été !

Ma prière : Père céleste, donne-moi de la mesure dans mes relations avec les autres.

Proverbes 25. 25

5 août

Une bonne nouvelle venant d'un pays lointain fait du bien, comme de l'eau fraîche à une personne altérée.

Je te propose de faire une petite expérience. Lors d'un repas du soir où tes parents sont particulièrement fatigués - tu sais, quand ils s'énervent pour le moindre verre d'eau renversé sur la table… - demande à chacun de faire la liste des bonnes nouvelles qu'il a apprises dans la journée. Une fois toutes les bonnes nouvelles récoltées, s'il y en a, tu pourras dire : "Eh bien moi, je vais vous dire la meilleure : le Fils de Dieu nous aime et il vient bientôt nous chercher." L'effet est garanti ! Cette parole désaltérera mieux que le meilleur sirop de menthe, détendra mieux que le meilleur massage, reposera plus qu'une journée dans un relax !

Ma prière : Seigneur Jésus, aide-moi à penser tous les jours à ce pays, qui me semble encore si lointain aujourd'hui, mais duquel tu vas bientôt venir nous chercher. Aide-moi aussi à savoir en parler aux autres pour leur apporter la fraîcheur de cette espérance.

Proverbes 25. 27

6 août

Il n'est pas bon de manger beaucoup de miel, mais étudier des choses importantes voilà ce qui est important.

Marc aime beaucoup lire sa Bible. Surtout les histoires, comme celles des patriarches, du peuple en Égypte, de la traversée du désert ou des rois… Il apprécie d'autant plus qu'il a une Bible en B.D. ! Les images, ça parle mieux…
Lire une Bible en B.D., c'est un peu comme manger du miel :
• Le miel est bon pour la santé et doux à manger. Par contre ce n'est pas une nourriture suffisante. Pour nourrir convenablement ton corps, tu as besoin de manger de la viande, des légumes, des féculents…
• La Bible en B.D. est plus facile à lire, elle aide à découvrir les histoires. Mais pour nourrir ton esprit des choses de Dieu, tu as aussi besoin de lire le texte original de la Bible. C'est ce texte-là que Dieu a dicté à ses serviteurs et qui est important à étudier.

Ma prière : Père céleste, merci pour tout ce qui m'aide à connaître ta Parole, comme les Bibles en B.D. ou "Sur la Montagne". Mais remplis mon cœur du désir de lire le "vrai" texte de la Bible, et de le vivre.

7 août

Proverbes 25. 28

Celui qui ne sait pas se dominer est comme une ville démantelée qui n'a plus de remparts.

Des chrétiens du moyen âge, que l'on appelait les Cathares, c'est-à-dire "les purs", avaient décidé de bâtir des villes fortifiées pour échapper aux persécutions de l'église romaine. En 1204, Esclarmonde de Foix fit rebâtir l'ancienne forteresse de Montségur, pour protéger les fidèles. Bâtie au sommet d'une colline, cette construction comportait trois remparts successifs, qui lui permirent de résister à un premier siège, à peine huit ans après le début des travaux. Un second siège fut tenté un an après et n'eut pas plus de succès. En 1241, le comte de Toulouse assiégea à son tour la forteresse, mais dut abandonner sans même tenter un seul assaut. Ce n'est qu'en mai 1243 qu'une armée de 6000 soldats parvint enfin à déloger la poignée de soldats qui défendait le château, après un siège de presque un an.
Savoir se dominer, c'est agir avec réflexion. Toi aussi tu as besoin de 3 remparts : un rempart pour tes pensées, un pour tes paroles et un pour tes actes.
Si l'un de ces remparts te fait défaut, le diable risque bien d'arriver à ses fins : te faire pécher…

Ma prière : Seigneur Jésus, aide-moi à construire des remparts dans ma vie afin de pouvoir résister aux attaques de l'ennemi.

8 août

Romains 16. 1, 2

Je vous recommande notre sœur Phoebé, qui est au service de l'Église de Cenchrées. Recevez-la au nom du Seigneur, comme on doit le faire entre croyants, et apportez-lui votre aide en toute affaire où elle peut avoir besoin de vous. Elle a elle-même aidé beaucoup de gens et moi en particulier.

"- Maman, maman ! J'ai reçu une lettre de Jeanne ! Tu sais, c'est ma super-monitrice de l'an dernier ! Elle va passer un dimanche dans notre église... S'il te plaît, maman chérie, est-ce qu'on peut la recevoir chez nous ?
- Bien sûr, mon trésor, avec plaisir !
- Dis, maman, tu feras quelque chose de bon, hein ? Je me souviens qu'elle aimait beaucoup les endives... Moi, je n'aime pas, mais ça ne fait rien, ce serait bien d'en faire quand même, pour lui faire plaisir..."
Quand on aime quelqu'un, on a envie de bien le recevoir. Mais, entre croyants, on devrait tous s'aimer ! On devrait tous se recevoir comme si on recevait le Seigneur.

Ma prière : Seigneur Jésus, remplis mon cœur d'un amour vrai et sincère pour tous les croyants. Aide-moi à le montrer pratiquement dans l'accueil que je fais à TOUS ceux que mes parents invitent à la maison.

Romains 16. 8, 9, 12, 13

9 août

Saluez Ampliatus qui m'est très cher dans le Seigneur. Saluez Urbain, notre collaborateur dans le service du Christ, et mon cher Stachys. Saluez Tryphène et Tryphose qui toutes deux travaillent pour le Seigneur, et ma chère Perside qui a beaucoup travaillé pour le Seigneur. Saluez Rufus, cet homme de grande valeur, et sa mère, qui est aussi une mère pour moi.

Dans ce chapitre, Paul cite le nom de 28 personnes qu'il connaissait dans l'église de Rome, alors qu'il n'y était jamais allé ! C'est qu'il en a fait, des connaissances, au cours de ses nombreux voyages ! Plusieurs d'entre elles ont dû aller habiter à Rome. Mais c'est extraordinaire que Paul soit au courant de leurs déplacements, avec les faibles moyens de communication de l'époque ! De plus, il se souvient de leur nom, de leurs circonstances… Il devait avoir une bonne mémoire, c'est sûr, mais quand même… Quel était son secret ? La prière. Il priait pour toutes les églises, pour tous ceux qu'il connaissait.
Ne veux-tu pas faire comme Paul et prier pour tous ceux que tu connais ? Tu n'es pas obligé de le faire le soir, au pied de ton lit ; on peut prier en marchant, en attendant le métro ou le bus… Dieu nous écoute toujours… et ça nous évite de penser à des bêtises !

Ma prière : Seigneur Jésus, aide-moi à prier pour tous ceux que je connais.

Romains 16. 16

10 août

Saluez-vous les uns les autres en vous donnant le baiser fraternel. Toutes les Églises du Christ vous adressent leurs salutations.

"Alors ça, s'il y a quelque chose que je trouve nul, chez les chrétiens, c'est bien de se faire la bise… Et même entre messieurs ! Moi, des fois, j'ai vraiment honte, à la sortie de l'église. Bon, la maman de Marie, qui est si belle et si douce, je ne dis pas… Mais Madame "je-ne-sais-plus-comment", qui est juste derrière moi, non seulement elle pique, mais en plus, elle fait des gros bisous "smoutch-smoutch" sur la joue ; un vrai supplice ! Heureusement que les copains ne sont pas là pour voir !"
Bien sûr, c'est laid et même honteux de donner ou de recevoir un bisou de manière forcée. Mais si je fais l'effort de regarder Madame "je-ne-sais-plus-comment" comme étant "celle pour qui Jésus a donné sa vie", ma sœur en Christ, une enfant de Dieu tout comme moi, si je pouvais voir avec quelle ferveur elle prie pour moi si souvent, alors je serais fier de l'amour qui nous unit. Je pourrais défendre cet amour contre une armée de moqueurs, et même les "smoutch-smoutch" me feraient plaisir.

Ma prière : Seigneur Jésus, aide-moi à voir l'amour que tu as versé dans le cœur des autres et à en accepter les démonstrations.

Romains 16. 19

Votre obéissance est connue de tous et cela me remplit de joie, mais je désire que vous sachiez discerner le bien et que vous soyez incorruptibles à l'égard du mal.

La lettre est finie. Paul a pourtant gardé une dernière recommandation pour la fin : celle de rester incorruptible. Se laisser corrompre, c'est se laisser entraîner à mal agir pour obtenir quelque chose en échange.
Paul savait à qui il écrivait. Une corruption inimaginable régnait à Rome. Tout était permis pour ceux qui avaient de l'argent, et ceux qui n'en avaient pas pouvaient facilement s'en procurer à condition de céder aux caprices des riches.
Cette recommandation de Paul est-elle valable pour nous aujourd'hui ? Pourquoi pas… Doit-on céder aux douces voix qui nous suggèrent de travailler le dimanche pour avoir de meilleures notes ? Ou de faire du sport au lieu d'aller à l'église, afin d'être plus fort ? Le diable n'a pas envie d'abandonner des pièges qui marchent si bien, même s'ils sont très vieux. Ces pièges-là ont déjà fait leurs preuves !

Ma prière : Père céleste, donne-moi l'intelligence pour discerner ce qui est bien, et la force pour résister à la corruption.

12 août

Romains 16. 20

Le Dieu qui donne la paix ne tardera pas à écraser Satan sous vos pieds. Que la grâce de notre Seigneur Jésus soit avec vous.

En Hébreux, le mot "satan" veut dire "adversaire". Tant qu'un adversaire est vivant et en liberté, même s'il n'est pas le plus fort, on ne peut pas être en paix. Il va toujours essayer de nous faire du mal.
Mais heureusement, nous avons un Dieu qui donne la paix. Pour que cette paix soit complète, il va bientôt écraser notre ennemi sous nos pieds.
Satan ne va donc pas durer toujours, et le péché disparaîtra avec lui, ainsi que toutes ses conséquences : maladie, deuil, tristesse, guerre, haine, méchanceté…
Alors, si tu souffres, regarde à ton Dieu, ce Dieu de paix, et reprends courage… Bientôt, tout sera fini !

Ma prière : Merci, mon Dieu, parce que tu m'as tout donné. Merci surtout pour la paix que tu veux me donner déjà aujourd'hui et qui sera bientôt parfaite.

Romains 16. 25

13 août

Béni soit Dieu ! Il a le pouvoir de vous rendre forts dans la foi, conformément à la Bonne Nouvelle que je prêche.

Antoine rêve de faire du deltaplane : s'élever dans les airs comme un oiseau, virer au vent, se sentir libre… Il va souvent au pied d'un plateau d'où les deltaplanes peuvent s'élancer. Mais chaque fois, ces ailes lui paraissent vraiment petites et il sent son ventre se nouer… Voyant son intérêt, Oncle Pierre décide de l'initier. Il lui montre des livres, lui expliquant le fonctionnement des ailes et toutes les règles de sécurité. Ensemble, ils lisent des témoignages de grands sportifs. Puis Oncle Pierre l'emmène au club, où Antoine peut parler avec des gens qui pratiquent ce sport. Enfin, il lui propose un vol à deux. Toute cette démarche a mis Antoine en confiance : il s'élance une première fois, une deuxième, et prenant de l'assurance, devient petit à petit un vrai pro !

La foi, c'est un peu la même chose : suivre Jésus, vivre de liberté, ça fait envie, mais ça fait aussi un peu peur… Qui va nous prendre par la main ? Qui va nous apprendre les règles et nous montrer des exemples ? Dieu lui-même ! Si tu le lui demandes, il a le pouvoir de te rendre assez fort pour lui faire entièrement confiance !

Ma prière : Mon Dieu, je veux m'abandonner entièrement à toi. Rends-moi fort dans la foi.

Romains 16. 27

14 août

A ce Dieu qui seul possède la sagesse soit la gloire, de siècle en siècle, par Jésus-Christ. Amen.

Un jour, les amis de Jésus on fait un repas en son honneur. À côté de lui était assis un homme dont la Bible ne rapporte aucun fait ou geste, ni aucune parole. Pourtant, beaucoup de gens venaient de loin pour le voir et, en le voyant, donnaient gloire à Dieu en admirant la puissance de Jésus.
Cet homme était Lazare, le frère de Marthe et Marie.
En quoi pouvait-il glorifier Dieu ? C'était un homme normal, comme toi et moi... Il n'était ni spécialement beau, ni spécialement fort, ni spécialement intelligent. Qu'avait-il donc de si spécial ?
Dieu, dans sa sagesse, avait permis qu'il meure pour que le Seigneur Jésus puisse le ressusciter, à la gloire de Dieu.
Tu veux que ta vie soit à la gloire de Dieu ? Alors abandonne la lui complètement. Jésus pourra alors travailler dans ta vie et c'est cela qui glorifiera Dieu.

Ma prière : Père céleste, je reconnais que toi seul possèdes la sagesse. Tout mon désir est que tu puisses recevoir la gloire qui te revient, par la puissance du Seigneur Jésus.

15 août

1 Jean 4. 8

Dieu est amour.

Trois mots.
Ces trois mots sont la clé et le résumé de toute la Bible. Ils sont aussi la réponse à toutes les questions.

• Pourquoi Dieu a-t-il créé cette terre ? Pourquoi suis-je né ?

Parce que Dieu est amour : il voulait m'aimer.

• Pourquoi Dieu supporte-t-il la désobéissance des hommes ?

Parce que Dieu est amour : il ne veut pas la mort du pécheur.

• Pourquoi Dieu a-t-il envoyé son Fils pour nous racheter de nos péchés en mourant sur la croix ?

Parce que Dieu est amour : il voulait nous le prouver de la manière la plus merveilleuse possible.

• Pourquoi Dieu permet-il la souffrance ?

Parce que Dieu est amour : il veut nous donner la possibilité de lui montrer notre amour en acceptant avec foi tout ce qui nous arrive, pour lui.

• Pourquoi Dieu va-t-il détruire cette terre ?

Parce que Dieu est amour : il veut nous avoir avec lui dans une nouvelle création.

Ma prière : Père, je veux graver ces trois mots dans mon cœur. Ce sont les plus vrais, les plus beaux que je connaisse, et ce sont ceux qui donnent le plus d'espérance.

Jean 3. 35

16 août

Le Père aime le Fils et lui a donné pleins pouvoirs sur toutes choses.

Les parents d'Olivier doivent s'absenter une semaine pour aller au chevet d'une grand-mère mourante. Papa fait venir Olivier dans son bureau. Il lui explique qu'en tant qu'aîné, c'est lui qui aura la responsabilité de ses frères et sœurs. Il lui remet la clé de son bureau et du coffre au cas où il aurait besoin de papiers, sa carte bleue avec son code secret pour faire les achats indispensables, et un papier signé à remettre au directeur de l'école ou du collège, expliquant qu'en son absence, c'est Olivier qui prendra les décisions à sa place. Olivier a les pleins pouvoirs. Une telle marque de confiance est bien la preuve de l'amour de son papa !

Dieu a parfois donné de l'autorité à des hommes, mais celle-ci était toujours limitée. Le seul qui soit digne de recevoir les “pleins pouvoirs sur toutes choses”, c'est Jésus, le Fils de Dieu.

Quand Jésus était sur la terre, les hommes ont pu comprendre l'amour de Dieu pour lui en voyant son pouvoir infini.

Ma prière : Seigneur Jésus, tu as bien été le seul homme digne d'être aimé et digne de confiance.

17 août

Jean 3. 16

Dieu a tant aimé le monde qu'il a donné son Fils, son unique, pour que tous ceux qui placent leur confiance en lui échappent à la perdition et qu'ils aient la vie éternelle.

Laure vit dans une grande et belle maison. Pourtant, ses parents ne sont pas riches du tout, mais la maison leur est prêtée par un membre éloigné de la famille. Parfois, maman parle de cet oncle qui les aime beaucoup, mais Laure ne l'a jamais vu et elle a de la peine à se l'imaginer. En fait, elle habite ici depuis sa naissance et trouve ça tout à fait normal : c'est SA maison… Mais un jour, un copain lui prête des feux d'artifices et c'est la catastrophe ! Une fusée atterrit dans le parc du voisin, le feu se répand et bientôt, malgré les efforts des pompiers, la maison du voisin est en flammes. Et Laure est responsable de cette tragédie ! Même en travaillant toute sa vie, elle ne pourra jamais rembourser une si belle maison…
Alors, pour la première fois, Laure comprend tout l'amour de son oncle inconnu : à ses frais, il fait reconstruire la maison du voisin et le dédommage de tous les dégâts…
Si on te parlait d'un Dieu d'amour qui t'a donné la vie et la terre pour y vivre, tu pourrais trouver cela normal et ce Dieu te semblerait peut-être un peu lointain… Mais Dieu a voulu te prouver son amour de la manière la plus grande qui soit : il t'a racheté de la catastrophe du péché, non pas avec de l'argent, mais avec le sang de son Fils !

Ma prière : Ô mon Dieu, que ton amour est grand…

18 août

Jean 15. 13 ; Romains 5. 6-8
Luc 23. 33-34

Spécial thème "L'amour"

• *Il n'y a pas de plus grand amour que de donner sa vie pour ses amis.*
• *Au moment fixé par Dieu, alors que nous étions encore sans force, Christ est mort pour des pécheurs. À peine accepterait-on de mourir pour un juste ; peut-être quelqu'un aurait-il le courage de mourir pour le bien… Mais voici comment Dieu nous montre l'amour qu'il a pour nous : alors que nous étions encore des pécheurs, Christ est mort pour nous.*
• *Lorsqu'ils furent arrivés au lieu appelé "le Crâne", on cloua Jésus sur la croix, ainsi que les deux bandits, l'un à sa droite, l'autre à sa gauche. Jésus pria : "Père, pardonne-leur, car ils ne savent pas ce qu'ils font." Les soldats se partagèrent ses vêtements en les tirant au sort.*

Tu as peut-être un ou une amie que tu aimes tout particulièrement… Tu ferais n'importe quoi pour lui ou pour elle ! Mais hélas, tu connais peut-être aussi quelqu'un de vraiment désagréable, qui est méchant avec toi ; si celui-ci devait mourir, alors qu'il vient de te dire la pire des méchancetés, accepterais-tu de prendre sa place ?

Ma prière : Seigneur Jésus, jamais je ne pourrai imaginer quelque chose de plus grand que ton amour.

19 août

1 Jean 4. 19

Quant à nous, nous aimons parce que Dieu nous a aimés le premier.

Benoît est un garçon grand et fort, mais très gentil. Il aime beaucoup les petits enfants. Loïs, un nouveau petit voisin, a peur du grand Benoît. Pourtant, celui-ci voudrait bien lui faire découvrir ses coins de pèche préférés, dans les ruisseaux qui bordent leurs jardins…
C'est justement dans l'un de ces ruisseaux que Benoît découvre un jour le petit Loïs en larmes, enfoncé jusqu'aux cuisses dans la vase puante ! Il lui tend alors la main et le tire de toutes ses forces. La main du garçonnet est toute glissante, mais Benoît serre fort et arrive à l'extraire de la boue. Depuis ce jour, Loïs répète à qui veut l'entendre que Benoît est son ami, et qu'il est très sympa. Benoît a du plaisir à l'entendre dire cela… et il essaie d'oublier le temps où l'enfant le fuyait.
Tu aimes Dieu, c'est bien ! Mais cet amour vient de ce que lui t'a aimé d'abord. De plus, ton amour à toi peut changer, alors que le sien ne changera jamais.

Ma prière : Dieu et Père, merci parce que tu m'as aimé bien avant que je naisse. Merci parce que tu l'as montré en me tirant du péché. Aide-moi à t'aimer en retour, chaque jour un peu plus.

20 août

1 Jean 3. 14-16

Nous savons que nous sommes passés de la mort à la vie parce que nous aimons nos frères. Celui qui n'aime pas demeure dans la mort. Car si quelqu'un déteste son frère, c'est un meurtrier, et vous savez qu'aucun meurtrier ne possède en lui la vie éternelle. Voici comment nous savons ce que c'est que d'aimer : Jésus-Christ a donné sa vie pour nous. Nous devons, nous aussi, donner notre vie pour nos frères.

Je t'aime, un peu, beaucoup, passionnément, à la folie… pas du tout !
Crois-tu que le chrétien puisse choisir ceux qu'il aime ou ceux qu'il n'aime pas ? Non : tu as vu ces derniers jours ce qu'était l'amour de Dieu et de son Fils Jésus ! Peux-tu imaginer qu'après avoir reçu un tel amour, on puisse refuser d'aimer les autres ? Crois-tu que Dieu puisse accepter que ceux qu'il a tant aimés n'en fassent pas autant ? L'amour, c'est contagieux ! Si j'ai reçu celui de Dieu, je ne peux qu'aimer à mon tour.

Ma prière : Seigneur Jésus, aide-moi à toujours penser à ton amour pour moi. Que cet amour m'inonde et me porte à aimer les autres comme toi, tu m'as aimé.

21 août

1 Corinthiens 13

Spécial thème "L'amour"

Supposons que je parle les langues des anges : si je n'ai pas l'amour, je ne suis rien de plus qu'une trompette claironnante. Supposons que je comprenne tous les mystères et que je possède toute la connaissance ; supposons même que j'aie la foi qui peut transporter les montagnes : si je n'ai pas l'amour, je ne suis rien. Si même je sacrifiais tous mes biens, et jusqu'à ma vie, pour aider les autres, si je n'ai pas l'amour, cela ne me sert de rien. L'amour est patient, il est plein de bonté. Il n'est pas envieux, il ne cherche pas à se faire valoir, il ne s'enfle pas d'orgueil. Il ne fait rien d'inconvenant. Il ne cherche pas son propre intérêt, il ne s'aigrit pas contre les autres, il ne trame pas le mal. L'injustice l'attriste, la vérité le réjouit. En toute occasion, il pardonne, il fait confiance, il espère, il persévère. L'amour n'aura pas de fin. En somme, trois choses demeurent : la foi, l'espérance et l'amour, mais la plus grande d'entre elles, c'est l'amour.

Ma prière : Dieu et Père, merci parce que tu es amour. Merci parce que tu nous as fait cadeau de cet amour. Merci parce que l'amour, c'est fort, c'est doux, c'est grand, c'est beau… Ô mon Père céleste, que je me sens bien, dans ton amour !

1 Samuel 17. 38, 39

22 août

Saül fit revêtir à David sa propre armure, il lui fit mettre un casque et endosser sa cuirasse. David ceignit aussi l'épée de Saül, puis il essaya de marcher, mais il n'y parvint pas, car il n'en avait pas l'habitude. Alors il dit à Saül: "Je ne peux pas marcher avec cet équipement, car je n'y suis pas entraîné." Puis, il se débarrassa de tout.

M. Bertin pique souvent de terribles colères. C'est la terreur du quartier. Il y a quelque temps, il répondait par un grognement aux salutations des parents d'Anaïs, mais depuis qu'ils ont voulu lui offrir un calendrier biblique, il leur tourne le dos et crache par terre. Anaïs prie pour son voisin. Elle a dit à ses parents qu'elle aimerait bien faire quelque chose pour lui parler de Jésus. Aussitôt, ceux-ci lui ont donné des traités, des livres et plein de bons conseils. Mais tout cela n'inspire pas Anaïs... Elle n'a jamais lu ces livres et n'y comprend rien! Par contre, elle a une idée... M. Bertin a une passion: le jardin. Anaïs va lui demander son aide pour réaliser une maquette des quatre terrains de la parabole du semeur. Tout en jardinant, elle la lui raconte... Et cette simple parabole a bouleversé son cœur et l'a amené aux pieds de Jésus!

Ma prière: Seigneur Jésus, merci parce que ce n'est pas le nombre des outils qui donne la victoire, mais ta main qui guide les "pierres", les versets que nous pouvons envoyer de ta part.

1 Samuel 17. 42, 43, 45-47

23 août

Le Philistin regarda David avec mépris : "Est-ce que tu me prends pour un chien pour venir contre moi avec un bâton ?" David répondit : "Tu marches contre moi avec l'épée, la lance et le javelot, et moi je marche contre toi au nom de l'Éternel, le Seigneur des armées célestes, le Dieu des bataillons d'Israël, que tu as insulté. Aujourd'hui, l'Éternel me donnera la victoire sur toi. Et toute cette multitude saura que ce n'est ni par l'épée ni par la lance que l'Éternel délivre. Car l'issue de cette bataille dépend de lui."

Y a-t-il un Goliath, dans ta vie ? Un Goliath, ce peut être une mauvaise habitude, une situation pénible ou une décision difficile à prendre, qui paralyse notre vie ou même celle de toute notre famille.
Que faut-il avoir et faire pour vaincre ton Goliath ? Comme pour David, une seule chose suffit : la confiance en Dieu. Si tu penses très fort à son amour et à sa puissance, si tu es persuadé que le résultat de la bataille ne dépend que de lui, alors ta foi d'enfant pourra triompher, même d'un Goliath qui fait trembler les adultes !

Ma prière : Tendre Père, face à toutes les questions et les difficultés qui se dressent devant moi, aide-moi à ne pas faire attention à ce que j'ai ou ce que je suis, mais à ce que tu es, toi.

24 août

1 Samuel 17. 49-50

David tira un caillou de son sac et le lança avec sa fronde : il atteignit le Philistin en plein front. La pierre pénétra dans son crâne et il s'écroula. Ainsi, sans épée, avec sa fronde et une pierre, David triompha du Philistin, il le frappa et le tua.

Il y a un Goliath dans la famille de Jean. Pour une raison qu'il ne comprend pas, ses parents se sont fâchés avec ses grands-parents. Ils habitent juste l'appartement au-dessus, mais on ne doit plus aller les voir. Jean a bien essayé de dire que c'était dommage et qu'il était triste, mais cela n'a fait qu'augmenter la colère de son père. Chaque soir, il prie pour que le Seigneur ramène la paix et le pardon, pour que l'amour revienne, aussi fort qu'avant… Il sait qu'il peut faire entièrement confiance en Dieu pour la délivrance, mais il comprend que ce n'est pas une raison pour ne rien faire… Alors, un soir, avant de se coucher, il demande : "Papa, pourquoi Dieu a-t-il envoyé Jésus pour pardonner mes péchés ?
- Parce qu'il t'aime, mon trésor…
- Mmmm… C'est bon de se sentir pardonné, pas vrai ?"
Jean espérait ainsi rappeler à papa la joie du pardon. Le lendemain, il a trouvé ses parents avec ses grands-parents, les yeux rouges, mais le sourire radieux…

Ma prière : Seigneur Jésus, aide-moi à te faire confiance et donne-moi aussi le courage de faire quelque chose avec toi.

25 août

1 Samuel 17. 51-52

Quand les Philistins virent que leur héros était mort, ils prirent la fuite. Les soldats d'Israël s'élancèrent en poussant des cris de guerre et les poursuivirent jusqu'aux abords de la vallée.

Aline en a assez ! Assez de ne penser qu'à ça, assez d'avoir de la peine à s'endormir et de faire des cauchemars, assez des reproches de sa famille au sujet de son humeur de plus en plus massacrante… Elle sait bien d'où ça vient, ses parents l'avaient prévenue : cette nouvelle série de livres à succès a beau être passionnante, elle n'est pas bonne. Aline est bien obligée de se rendre à l'évidence. Courageusement, elle jette toute la collection à la poubelle, sans regret pour les mois d'argent de poche qui disparaissent ! Mais au fait, n'y aurait-il que cela ? Une victoire en entraîne une autre : elle décide de faire le tri dans ses jeux vidéos, revues, CD, films… C'est le grand nettoyage ! D'abord étonnés, ses frères et sœurs décident de faire de même ! Et au fond de la poubelle, on a bien cru voir aussi une ou deux revues de mode de maman et quelques DVD que papa regrettait d'avoir achetés, mais qu'il hésitait à jeter…
Les victoires sont contagieuses. Tu peux, toi aussi, être un exemple aux autres, sans en être fier pour autant…

Ma prière : Dieu et Père, merci parce que tu peux permettre que ton travail dans mon cœur encourage les autres. Aide-moi à ne jamais oublier que c'est ton travail et à ne pas m'en enorgueillir.

26 août

1 Samuel 18. 3, 4

Jonathan conclut un pacte d'amitié avec David parce qu'il l'aimait comme lui-même. Il enleva son manteau et le donna à David, il lui offrit aussi son équipement et jusqu'à son épée, son arc et son ceinturon.

Jonathan a dû rêver bien souvent d'être ce héros qui délivrerait Israël… En tant que fils du roi, il se sent particulièrement responsable de débarrasser le peuple de ce terrible ennemi. Mais il semble invincible ! Il l'est en effet pour celui qui n'a, pour se défendre, que son équipement de guerrier, son arc et son épée.
Mais voilà qu'un autre a remporté la victoire ! Un autre a vaincu à sa place… Un autre a réalisé l'impossible : vaincre l'ennemi, délivrer le peuple de la mort ou de l'esclavage qui l'attendait. Alors Jonathan s'attache à David de tout son cœur. Et puisque ce vainqueur a remporté la victoire, lui n'a plus besoin de son équipement : il le donne à David en gage de son amour.
Moi non plus, je ne pouvais pas me délivrer de l'esclavage du péché et de la mort. Mais un autre a vaincu pour moi. Il n'a pas eu besoin d'équipement humain, car Dieu était avec lui : c'est Jésus.

Ma prière : Seigneur Jésus, en réponse à la merveilleuse délivrance que tu m'as donnée en mourant sur la croix, je veux t'aimer "comme moi-même" et t'abandonner tout ce que j'ai.

1 Samuel 18. 6-9

27 août

Après que David eut tué le Philistin, les femmes sortirent de toutes les villes d'Israël à la rencontre du roi Saül en chantant, en dansant et en poussant des cris de joie au son de tambourins et de cymbales. Elles chantaient en chœurs, tout en dansant : "Saül a vaincu ses milliers et David ses dizaines de milliers." Saül le prit très mal et se mit dans une grande colère. "Elles en attribuent dix mille à David, dit-il, et à moi seulement mille ! Il ne lui manque plus que la royauté !" À partir de ce moment-là, Saül regarda David d'un mauvais œil.

Voilà que Saül est jaloux ! C'est un peu fort, tout de même : ce n'est pas lui qui a tué Goliath !
Il est blessé dans son orgueil, car ce n'est pas lui le vainqueur. Cet orgueil va même l'amener à rechercher la mort de David.
Ne pas vouloir se reconnaître vaincu par le péché, ne pas accepter que c'est Jésus qui a tout fait, c'est le grand péché qui va entraîner le monde en enfer…

Ma prière : Seigneur Jésus, merci parce que tu as tout fait pour me délivrer, moi qui étais vaincu par le péché. Continue ton travail dans le cœur de tous les hommes pour que beaucoup puissent encore se reconnaître pécheur et t'accepter pour leur sauveur.

28 août

1 Samuel 18. 14, 16

David réussissait dans tout ce qu'il entreprenait, car l'Éternel était avec lui. Tout Israël et tout Juda aimaient David, car il marchait à la tête de leurs soldats dans les expéditions militaires.

Tu imagines combien ce serait merveilleux si tu réussissais tout ce que tu entreprends !

Évidemment, c'était facile, pour David : "l'Éternel était avec lui" !

Bien sûr, mais le Seigneur Jésus a bien promis qu'il serait avec nous tous les jours, jusqu'à la fin du monde… Alors, pourquoi ne réussirait-on pas tout ce que l'on fait ? David en est au tout début de sa vie de roi – ou plutôt, de futur roi. Il n'a ni l'âge, ni les capacités, ni l'expérience d'un chef d'armée. S'il réussit tout, c'est parce qu'il agit encore dans ses combats comme il a agi contre Goliath : en faisant confiance en son Dieu. Il a devant lui un ennemi à abattre, derrière lui, un peuple à délivrer, et avec lui, un Dieu tout puissant. Il ne cherche absolument pas son propre intérêt. Son seul désir, c'est que son Dieu soit glorifié et que le peuple soit béni.

Si la gloire de Dieu est ta seule motivation, c'est certain que tu réussiras TOUT ce que Dieu te donnera à faire.

Ma prière : Père céleste, merci parce que tu es le même, parce que ta puissance et ton amour ne changent pas. Aide-moi à avoir dans ma vie les mêmes buts que David pour que tu puisses me bénir.

Actes 16. 6, 7, 8

29 août

Paul et ses compagnons traversèrent la Galatie parce que le Saint-Esprit les avait empêchés d'annoncer la Parole dans la province d'Asie. Parvenus près de la Mysie, ils se proposaient d'aller en Bithynie ; mais, là encore, l'Esprit de Jésus s'opposa à leur projet. Ils traversèrent donc la Mysie et descendirent au port de Troas.

Que de fois, dans une vie, on se demande quel chemin prendre ! Il ne s'agit pas de choisir entre un bon et un mauvais chemin, mais entre deux chemins qui paraissent bons. Comment savoir lequel est celui que Dieu désire me voir prendre ? Apparemment, Paul n'attendait pas de directive particulière de l'Esprit de Dieu : il choisit le chemin qui lui semble le meilleur. Raté ! Ce n'est pas bon. Ailleurs, il a encore le choix et la même chose se produit : le Saint-Esprit lui montre son erreur. Paul va-t-il se décourager ? Va-t-il penser qu'il n'est pas assez proche de Dieu pour continuer ce voyage ? Non : il avait fait ces choix en bonne conscience. Il reconnaît son erreur et le fait que Dieu sache mieux que lui où il doit évangéliser.
Si Dieu te barre la route par des circonstances qui te semblent contraires, ne te décourage pas : change de chemin et continue d'avancer pour lui, où que ce soit.

Ma prière : Seigneur Jésus, aide-moi à accepter quand tu dois me barrer le chemin. Aide-moi à continuer avec courage et reconnaissance.

Actes 16. 9, 10

30 août

Paul eut une vision au cours de la nuit : un Macédonien se tenait devant lui et le suppliait : “Viens en Macédoine et secours-nous !” À la suite de cette vision de Paul, nous avons aussitôt cherché à nous rendre en Macédoine, car nous avions la certitude que Dieu lui-même nous appelait à y prêcher la Bonne Nouvelle.

Voilà Paul dans une impasse. Il n’avait pas pu aller au sud, en Asie, ni au nord, en Bithynie, alors le voilà coincé avec ses compagnons au port de Troas. Mais que fait-on, dans un port ? On prend le bateau, bien sûr ! Seulement voilà : tant qu’on avance sur les routes, cela paraît simple… Mais prendre un bateau, changer de côte, c’est une autre affaire ! C’est une initiative délicate à prendre. Dieu le sait et ne va pas laisser ses enfants dans le doute. Il envoie une vision à Paul et donne à tous la ferme conviction que c’est le bon chemin.
Une vision, un verset… Peu importe comment Dieu s’y prend pour nous montrer le chemin. Mais quand le choix et difficile ou porte à conséquences, c’est bien d’avoir tous la même “certitude” !

Ma prière : Tendre père, guide-moi et aide-moi à accepter les directions que tu me donnes.

31 août

Actes 16. 13, 14

Nous nous sommes rendus au bord d'une rivière où les Juifs se réunissaient d'habitude pour la prière. Quelques femmes étaient rassemblées là. Il y avait parmi elles une marchande d'étoffes de pourpre, nommée Lydie, qui adorait Dieu. Elle écoutait, et le Seigneur ouvrit son cœur, de sorte qu'elle fut attentive à ce que disait Paul.

Bravo ! Tu viens d'ouvrir ton "Sur la Montagne", de tourner les pages et de lire ce verset. Mais au fait, pourquoi ? Qu'attends-tu de cette lecture ? Qu'attends-tu de la lecture en famille ? Que fais-tu lorsqu'on ouvre la Bible dans ton église ?
Lire ou écouter la Bible, c'est bien. Mais pour recevoir ce que l'Esprit de Dieu veut te dire par elle, il faut impérativement que le Seigneur ouvre aussi ton cœur. C'est pour cela qu'il ne faut jamais oublier de le lui demander avant de commencer ta lecture.
Bien sûr, il faut aussi prier après, pour remercier pour ce que l'on a reçu et pour demander de l'aide pour le mettre en pratique…

Ma prière : Seigneur Jésus, aide-moi à bien penser à te prier avant de commencer à lire ta Parole, pour te demander d'ouvrir mon cœur. Merci parce que tu veux toujours m'aider.

Edition : Books on Demand,
12/14 Rond-Point des Champs-Elysées, 75008 Paris
Impression : BoD - Books on Demand Norderstedt, Allemagne
ISBN : 9782322081974
Dépôt légal : août 2017

FSC
www.fsc.org